10
18

12, AVENUE D'ITALIE. PARIS XIIIe

Sur l'auteur

Graeme Macrae Burnet est l'un des écrivains écossais contemporains les plus talentueux. *L'Accusé du Ross-shire*, son premier roman publié en France, est suivi de *La Disparition d'Adèle Bedeau*, qui lui a valu le Scottish Book Trust New Writer Award en 2013.

GRAEME MACRAE BURNET

L'ACCUSÉ DU ROSS-SHIRE

Documents relatifs à l'affaire Roderick Macrae

Traduit de l'anglais
par Julie Sibony

10
18

SONATINE ÉDITIONS

Titre original :
His Bloody Project,
Documents relating to The case of Roderick Macrae

Éditeur original :
Saraband

ISBN 978-2-264-07301-3
Dépôt légal : octobre 2018

SOMMAIRE

C'est l'usure qui donne à la meule son mordant.

proverbe des Highlands

PRÉFACE

J'écris ceci à l'instigation de mon avocat, M. Andrew Sinclair, qui depuis mon incarcération ici à Inverness m'a traité avec un degré de civilité que je ne mérite en aucune façon. Ma vie a été courte et de peu d'importance, et je ne souhaite nullement m'absoudre de la responsabilité des actes que j'ai récemment commis. C'est donc sans autre raison que celle de rendre grâce à mon avocat de sa gentillesse envers moi que je couche ces mots sur le papier.

Ainsi s'ouvre le mémoire de Roderick Macrae, petit paysan de dix-sept ans inculpé d'un triple homicide sauvage commis dans son village natal de Culduie, dans le Ross-shire, au matin du 10 août 1869.

Je ne voudrais surtout pas retarder inutilement le lecteur, mais quelques remarques préliminaires pourront fournir un peu de contexte aux documents rassemblés ici. Ceux qui préfèrent passer directement à la lecture desdits documents sont bien sûr libres de le faire.

Au printemps 2014, je me suis lancé dans un projet pour tenter d'en apprendre un peu plus sur mon grand-père, Donald « Tramp » Macrae, né en 1890 à Applecross, quatre ou cinq kilomètres au nord de Culduie. C'est au cours de mes recherches au Highland Archive Centre d'Inverness que je suis tombé sur des articles de journaux relatant le procès de Roderick Macrae et que j'ai découvert, avec l'aide d'Anne O'Hanlon, la documentaliste, le manuscrit qui constitue la majeure partie de cet ouvrage.

À tous points de vue, ce mémoire de Roderick Macrae est un document exceptionnel. Il fut rédigé dans la maison d'arrêt du château d'Inverness entre le 17 août et le 5 septembre 1869, tandis que Roderick attendait son procès. C'est l'existence de ce mémoire, davantage que les meurtres en eux-mêmes, qui suscita tant de bruit autour de cette affaire. Ce texte, ou en tout cas ses passages les plus spectaculaires, fut par la suite reproduit dans d'innombrables éditions populaires, fascicules à sensation vendus au prix d'un penny, provoquant une immense controverse.

Beaucoup, surtout parmi les lettrés d'Édimbourg, doutaient de son authenticité. Le récit de Roderick ravivait des souvenirs du scandale d'Ossian à la fin du XVIIIe siècle, lorsque James Macpherson prétendit avoir découvert et traduit en anglais cette grande épopée de la poésie gaélique. Les poèmes d'Ossian devinrent rapidement un classique de la littérature européenne, avant que l'on apprenne qu'il s'agissait d'un faux. Pour Campbell Balfour, dans un article de la *Edinburgh Review*, il était « tout à fait inconcevable qu'un paysan sachant à peine lire et écrire puisse produire un texte aussi substantiel et éloquent [...] Cette œuvre est une imposture, et ceux qui portent aux nues cet assassin des plus impitoyables en le présentant comme une sorte de noble sauvage se verront tôt ou tard couvrir de honte[1] ». Pour d'autres, les meurtres autant que ce mémoire témoignaient de la « barbarie terrible qui continue à prospérer dans les contrées du nord de notre pays et que tous les efforts de notre dévoué Consistoire et les formidables progrès[2] des décennies passées ont échoué à éradiquer[3] ».

Pour d'autres encore, cependant, les événements décrits dans ce mémoire étaient la preuve de l'injustice des conditions féodales sous lesquelles le paysan des Highlands perpétuait son dur labeur. Tout en prenant soin de ne pas cautionner ses actes, John Murdoch, futur fondateur du journal radical *The Highlander*, voyait en Roderick Macrae « une personnalité poussée jusqu'aux limites de la raison – et même au-delà – par le cruel système qui réduit en esclavage des hommes aspirant simplement à tirer tout juste de quoi vivre d'un lopin de terre qu'on leur prête[4] ».

1. Campbell Balfour, « L'Ossian de ce siècle », *Edinburgh Review*, octobre 1869, n° CCLXVI.

2. Allusion aux « Highland Clearances », l'éviction forcée, au cours des XVIIIe et XIXe siècles, de nombreux petits paysans des Hautes-Terres d'Écosse sous la pression de grands propriétaires désireux d'augmenter leurs revenus en pratiquant sur leur domaine l'élevage extensif du mouton. À terme, ces déplacements massifs de population eurent pour effet de détruire une grande partie de la culture gaélique. (*N.d.T.*)

3. Éditorial du journal *The Scotsman*, 17 septembre 1869.

4. John Murdoch, « Ce que pourrait nous enseigner cette affaire », *The Inverness Courier*, 13 septembre 1869.

Quant à l'authenticité du document, il n'est pas possible, un siècle et demi plus tard, de trancher la question avec certitude. Il est assurément remarquable qu'une personne aussi jeune ait pu produire un récit d'une telle éloquence. Néanmoins, l'idée que Roderick Macrae était un « paysan sachant à peine lire et écrire » est le fruit des préjugés persistants que nourrissaient les villes prospères du centre du pays envers les régions du Nord. Les programmes de l'école primaire du village voisin de Lochcarron dans les années 1860 montrent que les enfants apprenaient le latin, le grec et les sciences. Tout porte à croire que Roderick a reçu une éducation similaire dans son école de Camusterrach, ce dont son mémoire atteste, comme du fait qu'il était un élève particulièrement doué. Bien entendu, savoir que Roderick a *pu* écrire ce mémoire ne suffit pas à prouver qu'il l'ait fait. Pour cela, nous avons la corroboration du psychiatre, James Bruce Thomson, qui assure dans son propre témoignage avoir vu le document dans la cellule de Roderick. Les sceptiques pourraient rétorquer (et ne s'en sont pas privés) que Thomson n'a jamais vu concrètement Roderick en train d'écrire une ligne, et force est de reconnaître que, si ce mémoire devait être apporté comme pièce à conviction dans un procès moderne, le traçage de sa source ne saurait être totalement garanti. On ne peut pas complètement écarter l'hypothèse que ce mémoire ait été rédigé par quelqu'un d'autre (le suspect numéro un étant alors Andrew Sinclair, l'avocat de Roderick), mais il faut avoir l'esprit tordu des complotistes les plus fanatiques pour le penser. Et puis il y a le contenu même du document, qui renferme une telle abondance de détails qu'il est très peu probable qu'il n'ait pas été écrit par une personne originaire de Culduie. Enfin, l'exposé que fait Roderick des événements ayant précédé les meurtres concorde largement, à de menues exceptions près, avec les déclarations des témoins lors du procès. Pour toutes ces raisons, et après avoir moi-même examiné le manuscrit, je n'ai aucun doute sur son authenticité.

Outre le récit de Roderick Macrae, ce livre comprend également les dépositions devant la police de plusieurs résidants de Culduie ; les rapports d'autopsie des victimes ; et, peut-être le plus fascinant de tout, un extrait d'un mémoire de J. Bruce Thomson, *Voyages aux marches de la folie*, dans lequel il relate son examen de Roderick Macrae ainsi qu'une visite à Culduie en compagnie d'Andrew Sinclair. Thomson était le médecin-chef de la prison générale d'Écosse, à Perth, où étaient regroupés les détenus qu'on estimait inaptes à passer en jugement en raison de leur état d'aliénation mentale. M. Thomson fit bon usage des opportunités que lui offrait ce poste, publiant deux articles importants – « La nature héréditaire du crime » et « La psychologie des criminels » – dans le *Journal of Mental Science*. Il était très au fait de la récente théorie de l'évolution et versé dans la discipline encore naissante de l'anthropologie criminelle. Et si certaines des opinions qu'il exprime peuvent paraître dérangeantes aux yeux du lecteur moderne, il convient de garder à l'esprit le contexte dans lequel elles ont été écrites, tout comme le fait qu'elles constituent un véritable effort pour s'affranchir d'une vision théologique de la criminalité et parvenir à une meilleure compréhension des causes qui conduisent certains individus à commettre des crimes violents.

Pour finir, j'ai inclus un compte rendu du procès, compilé à partir de journaux de l'époque et de l'ouvrage *Un rapport complet du procès de Roderick John Macrae*, publié par William Kay, d'Édimbourg, en octobre 1869.

Il n'est pas possible, presque un siècle et demi plus tard, de connaître la vérité sur les événements relatés dans ce livre. Les récits présentés ici comportent plusieurs divergences, contradictions et omissions, mais, mis bout à bout, ils forment la trame d'une des affaires les plus fascinantes de l'histoire judiciaire écossaise. Naturellement, j'ai fini par me forger une opinion personnelle, mais je préfère laisser le lecteur tirer ses propres conclusions.

Note sur le texte

Autant que j'ai pu le vérifier, c'est la première fois que le mémoire de Roderick Macrae est publié dans son intégralité. Malgré le passage du temps et les nombreuses années pendant lesquelles il fut conservé sans aucun soin particulier, le manuscrit est resté dans un état remarquable. D'abord rédigé sur feuilles volantes, il fut par la suite cousu d'un fil de cuir, comme en atteste le fait que la reliure masque parfois le texte sur le bord intérieur des pages. L'écriture est d'une clarté admirable, avec seulement de très rares biffures ou faux départs. En préparant le document en vue de sa publication, je me suis constamment efforcé d'être fidèle au sens du manuscrit. À aucun moment je n'ai tenté d'« améliorer » le texte ni de corriger une syntaxe ou des tournures maladroites. De telles interventions, il me semble, ne feraient que jeter le doute sur l'authenticité de l'œuvre. Ce qui est présenté ici est donc, autant que possible, l'œuvre de Roderick Macrae. Il se peut que certains mots utilisés soient inconnus des lecteurs d'aujourd'hui, mais plutôt que d'alourdir le texte avec des notes de bas de page, j'ai choisi d'insérer un court glossaire à la fin de la section concernée. Il faut également souligner qu'au long du récit, les vrais noms et les surnoms des personnages sont utilisés de façon interchangeable ; Lachlan Mackenzie, par exemple, est généralement appelé Lachlan le Large. L'usage de surnoms est encore de nos jours très répandu dans les Highlands, du moins chez les personnes âgées ; sans doute comme une manière de distinguer les différentes branches des patronymes les plus courants. Les surnoms s'inspirent le plus souvent de la profession ou des particularités de la personne, mais ils peuvent aussi se transmettre de génération en génération, au point que leur origine devient un mystère même pour leur détenteur.

J'ai globalement limité mes interventions éditoriales à des questions de ponctuation et de découpage. Le manuscrit était rédigé d'un seul tenant, à part peut-être les moments où Roderick a dû poser sa plume entre un jour et le suivant. J'ai pris le parti d'introduire des paragraphes pour le rendre plus lisible. De même, le texte n'était que très peu ponctué, ou de façon peu orthodoxe. La majeure partie de la ponctuation est donc de mon fait mais, là encore, mon principe directeur a été la fidélité à l'original. Si mes arbitrages en la matière paraissent discutables, je ne peux qu'inviter le lecteur à consulter le manuscrit, qui demeure conservé aux archives d'Inverness.

GMB, juillet 2015

DÉPOSITIONS

recueillies auprès de plusieurs résidants de Culduie et des environs par l'officier William MacLeod de la police du Wester Ross à Dingwall, les 12 et 13 août 1869

Déposition de Mme Carmina Murchison [Carmina Tabac], résidante de Culduie, 12 août 1869

Je connais Roderick Macrae depuis sa naissance. D'une manière générale, il m'a toujours paru un enfant agréable, et plus tard un jeune homme courtois et serviable. Je crois qu'il a été grandement affecté par la mort de sa mère, laquelle était une femme charmante et sociable. Bien que je répugne à dire du mal de son père, John Macrae est une personne déplaisante, qui traitait Roddy avec un degré de sévérité qu'aucun enfant ne mérite à mon sens.

Le matin du terrible incident, j'ai discuté avec Roddy alors qu'il passait devant chez nous. Je n'ai pas souvenir de la teneur exacte de notre conversation, mais il me semble qu'il m'a indiqué être en route pour aller travailler sur un terrain appartenant à Lachlan Mackenzie. Il transportait des outils, que j'ai supposés destinés à cette tâche. En outre, nous avons échangé des remarques au sujet du temps, à savoir que la matinée était belle et ensoleillée. Roderick m'a paru tout à fait posé et ne trahissait aucun signe d'agitation. Quelque temps plus tard, je l'ai vu traverser le village en sens inverse. Il était couvert de sang de la tête aux pieds et j'ai couru vers lui depuis le seuil de ma maison, pensant qu'un accident lui était arrivé. Alors que j'approchais, il s'est arrêté et a lâché l'outil qu'il tenait. Je lui ai demandé ce qui s'était passé et il m'a répondu sans détour qu'il avait tué Lachlan le Large. Il semblait parfaitement lucide et n'a esquissé aucun geste pour continuer son chemin. J'ai appelé ma fille aînée afin qu'elle s'en fût quérir son père, qui était occupé dans la grange derrière chez nous. En voyant Roddy couvert de sang, elle s'est mise à crier, ce qui a fait sortir d'autres habitants du village sur le pas de leur porte et poussé ceux qui travaillaient dans leur champ à relever la tête de leur ouvrage. Il y eut très vite un tumulte général. J'avoue qu'à cet instant mon premier réflexe a été de protéger Roddy de la famille de Lachlan Mackenzie. Pour cette raison, lorsque mon mari nous a rejoints, je lui ai demandé d'emmener Roddy à l'intérieur de la maison sans lui raconter ce qui s'était passé. Roddy s'est assis à notre table et a calmement répété ce qu'il avait fait. Mon mari a alors envoyé notre fille chercher notre voisin, Duncan Gregor, qu'il a chargé de monter la garde tandis que lui-même se précipitait chez Lachlan Mackenzie, où il a découvert le tragique spectacle.

Déposition de M. Kenneth Murchison [Kenny Tabac], tailleur de pierre, résidant de Culduie, 12 août 1869

Le matin en question, je travaillais dans la grange derrière chez moi quand j'ai entendu un grand tumulte en provenance du village. Je suis sorti et suis tombé nez à nez avec ma fille aînée, qui était grandement bouleversée et incapable de m'instruire correctement de ce qui s'était produit. J'ai couru en direction de l'attroupement devant chez nous. Au milieu de ce désordre, ma femme et moi avons emmené Roderick Macrae dans la maison, croyant qu'il avait été blessé dans quelque accident. Une fois à l'intérieur, ma femme m'a informé de ce qui s'était produit, et quand j'ai demandé à Roderick si c'était bien vrai il m'a répété tout à fait calmement que ça l'était. J'ai alors couru chez Lachlan Mackenzie, où j'ai découvert une scène trop épouvantable à décrire. J'ai refermé la porte derrière moi et examiné les corps en quête d'un signe de vie, mais n'en ai point trouvé. Craignant une effusion générale de violence si quelqu'un de la famille de Lachlan le Large venait à poser les yeux sur ce spectacle, je suis ressorti et j'ai appelé M. Gregor afin qu'il vienne monter la garde devant la maison. Je suis retourné chez moi en courant et, de là, j'ai accompagné Roddy dans ma grange, où je l'ai barricadé. Il ne m'a opposé aucune résistance. M. Gregor n'a pu empêcher les proches de Lachlan le Large de pénétrer dans les lieux et d'y voir les corps. Le temps d'enfermer Roddy, ils s'étaient transformés en une meute vengeresse, et il a fallu de la patience et de la persuasion pour réussir à la contenir.

En ce qui concerne le tempérament général de Roderick Macrae, il ne fait aucun doute qu'il s'est toujours agi d'un garçon étrange, mais quant à savoir si cela est dû à sa nature ou aux tribulations que sa famille a endurées, je ne suis pas qualifié pour le dire. Les faits qu'il a manifestement commis, néanmoins, ne témoignent pas d'un esprit sain.

Déposition du révérend James Galbraith, pasteur de l'Église d'Écosse, Camusterrach, 13 août 1869

Je crains que les faits abjects récemment commis dans cette paroisse ne représentent qu'un frémissement à la surface de l'état naturel de sauvagerie des habitants de ce lieu, sauvagerie que l'Église est dernièrement parvenue à éradiquer. L'histoire de ces contrées est, dit-on, entachée de crimes noirs et sanglants, et ces populations font preuve d'une certaine férocité et d'une certaine veulerie. De tels traits de caractère ne sauraient être éliminés en l'espace de quelques générations, et bien que les enseignements du Consistoire exercent une influence civilisatrice, il est inévitable que les vieux instincts se réveillent de temps à autre.

Pour autant, l'on ne peut manquer d'être choqué en prenant connaissance d'actes tels que ceux commis à Culduie. De tous les habitants de cette paroisse, cependant, l'on est moins surpris d'apprendre que Roderick Macrae en est l'auteur. Même si cet individu a assisté à mes offices depuis l'enfance, j'ai toujours eu l'impression que mes sermons tombaient dans ses oreilles comme des graines sur un sol pierreux. Je suis contraint d'admettre que ses crimes constituent, dans une certaine mesure, un échec de ma part, mais il arrive que l'on doive sacrifier un agneau pour le bien général du troupeau. Il y a toujours eu du vice chez ce garçon, facilement discernable, sur lequel j'ai le regret de dire que je n'ai jamais eu de prise.

La mère de ce garçon, Una Macrae, était une femme frivole et hypocrite. Elle assistait régulièrement aux offices, mais je crains qu'elle n'ait confondu la Maison du Seigneur avec un lieu de rassemblement social. Je l'entendais fréquemment chanter en arrivant à l'église ou en en repartant et, après le service, elle retrouvait sur place d'autres femmes avec qui elle se permettait des conversations et des rires intempérants. À plusieurs reprises, j'ai dû la réprimander.

Je me sens tenu cependant d'ajouter un mot au sujet du père de Roderick Macrae. John Macrae se compte parmi les fidèles les plus dévoués aux Saintes Écritures dans cette paroisse. Il a une connaissance étendue de la Bible et il est sincère dans son observance. Toutefois, de même que la plupart des gens de ces contrées, bien qu'il soit capable de réciter de mémoire les Évangiles, je crains qu'il n'en ait une compréhension fort restreinte. Suite à la mort de sa femme, j'ai souvent visité M. Macrae chez lui afin de lui offrir mon soutien et mes prières. J'ai alors décelé maints signes relevant de la superstition, tels qu'ils n'ont point lieu d'être sous le toit d'un croyant. Néanmoins, puisque nul d'entre nous n'est irréprochable, je tiens John Macrae pour un homme bon et pieux, qui ne méritait pas d'être accablé d'une si vile progéniture.

Déposition de M. William Gillies, instituteur à Camusterrach, 13 août 1869

Roderick Macrae fait partie des élèves les plus doués que j'ai eus en classe depuis mon arrivée dans cette paroisse. Il surpassait aisément ses condisciples par son aptitude à saisir les concepts en sciences, en mathématiques et en lettres, et il accomplissait cela sans manifester d'efforts ni, d'ailleurs, de grand intérêt. Relativement à son caractère, je ne puis m'en tenir qu'à des remarques extrêmement limitées. Il n'était assurément pas de nature sociable et ne se mêlait guère à ses camarades, lesquels le considéraient en retour avec une certaine suspicion. De son côté, Roderick les traitait avec un dédain qui confinait quelquefois au mépris. Si je devais m'avancer, je dirais que cette attitude découlait de sa supériorité scolaire. Cela étant, je l'ai toujours connu comme un élève courtois et respectueux, jamais enclin à un comportement turbulent. Pour preuve de la haute estime que m'inspirait sa facilité à l'étude, quand il avait seize ans, j'ai rendu visite à son père afin de lui suggérer que Roderick poursuive son instruction pour pouvoir, à l'avenir, prétendre à une carrière davantage assortie à ses facultés que le travail de la terre. J'ai le regret de dire que ma proposition a été rejetée sans ménagement par son père, qui m'est apparu comme un homme taciturne et lent d'esprit.

Je n'ai plus revu Roderick depuis lors. J'ai entendu des rumeurs alarmantes sur les sévices qu'il aurait infligés à un mouton sous sa garde, mais je ne puis attester de leur véracité, seulement affirmer que j'ai toujours perçu Roderick comme un gentil garçon, loin de la cruauté dont font parfois montre les jeunes gens de cet âge. Pour cette raison, j'ai du mal à croire qu'il ait pu commettre les crimes dont on l'a récemment accusé.

Déposition de Peter Mackenzie, cousin germain de Lachlan Mackenzie [Lachlan le Large], résidant de Culduie, 12 août 1869

Roderick Macrae est l'être le plus vicieux qu'on puisse avoir l'infortune de connaître. Petit déjà, il avait en lui un esprit vil tel qu'on ne le soupçonnerait jamais chez un enfant. Pendant des années, on l'a cru muet et capable uniquement d'une mystérieuse communion avec son illuminée de sœur, qui paraissait sa complice dans le vice. Il passait généralement pour idiot dans la paroisse, mais je le tenais quant à moi pour une créature bien plus malveillante que cela, et ses récentes scélératesses m'ont donné raison. Dès son plus jeune âge, il se livrait à des sévices odieux sur les animaux et les oiseaux, et à des actes de destruction arbitraires dans le village. Il était aussi fourbe que le Diable en personne. Un jour, alors qu'il devait avoir douze ans, quelqu'un mit le feu à la grange de mon cousin Aeneas Mackenzie, détruisant un grand nombre d'outils de valeur et une importante provision de grains. Le garçon avait été aperçu à proximité du bâtiment, mais il nia toute responsabilité et le Noir Macrae (son père, John Macrae) jura que son fils était sous sa surveillance au moment des faits. Il échappa ainsi au châtiment mais, comme lors de nombreux autres incidents, sa culpabilité ne faisait guère de doute. Son père est lui aussi un individu faible d'esprit, qui dissimule son imbécillité derrière un respect fervent des Saintes Écritures et une déférence obséquieuse envers le pasteur.

Je n'étais pas présent à Culduie le jour des meurtres et je n'en ai reçu avis qu'à mon retour au village ce soir-là.

Carte de Culduie et de ses environs

d'après la carte du Service cartographique de l'État
réalisée en 1875 par le capitaine MacPherson,
gravée en 1878

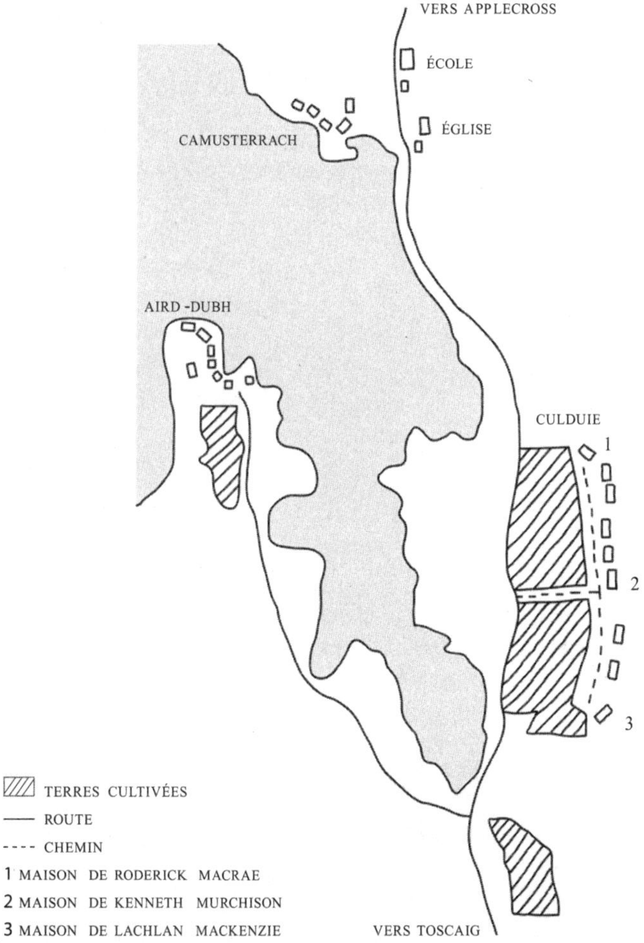

LE RÉCIT DE RODERICK MACRAE

J'écris ceci à l'instigation de mon avocat, M. Andrew Sinclair, qui depuis mon incarcération ici à Inverness m'a traité avec un degré de civilité que je ne mérite en aucune façon. Ma vie a été courte et de peu d'importance, et je ne souhaite nullement m'absoudre de la responsabilité des actes que j'ai récemment commis. C'est donc sans autre raison que celle de rendre grâce à mon avocat de sa gentillesse envers moi que je couche ces mots sur le papier.

M. Sinclair m'a demandé d'exposer, avec la plus grande clarté possible, les circonstances entourant le meurtre de Lachlan Mackenzie et des autres, ce que je vais m'employer à faire du mieux que je le pourrai, en m'excusant par avance pour la pauvreté de mon vocabulaire et la grossièreté de mon style.

Je commencerai par dire que j'ai accompli ces actes dans le seul but de délivrer mon père des tribulations qu'il a dernièrement endurées. La cause de ces tribulations était notre voisin, Lachlan Mackenzie, et c'est en vue d'améliorer le sort de ma famille que je l'ai supprimé de ce monde. J'ajouterai ensuite que, depuis ma propre venue au monde, je n'ai jamais été qu'un fléau pour mon père, et que mon départ de la maison ne pourra lui être qu'une bénédiction.

Je m'appelle Roderick John Macrae. Je suis né en 1852 et j'ai vécu tout mon temps dans le village de Culduie, dans le Rossshire. Mon père, John Macrae, est un fermier estimé au sein de la paroisse, qui ne mérite point d'être sali par l'ignominie des actions dont je suis l'unique responsable. Ma mère, Una, est née en 1832 dans la commune de Toscaig, à une demi-lieue au sud de Culduie. Elle est morte en couches en donnant le jour à mon frère, Iain, en 1868, et c'est cet événement qui, dans mon esprit, marque le début de nos ennuis.

***

Culduie est une commune de neuf feux, comprise dans la paroisse d'Applecross. Elle se situe à près d'un tiers de lieue au sud de Camusterrach, où se trouvent l'église et l'école dans laquelle j'ai reçu mon éducation. En raison de l'auberge et du marché au bourg d'Applecross, peu de voyageurs se hasardent jusqu'à Culduie. Au bout de la baie d'Applecross se dresse la Grande Maison, où réside Lord Middleton et où il reçoit ses hôtes pendant la saison de chasse. Il n'y a aucun spectacle ni divertissement susceptible de retenir les visiteurs à Culduie. La route qui dessert notre commune mène ensuite à Toscaig et nulle part ailleurs, par conséquent nous n'avons que peu d'échanges avec le monde extérieur.

Culduie est en retrait d'environ cent cinquante toises par rapport à la mer et se niche au pied du

Càrn nan Uaighean*[1]. Entre le village et la route s'étend une bande de terre fertile, qui est cultivée par les habitants. Plus haut dans les montagnes se trouvent les pacages d'été et les tourbières qui nous procurent notre combustible. Culduie est quelque peu protégé des extrémités du climat par la péninsule d'Aird-Dubh qui, en se jetant dans la mer, forme un havre naturel. Le village d'Aird-Dubh étant mal doté en terres arables, ses habitants vivent essentiellement de la pêche. Certains échanges de biens et de main-d'œuvre ont lieu entre nos deux populations, mais, en dehors de ces contacts inévitables, nous gardons chacun nos distances. Suivant mon père, les gens d'Aird-Dubh sont négligés dans leurs manières et de peu de moralité, et il n'a de commerce avec eux que par la force des choses. À l'image de tous ceux qui font métier de la pêche, les hommes s'adonnent à la consommation effrénée de whisky tandis que leurs femmes sont notoirement dévergondées. Ayant été à l'école avec des enfants de ce village, je puis attester que, s'il n'y a guère de quoi les distinguer de nous physiquement, ce sont des gens roués auxquels l'on ne saurait se fier.

Au carrefour du chemin qui relie Culduie à la route se trouve la maison de Kenny Tabac, laquelle, étant la seule à posséder un toit d'ardoise, est la plus belle du village. Les huit autres sont bâties en pierres consolidées par de la tourbe et recouvertes de toits de chaume. Chacune a une ou deux fenêtres en verre. Celle de ma famille est la plus au nord et

1. Tous les mots suivis d'un astérisque figurent dans le glossaire page 228. (*N.d.T.*)

se dresse quelque peu en biais, de sorte que, si les autres font face à la baie, la nôtre est orientée vers le village. La maison de Lachlan le Large se situe à l'autre extrémité du chemin et c'est la plus grande de toutes après celle de Kenny Tabac. Outre celles déjà mentionnées, les maisons restantes sont occupées par deux autres familles du clan Mackenzie ; par la famille MacBeath ; par M. et Mme Gillanders, dont les enfants sont tous partis ; par notre voisin M. Gregor et sa famille ; et par Mme Finlayson, une veuve. En sus des neuf maisons, il y a plusieurs petites granges en pierre, la plupart de construction fort rudimentaire, qui sont utilisées pour abriter le bétail, entreposer des outils ou autre. C'est là l'étendue de notre communauté.

Notre maison se compose de deux pièces. La plus grande contient la bouverie* et, à droite de la porte, notre logis. Le sol forme une légère pente en direction de la mer, ce qui empêche le purin de couler dans nos pénates. La bouverie est séparée par une balustrade fabriquée de bouts de bois ramassés sur le rivage. Au centre de la partie habitée se trouve le foyer et, derrière, la table où nous prenons nos repas. À part cette table, notre mobilier consiste en deux bancs robustes, le fauteuil de mon père et un gros buffet en bois qui appartenait à la famille de ma mère avant son mariage. Je dors sur une balasse* au fond de la pièce à côté de ma sœur et de mon frère cadets. La seconde pièce à l'arrière de la maison est celle où dorment mon père et ma sœur aînée ; Jetta, dans un lit clos que mon père lui a spécialement construit. J'envie ce lit à ma sœur et j'ai maintes fois rêvé de pouvoir y coucher avec elle, mais il fait plus chaud dans la pièce principale et, durant les mois noirs*, quand les animaux sont rentrés, j'aime écouter les doux bruits qu'ils produisent. Nous possédons deux vaches laitières et six moutons, le cheptel que nous autorise l'office des pacages communaux.

Je devrais préciser d'emblée qu'il y avait déjà de l'inimitié entre mon père et Lachlan Mackenzie bien avant ma naissance. Je ne saurais en affirmer la source, car mon père ne m'en a jamais parlé. Je ne sais non plus à quelle partie revient la faute ; si cette animosité est apparue au cours de leur existence ou si elle est le fruit de quelque rancune plus ancienne. Dans nos contrées, il n'est pas rare que les griefs persistent longtemps après qu'on en a oublié l'origine. C'est tout à l'honneur de mon père de n'avoir jamais cherché à perpétuer cette querelle en nous endoctrinant, ni moi ni mes frère et sœurs. Pour cette raison, je suis convaincu que son souhait devait être que l'on enterrât quelque grief qui eût pu exister entre nos deux familles.

Enfant, j'étais terrifié par Lachlan le Large et j'évitais de m'aventurer au-delà du carrefour, vers la partie du village dans laquelle se concentrent les membres du clan Mackenzie. Outre celle de Lachlan le Large, il y a les familles de son frère aîné, Aeneas, et de son cousin, Peter, et ces trois-là sont connus pour leurs beuveries et leurs fréquentes rixes à l'auberge d'Applecross. Ce sont tous trois de grands et forts gaillards, qui prennent plaisir à savoir que les gens s'écartent sur leur passage. Un jour, lorsque j'avais cinq ou six ans, je jouais avec un cerf-volant que mon père m'avait fabriqué dans des chutes de toile à sac. Le cerf-volant plongea dans un champ et je courus sans réfléchir afin de l'y récupérer. J'étais à genoux pour essayer de démêler la ficelle entre les chaumes quand je sentis une énorme main m'agripper par l'épaule et me tirer brutalement jusqu'au chemin. Je me cramponnais encore à mon cerf-volant, que Lachlan le Large m'arracha des mains et jeta par terre. Après quoi il m'assena une violente taloche sur la tempe et me fit rouler au sol. Ma frayeur était telle que je perdis le contrôle de ma vessie, ce qui déclencha l'hilarité de mon agresseur. Il se pencha alors pour me relever et me traîner jusqu'à l'autre bout du village, où il invectiva contre mon père pour les dégâts que j'avais occasionnés à ses cultures. Le tumulte fit venir ma mère à la porte, et à cet instant le Large lâcha prise, si bien que je me précipitai dans la maison tel un chien apeuré et allai me tapir dans la bouverie. Plus tard ce soir-là, Lachlan le Large revint nous réclamer cinq shillings en dédommagement de la quantité de sa récolte que j'avais détruite. J'étais caché dans la pièce du fond, l'oreille collée à la porte. Ma mère refusa, arguant que si ses cultures avaient subi quelque dégât, c'était celui qu'il avait causé en me traînant à travers sa parcelle. Le Large porta alors sa doléance devant le constable[1], qui le débouta. Un matin, quelques jours plus tard, mon père découvrit qu'une vaste portion de notre

1. Le constable du village ou de la paroisse était un officiel élu par les membres de la communauté pour servir d'intermédiaire entre le régisseur et la population. Il avait pour rôle de faire respecter les conditions de bail des fermiers et de régler les litiges. Le régisseur, quant à lui, était l'agent chargé de gérer le domaine au nom du lord local. C'était généralement un personnage craint et impopulaire.

champ avait été piétinée dans la nuit. L'on ne sut jamais qui était l'auteur de ces destructions, mais nul ne doutait qu'il se fût agi de Lachlan le Large et de ses proches.

Plus grand, je ne pénétrais jamais dans le bas du village sans un sentiment latent de menace, et cette impression ne m'a jamais quitté.

***

Mon père est né à Culduie et a passé son enfance dans la maison que nous habitons encore aujourd'hui. Je sais peu de choses sur cette époque de sa vie, sinon qu'il n'allait que rarement à l'école et qu'il endura des privations bien plus grandes que celles de ma génération. Je n'ai jamais vu mon père capable de davantage qu'une signature et, bien qu'il affirme savoir écrire, il ne paraît guère à son aise avec un porte-plume dans la main. Quoi qu'il en soit, il a peu de nécessité d'écrire. Il n'est rien qu'il ait besoin de coucher sur le papier. Mon père ne cesse de nous rappeler la chance que nous avons de grandir par les temps présents, avec le luxe du thé, du sucre et d'autres denrées marchandes.

Le père de ma mère était un menuisier qui fabriquait des meubles pour des négociants de Kyle of Lochalsh et de Skye, et qui colportait ses marchandises par bateau le long de la côte. Pendant quelques années, mon père posséda le tiers des parts d'un navire de pêche qui mouillait à Toscaig. Les autres associés dans cette affaire étaient son propre frère, Iain, et le frère de ma mère, lequel s'appelait aussi Iain. Le nom du bateau était le *Fou de Bassan*, mais tout le monde l'avait rebaptisé le *Deux Iain*, ce qui ne laissait pas de contrarier mon père qui, en sa qualité d'aîné des trois hommes, se considérait le chef de cette entreprise. Jeune fille, ma mère aimait aller sur la jetée voir accoster le *Deux Iain*. L'on supposait que c'était pour accueillir son frère, mais son motif véritable était de regarder mon père descendre à terre, le pied suspendu au-dessus de l'eau en attendant que la houle poussât le navire vers le quai. Il attachait alors la corde à une bitte et tirait le bateau contre le parapet, accomplissant tout cela sans avoir l'air de se savoir observé. Mon père n'était pas un bel homme, mais la placidité avec laquelle il s'appliquait à amarrer le bateau suscitait l'admiration de ma mère. Il y avait quelque chose dans le pétillement de ses yeux noirs, se plaisait-elle à nous raconter, qui lui faisait battre le pouls dans la gorge. Si mon père était dans les parages, il lui disait alors d'arrêter ses caquets, mais sur un ton qui trahissait le plaisir qu'il prenait en fait à les écouter.

Notre mère était la plus belle fille de la paroisse et aurait pu jeter son dévolu sur n'importe quel jeune homme. À raison de quoi mon père était bien trop intimidé pour jamais lui adresser la parole. Un soir de 1850, vers la fin de la saison du hareng, une tempête éclata et le frêle navire s'écrasa contre les rochers à quelques milles au sud du port. Mon père put regagner la terre ferme à la nage, mais les deux Iain y laissèrent la vie. Père ne parlait jamais de cet accident, toutefois il ne remit plus le pied sur un bateau, pas plus qu'il n'autorisa ses enfants à le faire. Aux yeux de qui ignorait cet épisode de son passé, il devait sembler avoir une peur irrationnelle de la mer. C'est à cause de cet accident que les gens d'ici en vinrent à considérer de mauvais augure que de s'engager dans une entreprise avec un homonyme. Même mon père, qui méprise la superstition, évite de faire affaire avec quiconque porte le même nom que lui.

À la réunion qui suivit les funérailles de mon oncle, mon père approcha ma mère pour lui présenter ses condoléances. Elle paraissait si affligée par la mort de son frère qu'il lui dit qu'il aurait volontiers pris sa place dans le cercueil. C'étaient les tout premiers mots qu'il lui adressait. Ma mère lui répondit qu'elle s'était réjouie que ce fût lui qui ait survécu, et qu'elle avait prié pour se faire pardonner d'aussi vicieuses pensées. Ils s'épousèrent trois mois plus tard.

Ma sœur Jetta naquit un an après le mariage de mes parents, et je fus le suivant à sortir du ventre de ma mère, aussi vite que la nature le permit. Cette proximité d'âge engendra entre ma sœur et moi une complicité qui n'aurait pu être plus grande, eussions-nous été d'authentiques jumeaux. Pourtant, en apparence, nous n'aurions pu être plus différents l'un de l'autre. Jetta avait le long visage fin et la large bouche de ma mère. Comme ma mère, elle avait des yeux bleus de forme ovale, et les cheveux aussi blonds que le sable. Après que ma sœur était devenue femme, les gens avaient coutume de dire que, lorsqu'elle la regardait, ma mère devait avoir l'impression de se voir dans un miroir. Pour ma part, j'ai hérité du front bombé, des épais cheveux bruns et des petits yeux noirs de mon père. Nous avons de surcroît une carrure similaire, étant de taille plus petite que la moyenne, avec un torse puissant et de larges épaules.

En tempérament aussi, nous étions chacun à l'image d'un de nos parents, Jetta étant de nature fort joyeuse et sociable tandis qu'on me disait sombre et taciturne. Outre sa ressemblance avec ma mère par l'apparence et le caractère, Jetta partageait avec elle une grande sensibilité aux choses de l'au-delà. Qu'elle fût née avec ce don ou qu'elle l'eût acquis grâce à des enseignements secrets de ma mère, je ne saurais le dire, mais toutes deux étaient sujettes aux visions et grandement intéressées par les présages et les charmes. Le matin de la mort de son frère, ma mère avait vu une place vide sur le banc où il aurait dû être assis pour prendre son déjeuner. Craignant que son porridge ne refroidît, elle sortit l'appeler. Comme il ne lui répondait pas, elle rentra dans la maison et le vit alors à table, enveloppé d'un drap noir. Lorsqu'elle lui demanda où il était passé, il lui répondit qu'il n'avait pas bougé de ce banc. Elle l'implora de ne pas prendre la mer ce jour-là, mais il se gaudit* de sa suggestion et, sachant qu'il était vain d'espérer barguigner* avec la providence, elle n'en dit plus mot. Mère nous racontait souvent cette histoire, mais seulement en l'absence de mon père, car il ne croyait pas à de tels phénomènes et n'approuvait pas qu'elle nous en parlât.

La vie quotidienne de ma mère était régie par des rites et des charmes destinés à éloigner le mauvais sort et les esprits. À la maison, les embrasures des portes et des fenêtres étaient festonnées de branches de sorbier et de genévrier et, dissimulée dans sa chevelure de façon à ce que mon père ne pût la voir, elle portait une tresse de fils colorés.

Durant les mois noirs, à partir de l'âge d'environ huit ans, j'allais à l'école à Camusterrach. Je m'y rendais à pied tous les matins, main dans la main avec Jetta. Notre première institutrice fut Mlle Galbraith, la fille du pasteur. Elle était jeune, mince, vêtue de jupes longues et d'un caraco* blanc à collerette qu'elle fermait à la gorge par une broche représentant une femme de profil. Elle portait un tablier noué à la taille, qu'elle utilisait pour s'essuyer les mains après avoir écrit au tableau. Elle avait un très long cou et, quand elle réfléchissait, elle levait les yeux en l'air et penchait la tête sur le côté, de sorte qu'il dessinait une courbe pareille au manche d'un cas chrom*. Elle ramassait ses cheveux sur le dessus de la tête en les retenant par des épingles. Quand nous étions absorbés dans nos leçons, elle les lâchait et gardait les épingles entre ses lèvres le temps de les rattacher. Elle faisait cela à trois ou quatre reprises dans la journée, et je prenais plaisir à l'observer en cachette. Mlle Galbraith était gentille et parlait d'une voix douce. Lorsque les plus âgés des garçons n'étaient pas sages, elle avait grand-peine à les calmer et n'y parvenait qu'en les menaçant d'aller chercher son père.

Jetta et moi étions proprement inséparables. Mlle Galbraith disait souvent que je me serais glissé dans la poche du tablier de ma sœur si je l'avais pu. Les premières années, je n'ouvrais quasiment jamais la bouche. Quand Mlle Galbraith ou l'un de mes camarades de classe m'adressait la parole, Jetta répondait à ma place. Ce qui était remarquable était la justesse avec laquelle elle exprimait mes propres pensées. Mlle Galbraith se prêtait à cette habitude et demandait souvent à Jetta : « Roddy connaît-il la réponse ? » Cette complicité entre nous avait pour effet de nous isoler de nos pairs. Je ne puis parler au nom de Jetta, mais pour ma part je n'éprouvais nul désir de me lier d'amitié avec aucun des autres enfants, et eux ne manifestaient nul désir de se lier d'amitié avec moi.

Parfois ils formaient une ronde autour de nous dans la cour et chantaient :

Voilà les Noirs Macrae, les répugnants Noirs Macrae
Voilà les Noirs Macrae, les dégoûtants Noirs Macrae

Les « Noirs Macrae » était le surnom donné à la famille de mon père, en raison, disait-il, de leur teint basané. Père détestait cette appellation et refusait de répondre quand quelqu'un s'adressait ainsi à lui. Pourtant, il était connu de tous comme le Noir Macrae, et c'était une source d'amusement dans le village que ma mère, en dépit de ses cheveux blonds, eût été rebaptisée Una la Noire.

Je n'aimais pas non plus ce nom et voyais comme une injustice particulière qu'il fût attaché à ma sœur. Si les chants de nos camarades n'étaient pas interrompus par la fin de la récréation, je me jetais sur quiconque se trouvait alors en face de moi, un geste qui ne servait qu'à accroître la jubilation de nos persécuteurs. Je finissais renversé à terre, où je me laissais rouer de coups par les autres garçons, heureux d'avoir détourné leur attention de Jetta.

Roddy le Noir, Roddy le Noir, cet idiot s'est laissé choir !

Curieusement, cela ne me déplaisait pas d'être au centre de l'attention de cette manière. Je comprenais que j'étais différent de mes pairs et cultivais précisément les caractéristiques qui me distinguaient d'eux. Pendant les récréations, afin de soustraire Jetta aux railleries, je me détachais d'elle et me tenais debout ou accroupi dans un coin de la cour. J'observais les autres garçons, qui s'agitaient tels des mouches, couraient après des balles ou se battaient les uns contre les autres. Les filles aussi s'adonnaient à des jeux, mais les leurs paraissaient moins violents et stupides que ceux des garçons. Sans compter qu'elles n'avaient pas cette même frénésie de les commencer sitôt qu'elles se répandaient dans la cour, ni de les continuer après que Mlle Galbraith avait sonné la cloche pour signaler la fin de la récréation. Parfois, les filles restaient tout à fait calmes et se regroupaient sous un auvent dans un coin pour n'y rien faire d'autre que converser à voix basse. Il m'arrivait de rechercher leur société, mais elles me fuyaient invariablement. En classe, je me moquais à part moi de ceux qui lançaient le bras en l'air pour fournir à l'institutrice la réponse aux questions les plus faciles, ou qui peinaient à déchiffrer les phrases les plus simples. Au fil des années, mon savoir finit par dépasser celui de ma sœur. Un jour, pendant une leçon de géographie, Mlle Galbraith demanda si quelqu'un pouvait lui donner le nom des deux moitiés de la Terre. Lorsque personne ne répondit, elle se tourna vers Jetta : « Peut-être Roddy connaît-il la réponse. » Jetta me regarda puis rétorqua : « Je suis désolée. Roddy ne la connaît pas, et moi non plus. » Mlle Galbraith sembla déçue et pivota afin d'écrire le mot au tableau. Sans réfléchir, je bondis alors de ma chaise et m'écriai « hémisphère ! », provoquant l'hilarité de mes camarades. Mlle Galbraith se retourna et je répétai le mot tout en me rasseyant. L'institutrice hocha la tête et me complimenta pour ma réponse. À partir de ce jour, Jetta cessa de parler à ma place, et étant moi-même réticent à le faire pour mon compte, je devins des plus renfermés.

Mlle Galbraith épousa un homme qui était venu chasser sur le domaine de Lord Middleton, et elle quitta Camusterrach pour aller vivre à Édimbourg. J'aimais beaucoup Mlle Galbraith et regrettai son départ. Après cela arriva M. Gillies. C'était un homme jeune, grand et mince, aux fins cheveux blonds. Il ne ressemblait en rien aux gens de chez nous, qui sont pour la plupart petits et trapus et ont d'épais cheveux bruns. Il était toujours rasé de près et portait des lunettes ovales. M. Gillies était un homme fort instruit, qui avait étudié dans la ville de Glasgow. Outre la lecture, l'écriture et le calcul, il nous enseignait les sciences et l'histoire, et quelquefois l'après-midi il nous racontait les légendes des monstres et des dieux de la mythologie grecque. Chaque dieu avait un nom, et parmi eux certains étaient mariés et avaient des enfants qui étaient eux-mêmes des dieux. Un jour, je demandai à M. Gillies comment il pouvait exister davantage qu'un seul Dieu, et il me répondit que les dieux grecs n'étaient pas comme le nôtre. C'étaient simplement des êtres immortels. Le mot « mythologie » signifiait qu'une chose n'était pas totalement vraie ; c'étaient avant tout des histoires divertissantes.

Mon père n'aimait pas M. Gillies. Il trouvait qu'il était trop intelligent, et que faire la classe à des enfants n'était pas un travail digne d'un homme. Il est vrai que je peine à imaginer M. Gillies occupé à tourber ou à manier le louchet*, mais il y avait entre lui et moi une entente singulière. Il m'interrogeait uniquement lorsque aucun de mes camarades n'avait été en mesure de lui répondre, sachant fort bien que si je choisissais de ne pas lever la main, ce n'était pas faute de connaître la réponse mais parce que je ne voulais pas apparaître plus intelligent que mes pairs. M. Gillies m'assignait fréquemment des tâches différentes des autres élèves, et en retour je faisais des efforts tout particuliers pour le contenter. Un après-midi à la fin de la classe, il me demanda de rester après les autres. Je demeurai assis à ma place dans le fond de la salle tandis que mes camarades sortaient bruyamment. Puis il me fit venir à son bureau. Je ne voyais pas ce que j'avais fait de mal, mais il n'y avait aucune autre raison d'être retenu de cette façon. Peut-être allait-il me réprimander pour une faute que je n'avais pas commise. Je résolus de ne rien réfuter et d'accepter quelque punition qui m'échoirait.

M. Gillies rangea son porte-plume et me demanda quels étaient mes projets. Ce n'était pas une question qu'une personne de chez nous aurait posée. Faire des projets était une offense à la providence. Je me tins coi. M. Gillies ôta ses petites lunettes.

« Le sens de ma question, dit-il, est de savoir ce que tu entends faire quand tu auras fini l'école.

— Seul le destin en décidera », répondis-je.

M. Gillies fronça les sourcils.

« Et que crois-tu que le destin te réserve ?

— Je ne saurais le dire.

— Roddy, malgré tous tes efforts pour les dissimuler, Dieu t'a doté de capacités hors du commun. Ce serait un péché de ne pas t'en servir. »

Je fus surpris d'entendre M. Gillies formuler ses arguments en ces termes, car il était d'ordinaire peu enclin aux discours religieux. Comme je me taisais, il opta pour une approche plus directe.

« As-tu jamais songé à poursuivre ton éducation ? Je ne doute pas que tu aies les qualités requises pour devenir enseignant, pasteur, ou toute autre carrière de ton choix. »

Bien entendu, je n'avais rien envisagé de la sorte, et je le lui dis.

« Peut-être devrais-tu en discuter avec tes parents, insista-t-il. Tu pourras leur faire savoir que je te crois pourvu des aptitudes nécessaires.

— Mais je dois aider à la ferme », répondis-je.

M. Gillies laissa échapper un long soupir. Il parut sur le point d'ajouter autre chose, mais il se ravisa et je sentis que je l'avais déçu. En cheminant jusqu'à chez moi, je repensai aux paroles de l'instituteur. Je ne puis nier que j'étais flatté par ce qu'il m'avait dit et, durant tout le trajet entre Camusterrach et Culduie, je m'imaginai dans un élégant salon d'Édimbourg ou de Glasgow, habillé comme un gentilhomme, conversant de sujets importants. Néanmoins, M. Gillies se méprenait en supposant qu'une telle chose était possible pour un fils de Culduie.

***

M. Sinclair m'a demandé d'exposer ce qu'il appelle la « chaîne des événements » ayant conduit au meurtre de Lachlan le Large. J'ai longuement réfléchi à ce que pourrait être le premier maillon de cette chaîne. D'aucuns diraient que tout a commencé avec ma naissance, ou même encore avant, quand mes parents se sont rencontrés et mariés, ou bien avec le naufrage du *Deux Iain*, qui les a réunis. Cependant, bien qu'il soit vrai que si n'importe lequel de ces événements n'était pas advenu, Lachlan le Large serait encore en vie aujourd'hui – ou du moins ne serait pas mort par ma main –, il est toujours possible de concevoir que les choses auraient pu prendre un cours différent. Eussé-je suivi les conseils de M. Gillies, par exemple, que j'aurais pu quitter Culduie avant que les faits qui vont être relatés ici en vinssent à se produire. Aussi me suis-je efforcé d'identifier le point à partir duquel la mort de Lachlan le Large devint inéluctable ; c'est-à-dire le point à partir duquel je ne puis concevoir d'autre issue que celle-ci. Ce moment est arrivé, ce me semble, avec la mort de ma mère il y a quelque dix-huit mois de cela. C'est la source dont a ensuite découlé tout le reste. Ce n'est donc nullement afin d'éveiller la pitié du lecteur que je m'apprête maintenant à décrire cet événement. Je ne désire ni ne recherche la pitié de quiconque.

Ma mère était une personne vive et avenante qui prenait tous les soins possibles pour entretenir une atmosphère joyeuse dans notre maisonnée. Elle accomplissait ses besognes quotidiennes en chantant et, lorsqu'un mal ou une douleur frappait un de ses enfants, elle s'évertuait à le prendre avec légèreté afin que l'on ne s'y appesantît pas. Les gens nous rendaient souvent visite et étaient toujours accueillis par un pot de thé. Quand nos voisins étaient réunis autour de la table, mon père se montrait à peu près hospitalier mais se joignait rarement à eux, préférant rester debout avant de leur annoncer que, même si ce n'était pas leur cas, il avait pour sa part beaucoup à faire ; une remarque qui avait invariablement pour effet de précipiter la dissolution de l'assemblée. Que ma mère ait épousé quelqu'un d'aussi acariâtre que mon père est un mystère dans la mesure où elle aurait pu choisir n'importe quel homme de la paroisse. Pour autant, grâce à ses efforts, nous devions plus ou moins, à cette époque, donner l'impression d'une famille heureuse.

Ce fut quelque peu une surprise pour mon père lorsque ma mère se trouva grosse pour la quatrième fois. Elle était alors âgée de trente-cinq ans, et deux années s'étaient écoulées depuis la naissance des jumeaux. Je me souviens parfaitement du soir où elle entra en travail. Le vent soufflait très fort et, tandis que ma mère desservait la table du souper, une flaque de liquide apparut à ses pieds et elle indiqua à mon père que le moment était venu. L'on fit quérir la sage-femme, qui résidait à Applecross, et je fus envoyé chez Kenny Tabac en compagnie des jumeaux. Jetta resta à la maison pour aider à l'accouchement. Avant mon départ, elle me fit venir dans la pièce du fond pour embrasser ma mère. Mère m'agrippa la main et me recommanda d'être sage et de bien m'occuper de mes frère et sœur. Jetta avait une pâleur grise sur le visage et le regard voilé de peur. Avec le recul, je pense qu'elles avaient toutes les deux eu le présage que nous allions être visités par la mort au cours de la nuit, mais je n'en ai jamais parlé avec Jetta.

Je ne dormis pas un seul instant cette nuit-là, quand bien même je restai allongé les yeux fermés sur le matelas qu'on m'avait attribué. Au matin, Carmina Tabac m'informa au milieu de bien des sanglots que ma mère était décédée pendant la nuit en raison de quelque complication liée à l'accouchement. L'enfant avait survécu et fut envoyé dans la famille de ma mère à Toscaig pour y être allaité par sa sœur. Je n'ai jamais rencontré ce frère et n'en ressens nullement le désir. La mort de ma mère provoqua une effusion générale de chagrin dans le village, sa présence ayant été semblable au soleil qui nourrit les moissons.

Cet événement entraîna un grand nombre de changements dans notre foyer. En premier lieu, une mélancolie générale s'abattit sur la maisonnée tel le serein* après une chaude journée d'été. Mon père fut le moins changé d'entre nous, pour la bonne raison qu'il n'avait jamais été très enclin à la jovialité. Les fois où, par le passé, nous partagions des moments d'amusement, c'était toujours son rire qui s'éteignait le premier. Il baissait les yeux au sol, comme si cet instant de joie lui faisait honte. Désormais, son visage avait revêtu une morosité immuable, comme figée par une saute de vent. Je ne cherche pas à faire passer mon père pour un homme insensible ou sans cœur, et je ne doute pas que la mort de sa femme l'ait terriblement affecté. C'est plutôt que la tristesse lui seyait mieux, et que ne plus se sentir obligé de simuler du plaisir en ce monde fut pour lui un soulagement.

Dans les semaines et les mois qui suivirent les funérailles, le révérend Galbraith nous rendit régulièrement visite. Le pasteur a une allure impressionnante, invariablement vêtu d'une redingote noire et d'une chemise blanche attachée au col, mais sans cravate ni foulard. Ses cheveux blancs sont toujours coupés ras et ses favoris soigneusement taillés eux aussi, bien qu'ils lui poussent dru sur les joues. Il a de petits yeux noirs, dont les gens font communément observer qu'ils semblent avoir la faculté de lire dans les esprits. Si pour ma part j'évitais son regard, je suis sûr qu'il n'en discernait pas moins les viles pensées qu'il m'arrivait fréquemment de nourrir. Il parle d'une voix sonore et rythmée, et même si ses sermons échappaient la plupart du temps à mon entendement, je ne les trouvais pas déplaisants à écouter.

Lors des funérailles de ma mère, il discourut longuement sur le thème du tourment. L'homme, dit-il, n'était pas seulement coupable du péché, mais esclave du péché. Nous nous étions livrés au service de Satan et portions les chaînes du péché à nos cous. M. Galbraith nous enjoignit de regarder autour de nous le monde et ses innombrables souffrances. « Que signifient, demanda-t-il, la maladie et l'affliction, la pauvreté et la douleur de la mort dont nous sommes les témoins chaque jour ? » La réponse était, selon lui, que ces iniquités étaient toutes le fruit de notre péché. L'homme à lui seul est impuissant à secouer le joug du péché. Pour cette raison, il nous faut un rédempteur : un libérateur sans qui nous périrons tous.

Après que ma mère fut portée en terre, nous formâmes une procession solennelle à travers la lande. C'était un jour, comme souvent dans nos contrées, entièrement gris. Le ciel, les montagnes de Raasay et les eaux du détroit offraient seulement les plus infimes variations de cette teinte. Mon père ne versa de larmes ni pendant le sermon, ni après. Son visage avait adopté le masque buté dont il ne dévierait quasiment plus dorénavant. Je ne doute pas qu'il ait pris grandement à cœur les paroles de M. Galbraith. Quant à moi, j'étais tout à fait certain que ce n'était pas en raison des péchés de mon père que notre mère nous avait été enlevée, mais des miens. Je méditai le sermon de M. Galbraith et résolus à cet instant, avec la terre grise sous mes pas, que lorsque l'occasion se présenterait, je deviendrais le rédempteur de mon père et le délivrerais de l'état misérable dans lequel mes péchés l'avaient réduit.

Quelques mois plus tard, M. Galbraith nomma mon père au conseil des anciens de la paroisse, et ce parce qu'il avait accepté que ses souffrances n'étaient autres que la conséquence de la vie de péché qu'il menait. Le tourment de mon père était instructif pour la congrégation, à qui il serait bénéfique de le voir ainsi occuper une place de premier rang au sein de l'église. Je crois que M. Galbraith était très satisfait de la mort de ma mère, car elle corroborait la doctrine qu'il professait.

Les jumeaux pleuraient constamment pour réclamer leur mère et, quand je repense à cette époque, c'est sur le fond de leurs gémissements perpétuels. En raison de notre écart d'âge, je n'avais jamais éprouvé que de l'indifférence à l'endroit de ma sœur et mon frère cadets, mais à présent ils éveillaient en moi une franche inimitié. Quand l'un restait calme un moment, l'autre se prenait à sangloter, entraînant le premier à son tour. Mon père n'avait nulle patience pour leurs lamentations et cherchait à les faire taire par des coups qui ne servaient qu'à redoubler leurs braillements. Je me les remémore agrippés l'un à l'autre sur leur balasse, une expression de terreur sur le visage alors que mon père traversait la pièce afin de venir leur administrer une correction. Je laissais à Jetta le soin de s'interposer et, si elle n'avait pas été là pour le faire, j'imagine sans peine que mon père aurait pu battre les pauvres malheureux à mort. Il fut suggéré que l'on envoyât également les jumeaux à Toscaig, mais mon père ne voulait pas en entendre parler, affirmant que Jetta était en âge de leur tenir lieu de mère.

Ma chère sœur Jetta en fut tout autant transformée que si une doublure avait pris sa place en une nuit. La jeune fille charmante et joyeuse fut remplacée par un personnage soucieux et maussade, aux épaules voûtées, et, sur insistance de mon père, vêtu de noir telle une veuve. Jetta fut contrainte d'assumer le rôle de mère et d'épouse, préparant les repas et servant mon père comme notre mère l'avait fait jusqu'alors. Père décréta qu'à l'avenir Jetta dormirait dans la pièce du fond avec lui, car c'était désormais une femme et elle méritait une certaine discrétion de la part de ses frères et sœur. D'une façon générale, cependant, Père la dédaignait, comme si, du fait même de sa ressemblance avec sa défunte épouse, il lui était douloureux de poser le regard sur elle.

Étant la plus enjouée d'entre nous, Jetta dut ressentir avec le plus d'acuité l'accablement général qui s'était répandu sur la maisonnée. J'ignore si elle avait eu la prémonition de la mort de ma mère, car elle ne m'en dit jamais mot, mais plutôt qu'abandonner les rituels et les amulettes qui n'avaient rien fait pour nous éviter cette infortune, elle ne s'y accrocha qu'avec davantage de ferveur. Je ne voyais nulle efficacité en ces choses-là, mais concevais que Jetta pût avoir connaissance de signes en provenance de l'au-delà auxquels j'étais moi-même insensible. Pareillement, mon père se tourna avec encore plus de ferveur vers la lecture des Saintes Écritures et se détourna des modestes plaisirs qu'il s'autorisait précédemment, comme s'il pensait que Dieu l'avait puni pour les quelques gouttes de whisky qu'il lui était arrivé de boire. Quant à moi, je ne trouvais rien d'autre dans la mort de ma mère que la démonstration de l'absurdité de leurs croyances respectives.

Au fil des jours, aucun d'entre nous ne voulut être le premier à égayer l'atmosphère par quelque espièglerie ou ritournelle, et plus le temps passa, plus nous nous figeâmes dans nos sombres façons.

***

Ma mère mourut au mois d'avril et, quelques semaines plus tard, je me trouvais seul sur l'estive*, chargé de veiller sur les moutons et les vaches qui pâturaient là. C'était un chaud après-midi. Le temps était clair et les montagnes au-delà du détroit parées de diverses teintes de mauve. L'air était si immobile que l'on pouvait entendre le clapotis de la mer et, de temps à autre, les cris des enfants qui jouaient tout en bas au village. Les animaux dont on m'avait confié la garde étaient alanguis par la chaleur et ne s'éloignaient guère d'une heure à la suivante. Les génisses chassaient paresseusement les taons avec leur queue.

Allongé sur le dos dans la bruyère, j'observais la lente progression des nuages dans le ciel. J'étais content d'être éloigné de la ferme et de mon père, que j'avais laissé ployé sur le manche de son cas chrom, tirant sur sa pipe. J'imaginais ma mère à ses côtés, penchée pour sarcler les mauvaises herbes dans le champ, fredonnant comme à son habitude, les cheveux lui tombant sur le visage. Je mis un moment avant de me rappeler qu'elle n'était pas là, mais plutôt sous la terre du cimetière de Camusterrach. J'étais maintes fois tombé par hasard sur des carcasses d'animaux, et je me demandai si son corps était déjà en proie à la décomposition. Je ressentis alors vivement la réalité du fait que je ne la reverrais jamais et fermai les yeux pour retenir mes larmes. Je m'efforçai de concentrer mes pensées sur le bruissement des hautes herbes et les bêlements des moutons, mais je ne réussis pas à bannir l'image du corps pourrissant de ma mère. Un insecte se posa sur mon visage et me tira de ma rêverie. Je l'écartai d'un geste de la main et me hissai sur les coudes, clignant les paupières dans le soleil. Le frelon se posa alors sur mon avant-bras. Je me gardai de tout mouvement brusque et levai très lentement le bras jusqu'au niveau de mes yeux, de sorte que la minuscule créature devint plus grosse que le bétail qui pacageait au loin. M. Gillies nous avait un jour enseigné, à l'aide d'un diagramme dessiné au tableau, le nom des parties du corps des insectes, et je me récitai machinalement ces mots chantants : thorax, stigmate, vertex, oviscapte, mandibule. Le frelon louvoyait entre les poils noirs de mon bras, comme intrigué par la surface sur laquelle il avait atterri. C'est avec le détachement d'un scientifique que je regardai l'animal s'immobiliser et abaisser son gastre sur ma peau. Machinalement, je l'écrasai d'une tape et balayai son petit cadavre. Le dard de l'insecte m'avait laissé sur le bras une infime égratignure, dont le pourtour se mit aussitôt à rosir et enfler.

Je résolus de grimper jusqu'à la cascade un peu plus haut sur le Càrn afin d'y baigner ma piqûre, jetant un coup d'œil de temps en temps par-dessus mon épaule pour surveiller le troupeau. La cascade se trouvait au milieu d'un bosquet de bouleaux, avec une profonde mare à son pied. Il faisait frais entre les arbres. Les rochers avaient été polis par des siècles d'écoulement de l'eau. Je plongeai mes mains en coupe dans la mare pour boire, puis pour m'asperger le visage et la tête. Après avoir ôté mes vêtements, je m'immergeai tout entier. Je fermai les yeux et me laissai flotter sur le dos. Des éclats de lumière orangés traversaient mes paupières. En écoutant le rugissement de l'eau sur l'eau, j'eus soudain l'impression que, lorsque j'en sortirais, Culduie, Aird-Dubh et tout le reste auraient disparu, et que je serais totalement seul au monde. J'espérais juste qu'en rouvrant les yeux je verrais Jetta debout sur un rocher, prête à se dévêtir pour me rejoindre. Je rouvris les yeux et regardai les gouttelettes jaillir autour de moi comme les étincelles d'un brasier. Je serais volontiers resté là tout l'après-midi, mais j'avais à l'esprit mon devoir auprès du troupeau. Je laissai le soleil me sécher la peau avant de me rhabiller et de redescendre la colline.

Tandis que le grondement de l'eau s'estompait, je perçus la voix d'un mouton. Les moutons ont pour habitude de converser entre eux, mais c'était là le bêlement lamentable d'un animal isolé, pareil à celui d'une brebis ayant égaré son agneau. Je montai sur un tertre afin de scruter la colline sans parvenir à repérer la bête en question. Quelque cinquante toises plus haut, au sommet d'un versant escarpé, le terrain s'aplanissait en un plateau bourbeux, invisible depuis le bas, d'où nous tirions notre tourbe. Je gravis la pente péniblement, le bêlement se faisant de plus en plus intense. En émergeant de l'autre côté de la crête, je découvris un bélier en détresse, couché sur le flanc, à demi enfoncé dans la fange. Même en été, la tourbière demeurait gluante et dangereuse. Les anciens du village avaient coutume d'avertir les enfants que, s'ils s'y aventuraient, ils seraient aspirés dans les entrailles de la Terre et dévorés par des trolls. Petit, j'avais pris cette mise en garde au sérieux, et bien que je ne crusse plus aux trolls désormais, je continuais à me méfier de la tourbière. L'animal agitait inutilement ses pattes libres, ne parvenant ainsi qu'à s'enliser davantage. Alors que je m'en rapprochais, en prenant soin de rester sur les îlots herbeux où l'on pouvait se tenir en sécurité, je murmurais des paroles apaisantes pour tenter de le calmer. Le mouton se tourna dans ma direction, telle une vieille femme malade trop faible pour soulever sa tête de l'oreiller. Je n'éprouvais pas de pitié envers cette bête, seulement une espèce de dégoût pour sa stupidité. Un gros corbeau se posa sur un tertre voisin et se mit à nous observer avec intérêt. Je passai en revue mes possibilités d'action. La première était de retourner au village chercher une corde et quelqu'un pour m'aider à hisser l'animal hors du bourbier. J'écartai cette idée car, même à supposer que le mouton ne se fût pas noyé le temps que je revinsse, le corbeau et ses frères l'auraient très certainement attaqué. Cette solution impliquait aussi de dévoiler que le bélier s'était fourvoyé dans la tourbière sous ma surveillance, une éventualité que je préférais éviter. Je n'avais donc d'autre choix que de porter secours à l'animal tout seul.

Sans plus tarder, je m'agenouillai sur le bord du marais et, répartissant mon poids le plus largement possible, je tendis la main vers l'arrière-train du bélier. La boue dégageait une odeur âcre. Des nuées de mouches s'élevèrent comme une brume de l'eau fétide qui stagnait en surface. Je parvins à attraper un sabot du mouton, mais pas de façon assez ferme pour avoir une prise véritable. Après avoir tâté le terrain devant moi, je m'assis sur les fesses dans de prudentes contorsions, ma culotte s'imbibant de vase. Le corbeau suivait mes progrès avec attention. Je pus alors empoigner une des deux cornes incurvées de la bête. Je me penchai en arrière et tirai de toutes mes forces, sentant se roidir les muscles de mes cuisses. Le mouton se prit à battre des pattes avec une ardeur redoublée et laissa échapper un bêlement apeuré. C'est alors que la tourbe, dans une éructation baveuse, relâcha son étau sur l'animal.

Je basculai sur le dos dans la bruyère, éclaboussé de la tête aux pieds. De soulagement, j'éclatai de rire. Mais le bélier délivré luttait en vain pour se redresser, et je remarquai que sa patte arrière, jusque-là immergée dans la fange, paraissait disloquée et saillir de son corps suivant un angle tout à fait anormal. L'animal s'effondra derechef, grattant l'air de ses pattes indemnes. Il bêlait sans discontinuer. Le corbeau émit un vif croassement, comme pour se gaudir de mes efforts. Je formai une boule de tourbe entre mes mains que je lançai en direction de l'oiseau maléfique, mais il se contenta de la regarder s'écraser dans un bruit mouillé avant de me fixer à nouveau d'un regard hautain. Je n'avais plus d'autre solution que d'abréger au plus vite les souffrances de l'animal. Sans doute est-ce chose aisée pour un gentilhomme que d'abattre un cerf ou un faisan en pressant la détente d'un fusil, mais mettre à mort une bête de ses propres mains ou à l'aide d'un outil manuel, qu'il soit ou pas adapté à cet usage, est une tout autre affaire. J'ai toujours répugné à tuer ne fût-ce qu'une poule, et ne parviens pas à comprendre que des hommes éduqués puissent considérer le massacre de créatures vivantes comme un sport. Néanmoins, en ces circonstances, il était de mon devoir d'achever le mouton blessé. Je songeai à l'enfourcher et, en l'agrippant par les cornes, à lui tordre la tête en arrière afin de lui briser le cou, mais je n'étais pas certain d'avoir assez de force pour cela. J'aperçus alors un palot* planté dans la boue de l'autre côté de la tourbière. J'allai chercher l'outil et m'en servis, au retour, pour chasser le corbeau, qui s'éloigna de quelques battements d'ailes avant de revenir en sautillant se percher sur son poste d'observation.

« Tu es bien installé, j'espère ? » lui demandai-je.

D'un caquètement, l'oiseau m'intima d'en finir, car il était impatient de pouvoir faire bombance.

Le fer du palot pesait lourd au bout du manche. Le mouton me regarda. Je parcourus des yeux la colline alentour, mais il n'y avait personne en vue. Sans plus attendre, je levai l'outil au-dessus de ma tête et l'abattis avec autant de force qu'il me fut possible d'en rassembler. La bête avait dû bouger, ou bien j'avais peut-être mal évalué la trajectoire de mon coup, car je ne réussis à atteindre le bélier qu'au museau, dont l'os se fendit sous le fer. L'animal grogna, étouffé à la fois par le sang et les éclats d'os, et renouvela ses pitoyables tentatives pour se dresser sur ses pattes. Je le visai une seconde fois et abattis le palot sur le haut de son crâne avec une telle vigueur que mes pieds quittèrent le sol. Du sang gicla dans les airs, m'aspergeant le visage. Le fer s'était encastré dans le crâne du mouton et il me fallut des efforts considérables pour l'en dégager. Ceci fait, je me retournai et vomis le contenu de mon estomac en prenant appui sur le manche du palot. Le temps de me ressaisir, le corbeau avait élu domicile sur le crâne de l'animal mort et se repaissait de ses yeux. Deux de ses compères l'avaient rejoint et se pavanaient autour de la carcasse en l'inspectant de façon méthodique.

Le marquage sur la toison me révéla à qui appartenait le mouton, et c'est avec un sentiment d'effroi que je regagnai le village.

Le soir même, une réunion se tint sous le toit de Kenneth Murchison. M. Murchison était connu de tous sous le nom de Kenny Tabac, pour la simple raison qu'on ne le voyait jamais sans une pipe aux lèvres. C'était un homme de forte carrure, qui devait se courber afin de passer sous les portes. Son large et beau visage était orné d'une noire moustache aussi fournie que la brosse d'un balai. Il avait une voix puissante et s'adressait aux femmes du même ton viril et enjoué qu'aux hommes. Je n'ai jamais vu ma mère s'animer autant que lorsque Kenny Tabac nous rendait visite. C'était un conteur formidable, capable de réciter de mémoire de longs morceaux de poésie, et durant les mois noirs c'était dans sa maison que les gens se réunissaient pour les ceilidhs*. Enfant, j'étais captivé par ses histoires de fantômes et de créatures surnaturelles. Mon père, en revanche, se méfiait de Kenny Tabac, comme de tous les hommes dont il disait que les esprits étaient emplis de choses profanes. Son épouse, Carmina, était une femme d'une grande beauté, aux traits fins, aux grands yeux noirs et à la silhouette élancée. C'était la fille d'un négociant de Kyle of Lochalsh, où Kenny Tabac l'avait rencontrée à la foire. Il était parfaitement inouï que pareille femme prît mari dans un village comme Culduie, et j'entendais souvent dire (sans en comprendre le sens) que Kenny Tabac devait être extrêmement bien pourvu pour avoir réussi à l'arracher à la ville.

Les Tabac avaient six filles, ce qui était considéré comme une terrible infortune. Plusieurs vieilles mégères de la paroisse s'étaient succédé pour proposer des remèdes à cette affliction, mais Kenny Tabac les avait toutes éconduites, clamant que n'importe laquelle de ses filles valait dix garçons d'un autre homme. La maison des Tabac était grande et spacieuse. Il y avait une cheminée le long du pignon et Kenny Tabac avait construit un large foyer, autour duquel étaient disposés un certain nombre de fauteuils tapissés. Un élégant service de vaisselle était exposé dans un dressoir*, lequel avait été fabriqué par un ébéniste de Kyle puis transporté par bateau jusqu'à Culduie. Kenny Tabac et sa femme dormaient dans une pièce à l'arrière de la maison, et il y avait une autre pièce séparée pour leurs filles. Après son mariage, Kenny Tabac avait affermé* un terrain supplémentaire et bâti une bouverie pour son troupeau, disant qu'il ne souffrirait pas de loger ses filles sous le même toit que le bétail. Il parlait toujours de sa femme comme d'une de ses filles et, les soirs d'été, on les voyait souvent marcher main dans la main jusqu'à la pointe d'Aird-Dubh. Si d'aventure mon père les surprenait, il marmonnait : « Elle est obligée de lui tenir la main pour l'empêcher d'accomplir l'œuvre du Diable. »

Au centre du logis se trouvait une longue table autour de laquelle les Tabac prenaient leurs repas. C'est à cette même table que nous étions réunis mon père et moi ; Lachlan le Large, le propriétaire du mouton que j'avais tué ; et son frère, Aeneas. Kenny Tabac avait lui-même pris place à l'extrémité de la table. Il ne subsistait rien de l'atmosphère conviviale qui régnait d'ordinaire lors des soirées chez les Tabac. Lachlan le Large avait refusé la tournée de whisky proposée par Kenny Tabac et se tenait droit comme un piquet sur sa chaise, les mains posées devant lui, la droite enveloppant son poing gauche, ses doigts se serrant et se desserrant tel un cœur palpitant. Son regard était dirigé vers le dressoir derrière mon père et moi. Le Large, il convient de le préciser, était un spécimen de la race humaine des plus impressionnants. Il avait six pieds de haut, de massives épaules et de grosses mains robustes. Il était réputé avoir porté tout seul d'un bout à l'autre du village la carcasse d'un cerf, que deux hommes ensemble eussent peiné à soulever. Il avait d'étroits yeux bleu clair, et sa lourde tête était surmontée d'une épaisse chevelure blonde qui lui arrivait aux épaules, cette couleur étant due, disait-on, à quelque ancêtre scandinave du côté de sa mère. Il semblait ne jamais ressentir le froid et, même pendant les mois noirs, allait toujours vêtu d'un sarrau qu'il laissait entrouvert. Comme s'il n'était pas assez reconnaissable, il avait pour habitude de porter un mouchoir jaune noué autour du cou. Son frère était de plus petite stature, replet, avec le teint rougeaud et de tout petits yeux d'oiseau. Il n'avait lui-même pas grand-chose à dire, mais s'empressait de braire tel l'âne du colporteur à la moindre remarque de son cadet. Aeneas était assis auprès de son frère, la cheville gauche posée sur le genou droit, occupé à décrotter sa botte à l'aide d'un couteau de poche.

Kenny Tabac tirait sur sa pipe en silence et lissait continuellement les poils de sa prodigieuse moustache entre son pouce et son majeur. Mon père, qui n'avait pas sorti sa pipe, tenait sa casquette des deux mains sur ses genoux, les yeux rivés sur la table devant lui. Nous attendions l'arrivée de Calum Finlayson, un batelier de Camusterrach qui à l'époque exerçait la charge de constable de la paroisse. Dehors, le soleil brillait encore, ne faisant qu'accentuer la sombre atmosphère de la maison. Peu de temps après, M. Finlayson fit son entrée et salua la société sur un ton joyeux. Kenny Tabac se leva pour l'accueillir par une chaleureuse poignée de main et s'enquit des nouvelles de sa famille. Il lui proposa une tasse de thé et, le constable ayant accepté, il appela son épouse. Carmina Tabac s'affaira à la préparation du thé, disposant une tasse et une soucoupe devant chacun d'entre nous, même si seul M. Finlayson en voulait. Lachlan le Large la suivait intensément du regard, comme s'il évaluait une pièce de bétail à la foire.

Quand le thé fut servi et que Carmina Tabac se fut retirée dans la pièce du fond, Calum Finlayson ouvrit la séance.

« Voyons s'il ne nous est pas possible de régler cette affaire à l'amiable, messieurs, dit-il.

— En effet », acquiesça Kenny Tabac en hochant vigoureusement la tête.

Lachlan le Large souffla bruyamment par le nez, et son frère fit son rire d'âne. Calum Finlayson ignora cette grossière interruption et, d'une voix douce, me demanda de raconter aussi précisément que possible ce qui s'était passé cet après-midi-là. Je me sentais fort nerveux devant tous ces hommes assemblés, mais relatai l'histoire au mieux de mes capacités, omettant seulement l'épisode de la cascade, qui pouvait raisonnablement être interprété comme un manquement à mon devoir de surveillance du troupeau. J'inclus en revanche la piqûre de frelon, calculant qu'on pourrait y voir la cause de ma distraction au moment où le bélier s'était égaré. J'affirmai aussi que, lorsque je retrouvai le mouton, ses yeux avaient déjà été dévorés, ceci afin d'insister sur la souffrance de l'animal et les raisons qui m'avaient poussé à agir comme je l'avais fait.

Quand j'en eus terminé, M. Finlayson me remercia de mon exposé. J'avais gardé les yeux baissés vers la table tout du long mais, pensant que c'était la fin de mon supplice, je les levai alors. Lachlan le Large remua sur sa chaise et émit un grognement dédaigneux. Il se pencha en avant comme dans l'intention de prendre la parole, mais M. Finlayson leva un doigt dans sa direction pour l'en empêcher.

« N'était-ce pas ton devoir, Roddy, me demanda-t-il, de surveiller les bêtes pendant la durée de l'après-midi ?

— En effet, répondis-je.

— Et les as-tu surveillées ?

— Oui, monsieur Finlayson. »

Je craignis soudain que quelqu'un ne m'eût vu me diriger vers la cascade et ne fût sur le point d'être appelé pour contredire mon récit.

« Dans ce cas, comment se peut-il, demanda M. Finlayson d'un ton toujours placide, que le mouton se soit égaré jusqu'à la tourbière ?

— Je ne puis le dire, répondis-je.

— Peut-être ton attention a-t-elle été divertie, suggéra-t-il.

— Si le mouton s'est éloigné alors qu'il était sous ma garde, c'est assurément que mon attention a été divertie, concédai-je, soulagé qu'il ne parût pas y avoir de témoin pour me démentir. Je voudrais ajouter que je regrette la souffrance qu'a endurée ce mouton et que je suis disposé à faire le nécessaire pour dédommager M. Mackenzie de sa perte. »

M. Finlayson hocha la tête, comme s'il était satisfait de mes propos. Kenny Tabac ôta la pipe de sa bouche et dit : « Nous savons tous qu'il est impossible de garder à l'œil cinquante moutons sur un flanc de colline. Le garçon a exprimé ses regrets, ne devrions-nous pas nous en tenir là ? »

Lachlan le Large tourna son regard vers lui.

« Je vous ferais valoir que ce n'est pas votre mouton qui a été assommé à mort, monsieur Murchison, et si nous apprécions tous votre hospitalité, je ne vois pas en quoi votre opinion aurait quelque pertinence dans cette affaire. »

Son frère ricana et remua sur sa chaise.

M. Finlayson leva la main pour couper court à la discussion et adressa ses commentaires à Lachlan le Large.

« Toutefois, M. Murchison n'a pas tort de faire observer qu'il n'est pas tâche aisée de garder le troupeau à l'œil, et si une faute a été commise, alors c'était une faute honnête, sans malice intentionnelle.

— Il y a de la malice en abondance chez ce garçon », rétorqua le Large en pointant son gros doigt dans ma direction.

M. Finlayson fit remarquer que nous n'étions pas là pour proférer des paroles mortifiantes, mais que, si M. Mackenzie souhaitait à présent me faire certaines questions, il était libre de les formuler.

Le Large se contenta de grommeler quelque chose quant à l'impossibilité de me soutirer un seul mot de vérité.

M. Finlayson laissa un silence flotter quelques instants dans la pièce avant de déclarer que, si chacun était satisfait de ce qu'il venait d'entendre, il lui revenait désormais de se prononcer sur l'affaire.

« Je propose, dit-il, qu'en compensation de la perte de ce bélier, John Macrae paye trente-cinq shillings à Lachlan Mackenzie, ceci étant le prix d'une telle bête à la foire.

— Et que faites-vous de ce qu'il m'a fallu dépenser en brelée* et en labeur pour élever l'animal ? » demanda le Large.

Calum Finlayson parut considérer mûrement la question.

« Vous l'auriez vendu à la foire que ces coûts ne vous auraient pas été restitués. De surcroît, en complément des trente-cinq shillings, vous avez aussi la toison et la chair de l'animal.

— Et que croyez-vous qu'il en reste maintenant que les corbeaux en ont fait leur affaire ? » répliqua le Large.

M. Finlayson ignora cette objection et se tourna vers mon père afin de lui demander si cette résolution lui paraissait acceptable. Mon père acquiesça d'un bref hochement de tête.

« Il me semble, persista Lachlan le Large, que vous laissez là le garçon s'en tirer à bon compte. Cela mérite sans conteste un châtiment supplémentaire.

— Et que suggérez-vous ? demanda le constable. Une flagellation publique ? »

J'avais déjà reçu, en présence de mes frère et sœurs, une sévère correction de mon père, mais je ne pensais pas qu'il me revînt d'en faire état. Mon père ne jugea pas non plus nécessaire de le mentionner.

« J'ai connu pire idée que celle-là, répondit le Large en me fixant du regard. Peut-être les coups réussiraient-ils à faire cracher la vérité à cet avorton.

— Faire cracher la vérité à cet avorton, voilà ! » répéta Aeneas Mackenzie.

Calum Finlayson se leva et se pencha vers les deux hommes par-dessus la table.

« Je ne suis pas venu ici pour entendre des grossièretés et des insultes, dit-il. Le garçon a admis sa faute et devrait en être félicité. J'ai proposé un règlement en votre faveur. Si cela ne vous convient pas, je vous suggère de porter l'affaire devant la police. »

Lachlan le Large lui lança un regard noir. Une telle suggestion était fort difficilement applicable dans la mesure où elle supposait un voyage de vingt-huit lieues jusqu'à Dingwall ; en outre, tout refus d'accepter la sentence du constable serait fort mal perçu par le reste du village.

« Peut-être le régisseur sera-t-il intéressé d'apprendre ce qui s'est passé, insista Lachlan le Large.

— Je puis vous assurer, lui répondit M. Finlayson, que le régisseur a des sujets bien plus importants à traiter que la perte d'un mouton. Puisque M. Macrae a accepté ma proposition, je vous conseille d'en faire autant. »

Lachlan le Large indiqua par un geste de la main qu'il acceptait le jugement. Mon père, qui n'avait presque pas dit mot depuis le début de la séance, leva alors un doigt noueux. Le constable lui demanda s'il souhaitait ajouter quelque chose.

« Sur la question du payement, hésita mon père.

— Oui ? » l'encouragea M. Finlayson.

Non sans peine, mon père expliqua que, s'il acceptait cet arrangement, il ne possédait pas à ce jour trente-cinq shillings, ni même le début d'une telle somme.

Cela provoqua une grande hilarité chez Lachlan le Large et son frère.

« Vous me voyez au regret de l'apprendre, John le Noir, dit-il. Peut-être pourrais-je prendre à la place votre boudeuse de fille. Je suis sûr que je saurais lui arracher un sourire.

— On saurait tous les deux comment arracher un sourire à cette petite boudeuse », renchérit Aeneas Mackenzie avec un gloussement imbécile.

Kenny Tabac se leva de son siège et s'appuya lourdement sur la table.

« Je ne tolérerai pas ce genre de langage sous mon toit, Lachlan le Large.

— Vous préférez peut-être que je prenne une de vos filles, suggéra le Large. L'aînée me semble tout à fait mûre, désormais. »

Le visage de Kenny Tabac s'empourpra d'un coup et je crus bien qu'il allait se jeter sur lui, mais Calum Finlayson se leva et lui posa une main sur le torse.

Lachlan le Large éclata de rire, les bras croisés sur la poitrine. Kenny Tabac resta debout un long moment, fixant le Large d'un regard furieux, lequel le considérait en retour avec un sourire narquois. Mon père avait les yeux baissés. Sous la table, je voyais sa main agacer le drap grossier de sa culotte.

Kenny Tabac finit par se rasseoir et M. Finlayson, sans doute impatient de clore la séance, poursuivit : « Eu égard à la situation de M. Macrae, je propose que la somme convenue soit payée à la cadence d'un shilling par semaine jusqu'à être réglée en totalité. »

Lachlan le Large haussa les épaules.

« Soit, dit-il d'un ton moqueur. Je ne voudrais pas être la cause de quelque privation que ce soit pour mon pauvre voisin ici présent. »

Et ainsi se conclurent les discussions. Lachlan le Large recula sa chaise et donna deux tapes sur la cuisse de son frère afin de lui signifier qu'ils s'en allaient. Après leur départ, Kenny Tabac laissa échapper un long soupir et proféra un juron que je m'abstiendrai de répéter ici. M. Finlayson me félicita de ma conduite. Kenny Tabac alla chercher dans le dressoir une bouteille de whisky et quatre verres, qu'il posa sur la table devant nous. J'étais content de constater qu'il en avait compté un pour moi, mais, avant que le whisky fût servi, mon père se leva et remercia M. Finlayson de l'équité de son jugement, quand bien même je ne pouvais m'empêcher de penser qu'il aurait volontiers approuvé la flagellation proposée par Lachlan le Large. Kenny Tabac l'implora de rester boire une goutte, mais il refusa. Père me tira alors par la manche, et nous partîmes. Je craignais une seconde rossée en arrivant à la maison, mais je fus simplement privé de souper. Étendu sur ma balasse, j'imaginai Kenny Tabac et Calum Finlayson buvant du whisky et riant de l'incident tandis que mon père fumait sa pipe dans la pénombre grandissante.

***

Ma cellule, ici à Inverness, mesure cinq pas de long et deux de large. Deux planches fixées au mur et recouvertes de paille me tiennent lieu de lit. Il y a deux seaux dans un coin, le premier dans lequel je fais mes ablutions, le second pour mes besoins. Une lucarne sans vitre, de la taille d'une main d'homme, est percée en hauteur dans le mur en face de la porte. Les murs sont épais, et c'est seulement si je me tiens le dos collé contre la porte que je parviens à voir un petit rectangle de ciel. La fonction de cette lucarne, j'imagine, est moins d'offrir une vue à l'occupant de la cellule que de permettre qu'un peu d'air y circule. Cependant, faute d'autres distractions, il est surprenant de découvrir combien l'on peut trouver de divertissement à observer les lentes altérations d'un minuscule morceau de ciel.

Mon geôlier est un grand gaillard rustre, si large d'épaules qu'il doit se tourner de côté pour pénétrer dans ma cellule. Il est vêtu d'un gilet en cuir, d'un sarrau crasseux qui pend sur sa culotte et de grosses bottes qui claquent bruyamment contre les dalles du corridor. Il serre avec de la ficelle le bas de sa culotte autour de ses chevilles. Cela m'intrigue, car je n'ai vu ici ni souris ni autres animaux nuisibles, mais je ne lui ai pas demandé la raison de cet accoutrement. Pas plus que je ne lui ai demandé son nom.

Le geôlier me traite sans plus de bonté que de mépris. Le matin, il me porte un quignon de pain et de l'eau et, si mon seau est plein, il le change. Durant les premiers jours, j'ai bien tenté d'engager la conversation avec lui, mais il ne m'a jamais répondu. Quand me furent apportées la table et la chaise sur lesquelles je rédige à présent ce document, il n'a fait aucun commentaire. Je sais toutefois qu'il n'est pas muet, car il m'est arrivé de l'entendre parler dans le corridor. Je suppose qu'à ses yeux je ne suis pas digne d'intérêt et ne diffère en rien des autres prisonniers. Il y a, au reste, peu de choses ici dont s'entretenir. Quand il repart, je l'entends accomplir les mêmes tâches dans les cellules voisines. Je n'ai rien vu de mes codétenus et n'en ai nul désir, ne souhaitant aucunement fraterniser avec des criminels. Souvent, le soir, des hommes vocifèrent dans les termes les plus crus ou martèlent de leurs poings la porte de leur cellule, ne réussissant qu'à faire hurler les autres pour leur réclamer le silence. Ces périodes d'agitation durent quelque temps, avant que d'un seul coup la clameur ne retombe et ne laisse subsister que les lointains bruits de la nuit dehors.

Un jour sur deux, l'on m'autorise à quitter ma cellule pour me dégourdir les jambes dans une petite cour pavée. La première fois, je ne sus trop qu'y faire. En raison de l'élévation des murs de l'enceinte, le soleil ne frappe jamais le sol, de sorte que les pavés sont glissants et couverts de mousse. Remarquant que, le long des côtés de la cour, un passage avait été usé, je me mis à marcher en suivant ce périmètre. Le geôlier reste devant l'entrée pendant toute la durée de ma promenade, mais je n'ai pas l'impression qu'il m'observe. J'ai de la commisération pour lui. Sa vie ici ne me paraît guère plus plaisante que la mienne et, longtemps après que j'aurai quitté ce lieu, il y sera encore. La circonférence de la cour mesure vingt-huit pas, et j'effectue généralement une soixantaine de tours dans le temps qui m'est imparti. Cela représente à peu près la distance entre Culduie et Camusterrach, aussi j'essaye d'imaginer que c'est sur cette route que je chemine.

Plus tard dans la journée, l'on me porte un bol de soupe accompagné d'un quignon de pain ou d'un bannock*. Je consacre la majeure partie de mon temps à la rédaction de ce document. Je doute que ce que j'écris là puisse être d'aucun intérêt pour quiconque, mais je suis fort aise d'avoir de quoi m'occuper.

Les premiers jours de mon incarcération, j'ai eu peu de temps pour m'accoutumer à ma nouvelle condition, débordé que j'étais par les fréquentes visites de divers officiers de police. L'on me conduisait souvent jusqu'à une pièce dans une autre partie de la prison afin de m'y interroger au sujet de mes actes. Les mêmes questions me furent faites à tant de reprises que je n'avais même plus besoin de réfléchir à mes réponses. J'ai maintes fois eu le sentiment que mes interlocuteurs eussent été satisfaits si j'avais inventé quelque autre version des faits ou tenté d'une façon ou d'une autre de m'absoudre de la responsabilité des crimes que j'avais commis, mais je n'en fis rien. Je fus traité courtoisement par tout le monde et aurais aimé payer de retour cette gentillesse, mais je ne voyais pas lieu de mentir. Souvent, quand j'avais répété mon histoire pour la troisième ou quatrième fois consécutive, les personnes présentes s'échangeaient des regards, comme si je les avais en quelque sorte amusées, ou bien que j'étais pour elles un mystère. Ayant médité sur la raison de cela, j'imagine que pareilles gens ont plus communément à démêler avec des criminels peu disposés à admettre leur culpabilité. Pour finir, je réitérai mon histoire en présence d'un écrivain et, après moult observations m'avisant que je n'y étais nullement obligé, je signai ma déposition.

Désormais, excepté les visites de mon avocat, M. Sinclair, je n'ai guère de contact humain. Ce matin, pourtant, je fus interrompu dans mon travail par une visite du médecin de la prison. C'était un homme cordial, aux joues rougeaudes et aux favoris tumultueux. Il se présenta sous le nom de Dr Munro et m'instruisit qu'il était chargé d'évaluer mon état de santé. Bien que je lui répondisse que j'allais fort bien, il me demanda d'ôter ma chemise et se livra à un examen approfondi. Tandis qu'il s'affairait autour de moi, je percevais son haleine, qui dégageait la puanteur douceâtre du fumier frais, et je fus soulagé lorsqu'il eut fini de m'examiner et qu'il s'éloigna de moi. Il me fit alors une série de questions relatives à mes crimes, auxquelles je fournis mes réponses habituelles. De temps à autre, il sortait une flasque en étain de la poche intérieure de son pardessus et en buvait une goulée. Il nota mes réponses dans un petit cahier, sans paraître aucunement perturbé par rien de ce que je pus lui dire. Quand il eut terminé de m'interroger, il croisa les bras et me considéra avec intérêt. Il me demanda si je regrettais ce que j'avais fait. Je lui répondis que non et que, de toute façon, cela importait peu puisque, regrets ou pas, ce qui était fait ne pouvait être défait.

« C'est tout à fait juste, dit-il, avant d'ajouter quelques instants plus tard : Vous êtes une véritable curiosité, Roderick Macrae. »

Je lui rétorquai que je n'en étais pas une pour moi-même, et qu'il était sans doute autant une curiosité pour moi que je l'étais pour lui. À ces mots, il laissa échapper un rire joyeux, et je m'étonnai une fois de plus de l'affabilité avec laquelle on me traitait, comme si je n'étais coupable que d'avoir chapardé un pot de beurre.

***

Vers la fin des mois jaunes*, M. Gillies vint rendre visite à mon père. C'était en début de soirée et Jetta s'affairait à desservir la table de notre souper. Mon père fut pris de court par l'arrivée de l'instituteur, qui apparut sur notre seuil, tenant son garron* par la bride. On m'envoya dehors attacher le poney et, ceci fait, je restai à ses côtés quelques minutes, lui caressant l'encolure et murmurant à son oreille. Lorsque je rentrai, M. Gillies était assis sur le banc et Jetta lui préparait une tasse de thé. Un bannock avait été disposé dans une assiette sur la table devant lui. Mon père se tenait debout au centre de la pièce, tripotant sa pipe, mal à l'aise, réticent à s'asseoir en présence d'un supérieur. M. Gillies s'enquérait des nouvelles de Jetta et disait à mon père le plaisir qu'il avait eu à l'avoir comme élève. Quand il me vit dans l'encadrement de la porte, il s'exclama d'un ton jovial : « Ah, le voilà ! »

Il demanda alors à mon père s'il n'entendait pas s'asseoir, et mon père s'installa à sa place habituelle en bout de table.

« J'ai remarqué que, depuis la rentrée des classes, Roddy n'est pas revenu à l'école. »

Mon père continuait à tirer obstinément sur sa pipe.

« Ce n'est plus un enfant, répondit-il.

— C'est exact, et à ce titre il n'a plus l'obligation de suivre les cours, dit M. Gillies. Toutefois, peut-être Roddy vous a-t-il rapporté la conversation que lui et moi avons eue avant les vacances ? »

Mon père répondit que je ne lui avais fait part d'aucune conversation. M. Gillies se tourna alors vers moi et m'invita à les rejoindre à la table.

Lorsque je fus assis, il poursuivit : « Notre discussion concernait l'avenir de votre fils, et plus précisément la continuation de ses études. Ne vous a-t-il rien dit de cela ?

— Pas un mot », déclara mon père.

M. Gillies me dévisagea en fronçant les sourcils.

« Eh bien, reprit-il d'un air enjoué, votre fils a fait montre de capacités remarquables dans son travail scolaire, capacités qu'il serait à mes yeux fort regrettable de gâcher. »

Mon père me jeta un regard noir, comme si j'avais commis quelque incartade ou que j'étais coupable d'avoir conspiré avec l'instituteur derrière son dos.

« Gâcher ? » répéta-t-il sur le même ton que s'il entendait ce mot pour la toute première fois.

M. Gillies parcourut des yeux notre sombre intérieur, parfaitement averti du piège que lui tendait mon père. Il but une gorgée de son thé avant de répondre.

« Je veux simplement dire que, s'il poursuivait son éducation, il pourrait, à l'avenir, avoir le choix entre un plus grand nombre de chemins possibles.

— Quelle sorte de chemins ? »

Mon père savait très bien de quelle sorte de chemins parlait M. Gillies. Je suis sûr qu'il avait confusément idée de mes accomplissements scolaires, mais il n'avait jamais exprimé le moindre intérêt pour ces choses-là, ni la moindre louange à mon égard.

« Je suis convaincu que Roddy pourrait aspirer à devenir… »

L'instituteur s'interrompit un instant pour lever les yeux vers la charpente, comme s'il n'y avait jamais réfléchi jusque-là.

« … À devenir pasteur, enseignant, ou toute autre carrière de son choix.

— À devenir quelqu'un comme vous ? rétorqua mon père de façon abrupte.

— Tout ce que j'essaye de dire, monsieur Macrae, est que certaines possibilités lui seraient ouvertes. »

Mon père remua sur son banc.

« Vous voulez dire qu'il pourrait devenir quelque chose de mieux qu'un fermier ?

— Je ne dirais pas "mieux", monsieur Macrae, mais plutôt différent. Je vous en fais état uniquement pour m'assurer que vous êtes au courant des opportunités qui s'offrent à votre fils.

— Nous n'avons que faire de telles opportunités ici, répliqua mon père. Ce garçon est requis pour travailler à la ferme et contribuer aux revenus de sa famille par son labeur. »

M. Gillies répondit en suggérant qu'il pourrait être utile de me demander mon avis. Sur ce, mon père se leva.

« Nous ne ferons rien de la sorte », dit-il.

M. Gillies ne bougea pas de son siège.

« Si c'est une question d'argent, certains arrangements sont possibles.

— Nous n'avons pas besoin de votre charité, monsieur l'instituteur. »

M. Gillies ouvrit la bouche afin de répondre, mais finalement se ravisa. Il hocha la tête, comme pour accepter que le sujet était clos, et se leva. Il s'avança vers mon père en lui tendant une main, qu'il se vit refuser.

« Je ne voulais pas vous offenser, monsieur Macrae. »

Mon père garda le silence et M. Gillies, après nous avoir souhaité le bonsoir à moi-même et à Jetta, qui pendant toute la durée de la conversation s'était appliquée à nettoyer nos bols, prit congé.

Je l'accompagnai dehors au prétexte de l'aider avec son poney. Je voulais lui témoigner ma reconnaissance pour sa visite, mais si l'on m'avait consulté, je me serais rangé du parti de mon père, à savoir que j'étais dorénavant requis à la ferme, et que ces choses-là n'étaient point pour des gens comme nous. Dans tous les cas, aucun des garçons de mon âge dans la paroisse n'allait plus à l'école et je me serais senti ridicule, assis parmi les enfants. Je ne désirais pas non plus devenir un homme comme M. Gillies, avec ses traits falots et ses mains flasques et roses. Il me remercia d'avoir détaché son poney et me dit que, si d'aventure je souhaitais retourner à l'école, je serais toujours le bienvenu et qu'on trouverait des arrangements pour le payement des frais. Je suis sûr qu'au fond il n'escomptait pas me revoir, en quoi il avait raison. Je le regardai enfourcher son poney et sortir lentement du village. Ses pieds touchaient presque le sol, si bien qu'il formait une silhouette tout à fait comique. Le garron avançait d'un pas lourd, avec l'allure caractéristique des poneys de la race Highland, comme s'il s'attendait à tout moment à se cogner la tête contre une poutre trop basse.

Les espoirs de mon père de me voir contribuer aux revenus du foyer furent promptement déçus. Peu de temps après la conversation avec M. Gillies, il m'avait trouvé une place pour la durée de la saison de chasse. Je devais me présenter au pavillon du ghillie* sitôt le point du jour, ce que je fis. Le ghillie était un homme de haute stature, doté de petits yeux étroits et d'une épaisse barbe broussailleuse, parsemée de gris. Il était vêtu d'une paire de culottes en tweed, de gros bas d'estame* et de robustes chaussures de marche. Son gilet n'était pas boutonné, et il tenait dans la main gauche une pipe dont le tuyau dessinait un S. Comme il me demandait mon nom, je lui répondis que j'étais Roderick Macrae de Culduie. Il m'examina de la tête aux pieds et me dit d'aller attendre dans la cour à l'arrière de la Grande Maison.

Je traversai donc la propriété avec, malgré l'approbation du ghillie, le sentiment d'être un intrus, mais personne ne me demanda de comptes. L'on accédait à la cour en s'enfilant sous un porche en pierre à droite de l'entrée principale. Je débouchai sur une esplanade pavée, longée d'un côté par les écuries et de l'autre par de larges fenêtres donnant sur les cuisines de la maison. Je ne voulais pas coller mon nez aux carreaux, mais il semblait régner à l'intérieur une grande animation. Je m'adossai au mur près de la porte de la cuisine en m'efforçant de paraître le plus naturel possible. J'entendais les chevaux s'ébrouer et hennir dans leurs stalles. Je les imaginais être de formidables pur-sang et brûlais d'entrer les admirer, mais je m'en gardai de crainte de me faire réprimander. C'est alors qu'un autre garçon, un peu plus âgé que moi, arriva. Il ne dit rien mais me dévisagea ostensiblement. Il s'appuya contre le mur de l'écurie et y posa la semelle de sa botte droite de façon à former un triangle avec sa jambe. Cette attitude lui donnait l'air parfaitement à l'aise en ces lieux, si bien que je l'imitai. Au bout de quelques minutes, il sortit une petite pipe de la poche de sa veste. Après l'avoir inspectée avec attention, il la plaça entre ses lèvres et se prit à la mâchonner bruyamment. Il n'y avait pas de tabac dans le fourneau ou, s'il y en avait, le garçon n'avait pas jugé nécessaire de l'allumer. Ce geste me confirma néanmoins que j'avais affaire à quelqu'un d'aguerri, et j'en fus fort impressionné. Par la suite, quand la marche à travers la vallée nous amena à lier conversation, il m'expliqua qu'il n'était pas besoin d'allumer une pipe pour jouir des bienfaits du tabac. Pourvu que la pipe eût été utilisée précédemment, il suffisait d'aspirer avec force.

Un peu plus tard, deux hommes apparurent et s'engouffrèrent dans les écuries, où je les entendis préparer les montures. Lorsqu'ils les sortirent, je fus dépité de constater que ce n'étaient pas des étalons, mais les mêmes garrons trapus qu'on voyait dans les villages, avec leur grosse tête basse. Pendant ce temps, des provisions et ustensiles de toute espèce arrivaient des cuisines et étaient déposés sur les pavés. Le garçon à la pipe et moi-même reçûmes l'ordre de charger le premier poney. Le second devait voyager à vide de façon à pouvoir transporter le gibier au retour. Les préparatifs terminés, une femme corpulente en blouse et tablier sortit de la cuisine avec quatre tasses de thé sur un plateau. C'était l'épouse de Lachlan le Large, Mimi, qui travaillait pour le compte de Lord Middleton durant les mois jaunes. Elle me salua d'une manière laissant penser qu'elle n'était pas surprise de me voir là. D'ordinaire je ne bois pas de thé, car mon père estime que c'est une boisson réservée aux femmes, mais, ne voulant me dissocier du groupe, je pris la tasse qu'elle me tendit. Et, en effet, cette absorption commune parut engendrer un sentiment de camaraderie entre nous quatre. Le thé était sucré, et le goût moins déplaisant que je ne m'y attendais. Tandis que nous buvions, un des deux palefreniers m'adressa la parole pour la première fois.

« Tu es donc le garçon du Noir Macrae ? »

Je répondis que j'étais le fils de John Macrae de Culduie, et les deux hommes échangèrent un regard dont la signification m'échappa. J'étais déconcerté que ces deux étrangers connussent le nom de mon père et parussent tirer un jugement sur moi d'après quelque idée qu'ils avaient sur lui.

Mimi la Large revint chercher nos tasses et me demanda si j'avais emporté de quoi manger, étant donné que nous allions passer toute la journée dans les collines. Jetta m'avait préparé deux pommes de terre, et Mimi hocha la tête comme pour me féliciter de ma prévoyance. Nous conduisîmes les poneys jusque devant la maison, où nous attendîmes les chasseurs. Un des palefreniers me désigna un grand coffre en bois, que j'allais devoir porter. Il mesurait trois pieds de large sur deux de haut, et une épaisse courroie de cuir de la largeur d'une main reliait en diagonale ses deux coins opposés. Il pesait un bon poids, et un des hommes dut m'aider à le soulever pour passer la courroie par-dessus ma tête et la caler sur mon épaule. Il me dit ensuite qu'il ne fallait surtout pas heurter le coffre ni le pencher de côté, car son contenu pourrait alors se briser. Sans m'enquérir de ce qu'il y avait à l'intérieur, je sentis que l'on m'avait confié une tâche d'une grande importance et résolus de m'en acquitter dignement. Le temps que le ghillie nous eût rejoints, la courroie avait déjà commencé à m'incommoder, mais je m'efforçai de n'en rien laisser paraître. Le ghillie inspecta brièvement les poneys et fit un ou deux commentaires aux palefreniers. Il avait un fusil coincé dans le creux du bras. Quelques minutes après, quatre gentilshommes apparurent sur le seuil de la maison, tous vêtus de costumes de tweed et tenant des fusils de la même manière que le ghillie. Ils ne ressemblaient en rien aux gens de nos contrées. Ils étaient grands, avaient le dos droit, les cheveux blonds et le teint rose, comme mon ancien instituteur. Le ghillie échangea une poignée de main avec le plus âgé des quatre, que j'en déduisis être Lord Middleton. Il salua ensuite les trois autres un par un, et déclara que la matinée était belle et qu'ils avaient de bonnes chances de revenir avec un cerf. Il leur fit alors un discours général sur le déroulement de la journée ainsi qu'une ou deux recommandations quant à la façon de manier leurs armes et de se conduire dans la montagne. Les gentilshommes l'écoutaient avec attention, ce dont je fus stupéfait car, malgré sa mise élégante, le ghillie était un Highlander, mais s'adressait à ses supérieurs sans la moindre marque de déférence. À la fin de son exposé, Lord Middleton lui donna une grande tape sur l'épaule et, se tournant vers ses compagnons, leur dit : « N'ayez crainte, il aboie davantage qu'il ne mord. » Cela suscita un grand amusement parmi le groupe, à l'exception du ghillie lui-même, qui tira une montre en argent du gousset de son gilet et annonça qu'il était temps de se mettre en route.

Nous prîmes la direction de la vallée, le ghillie et Lord Middleton en tête, suivis des trois gentilshommes, puis des palefreniers menant les deux garrons, l'autre garçon et moi fermant la marche. C'était un matin chaud et couvert. Les secousses du coffre contre l'arrière de mes genoux ne tardèrent pas à me faire souffrir. Mon camarade, qui en portait un similaire, quoique visiblement plus léger, me montra comment marcher avec les épaules en arrière et les mains posées sur les côtés du coffre pour l'empêcher de cahoter. Cet échange rompit la glace entre nous et il me révéla qu'il s'appelait Archibald Ross et qu'il était l'aîné de six enfants. Je lui répondis que ma mère était morte récemment en donnant le jour à mon plus jeune frère, et que cela avait causé bien des tourments à notre famille. Archibald Ross me rétorqua que, pour les gens comme nous, il y avait toujours un tourment au tournant. Cette réponse m'impressionna grandement et mon nouvel ami me parut la personne la plus intelligente que j'avais jamais rencontrée.

Quand nous quittâmes le chemin qui suivait le fond de la vallée et que nous commençâmes à grimper à flanc de colline, il me devint impossible d'empêcher le coffre de ballotter en tous sens et je me résignai à en endommager le contenu et à encourir la colère du ghillie. Archibald Ross entretenait un constant monologue, parlant d'une manière divertissante de sa famille et de ses voisins d'Applecross. Il m'annonça sans détour que son père tenait les gens de la péninsule pour des êtres inférieurs et paresseux, spécialement ceux d'Aird-Dubh, qu'il trouvait sales et menteurs. Il avait beau s'employer à souligner qu'il ne partageait pas les vues de son père, je lui rappelai néanmoins que j'étais de Culduie et non d'Aird-Dubh.

Aussitôt qu'il serait en âge de le faire et qu'il aurait assez d'épargne pour la traversée, Archibald entendait émigrer au Canada. Là-bas, m'assura-t-il, les jeunes gens comme nous pouvaient prospérer. De vastes étendues de terres fertiles nous y attendaient et, en une année, l'on pouvait gagner plus d'argent que nos pères en une vie de dur labeur à la ferme. Un de ses cousins, qui s'en était allé sans rien d'autre qu'un sac de gruau, vivait désormais dans une maison deux fois plus majestueuse que celle de Lord Middleton. Il me proposa de partir ensemble chercher fortune et je fus enthousiasmé par cette idée. Archibald me confia alors sur un ton de conspirateur que, si je savais me rendre particulièrement utile à ces gentilshommes, ils pourraient à la fin de la journée me glisser un penny ou même un shilling. La perspective de pareils gains redoubla ma détermination à ignorer la douleur que m'infligeait le coffre.

Après quelque deux heures de marche, nous atteignîmes un plateau surplombant la vallée, où nous nous arrêtâmes. Je n'avais jamais eu motif de me hasarder aussi haut, et je m'avisai que, de là, nous avions une vue admirable sur la baie d'Applecross et jusqu'aux montagnes de Raasay et de Skye. Les palefreniers sortirent deux grands tapis du fardeau du premier poney, qu'ils étalèrent au sol. Je fus débarrassé de mon coffre, dans lequel se trouvaient de la vaisselle, des verres et des bouteilles de vin. Sur les assiettes fut disposé un assortiment de viandes froides, légumes, condiments et pains. Les gentilshommes se déclarèrent impressionnés par un tel festin et commencèrent à manger sans avoir dit les grâces. Les deux palefreniers, après avoir servi le repas, s'attardèrent auprès des garrons. Je m'assis sur un tertre et avalai lentement la première de mes pommes de terre. Je fus tenté d'entamer la seconde mais, sachant que j'allais rester un moment dans la montagne, je pris le parti de la garder pour plus tard. Assis non loin de moi, Archibald mâchait un bannock qu'il avait sorti de la poche de sa veste. Il m'en offrit un morceau que je refusai, ne désirant pas partager ma pomme de terre. Le ghillie mangeait avec les gentilshommes, sans toutefois se joindre à leur conversation, et sans accepter non plus le verre de vin qu'on lui proposa. Les gentilshommes bâfraient librement et rivalisaient entre eux par des descriptions toujours plus élaborées du paysage qu'ils avaient sous les yeux. L'un d'eux se frotta les tempes et plaisanta en disant qu'il avait sans doute abusé de l'hospitalité de Lord Middleton la veille. Son compagnon leva son verre et s'exclama « Le mal par le mal ! », une injonction qui me laissa perplexe. Lord Middleton, qui s'était contenté d'un petit verre de vin, parlait à voix basse avec le ghillie. Ce dernier fit remarquer à la cantonade que ces messieurs ne risquaient pas de tirer beaucoup de cerfs après avoir englouti une telle quantité de vin et, bien qu'il l'eût dit sur un ton badin, je compris qu'il l'entendait fort sérieusement et qu'il n'approuvait guère la conduite des gentilshommes. Ces derniers semblaient cependant n'avoir cure de son déplaisir, et vidèrent trois bouteilles à eux quatre.

Lorsqu'ils se déclarèrent repus, la vaisselle et les victuailles furent remballées et l'on m'informa, à mon grand soulagement, qu'il n'était pas nécessaire de continuer à porter le coffre puisque je pourrais le récupérer sur le chemin du retour. Aussi étais-je de plaisante humeur alors que nous reprenions notre marche, et celle-ci s'embellit encore quand l'un des palefreniers, désireux de bourrer sa pipe, me demanda de mener son garron. Je m'enorgueillis de cette élévation de mes responsabilités, que je vis comme le gage de mon acceptation par les deux hommes. Nous prîmes la direction du sud entre deux sommets, et je me représentai notre petit groupe comme une expédition d'explorateurs s'aventurant vers des territoires inconnus. Les hôtes de Lord Middleton semblaient réjouis et conversaient bruyamment entre eux. Le ghillie se trouva contraint de leur rappeler de baisser la voix, sans quoi ils rentreraient bredouilles. J'étais abasourdi de voir le ghillie s'adresser aux gentilshommes de si brusque façon, mais Lord Middleton ne parut nullement en prendre ombrage. Ses hôtes semblèrent soudain penauds et continuèrent en silence. À présent le ghillie marchait seul en tête et, chaque cinquante toises environ, il nous signalait de faire halte en tendant la paume sur le côté. Nous restions alors immobiles, respirant à peine, tandis qu'il scrutait le flanc de la montagne et paraissait humer l'air avant de nous indiquer sans un mot de poursuivre dans telle ou telle direction d'un nouveau geste de la main. Au bout d'une heure, nous parvînmes au bord d'une corniche et le ghillie nous demanda de nous baisser. Je m'allongeai sur le ventre dans la bruyère. L'humeur du groupe s'était désormais assombrie. Sous nos yeux paissait une harpaille* de trente ou quarante bêtes. Les biches étaient toutes orientées dans le même sens, le cou ployé vers l'herbe, progressant très lentement, telles des femmes occupées à ensemencer un champ. Nous étions suffisamment rapprochés pour apercevoir la tranquille rotation de leurs mâchoires. À la tête de la harde se tenait un cerf, dont les bois faisaient penser à deux mains noueuses tendues vers le ciel. Les bêtes étaient parfaitement ignorantes de notre présence.

Sans un bruit, le ghillie fit signe à un des chasseurs de s'avancer. Ce gentilhomme, sans bruit non plus, mais non sans agilité, chargea son fusil et le dirigea vers le cerf, appuyant sa tête contre la crosse. C'était un moment d'une grande solennité. J'étais si près de lui que je voyais son doigt approcher de la détente. Je me tournai de nouveau vers le cerf et trouvai fort regrettable qu'il dût mourir pour que cet homme pût exposer sa tête au mur de son salon. Le doigt de l'homme s'enroula autour de la détente. Sans réfléchir, je me dressai alors d'un bond et me pris à sautiller le long de la corniche en battant des bras comme un oiseau géant et en braillant comme un coq. Aussitôt, la harde s'égailla et le tir du gentilhomme se perdit dans les airs. Le ghillie se précipita sur moi, m'attrapa par le bras et me projeta violemment à terre. J'étais, à cet instant, aussi consterné que lui par mes propres actions, que je regrettai immédiatement. Le ghillie proféra une série de jurons et, craignant qu'il ne s'en prît à moi avec la crosse de son fusil, je me couvris la tête entre mes bras. Il n'en fit pourtant rien, et je restai prostré dans la bruyère avec un terrible sentiment de honte. Les deux palefreniers riaient à gorge déployée, mais un regard sévère du ghillie les fit taire. Le visage de Lord Middleton avait viré au pourpre, sans que je pusse dire si c'était sous l'effet du grand air ou de la rage. Les trois gentilshommes me considéraient avec stupéfaction. Il me vint à l'idée que le ghillie pourrait m'envoyer gambader dans la vallée afin que les hôtes eussent le loisir de me prendre pour cible à la place du cerf dont je les avais privés. Mais rien de la sorte ne se produisit. Lord Middleton s'approcha et demanda mon nom au ghillie.

« C'est Roderick Macrae, fils de John Macrae de Culduie », répondit-il.

Lord Middleton hocha la tête et dit : « Veillez à ce qu'il ne soit plus employé sur mon domaine. »

Puis il se retourna pour s'excuser auprès de ses hôtes. M'en eût-on laissé l'occasion que j'en aurais fait autant, mais l'on me renvoya dans la montagne en me rappelant de récupérer mon coffre et de le rapporter aux cuisines. Je me relevai péniblement, reconnaissant à Lord Middleton pour la clémence de son châtiment. Alors que je m'éloignais du groupe, Archibald Ross détourna le regard, ne souhaitant pas être associé à pareil imbécile.

De retour chez moi ce soir-là, je ne dis mot de l'incident. Le lendemain matin, je partis avec mes deux pommes de terre en poche, comme si de rien n'était, et passai la journée à errer sur le Càrn entre les lochs. Lorsque je rentrai à la nuit tombée, mon père avait eu vent de mon incartade et je reçus une correction bien méritée.

***

Quelque temps après l'incident du mouton, le bruit courut que Lachlan le Large avait rendu visite au régisseur. La provenance de cette rumeur n'était pas claire. Un certain nombre d'habitants d'Applecross affirmaient avoir vu le Large marcher en direction de la maison du régisseur, ce qui pouvait difficilement être considéré comme une preuve en soi. Il était sans précédent que quiconque se rendît chez le régisseur de son propre chef, mais si le Large avait été convoqué, l'avis lui aurait été remis par le constable, or Calum Finlayson n'avait rien remis de la sorte. Mon père grommelait d'un ton austère que la source la plus probable de cette rumeur était Lachlan le Large en personne. Quoi qu'il en soit, à force d'être répétée, cette histoire finit par passer pour un fait établi.

Ce qui est sûr, c'est que peu après cette prétendue visite, Calum Finlayson fut lui-même convoqué chez le régisseur. Le mandat de constable de M. Finlayson arrivait à terme quelques mois plus tard et, de façon assez exceptionnelle, il avait réussi à s'acquitter tout ce temps de ce rôle délicat sans se mettre à dos ses voisins. En tant que factotum du régisseur, le constable occupe une position peu enviable. S'il échoue à faire respecter la réglementation, il s'attire la colère du régisseur, tandis que s'il applique trop strictement les conditions de bail, il s'aliène toute la communauté. M. Finlayson était parvenu à éviter cette dernière situation en choisissant de signaler discrètement autour d'un pot de thé les éventuelles infractions plutôt que de se précipiter chez le régisseur à la première occasion. De même, autant que possible, il avait encouragé les tenanciers à résoudre leurs différends entre eux et, lorsqu'on réclamait son arbitrage, il était réputé le donner de manière impartiale. La très grande majorité de la paroisse souhaitait qu'il continuât d'exercer cette charge, tout en acceptant comme un gage de sa bonne nature que lui-même n'en eût pas le souhait.

Après son audience chez le régisseur, Calum Finlayson fit savoir qu'il s'était vu reprocher de ne pas avoir rempli son rôle avec une rigueur suffisante. Que cela eût été porté à l'attention du régisseur par Lachlan le Large restait de l'ordre de la spéculation, mais la conséquence en était que, jusqu'à la fin de son mandat, il serait tenu de faire appliquer la réglementation de façon beaucoup plus draconienne. Afin de l'y contraindre, le régisseur avait décrété qu'il devrait collecter un certain montant sous forme d'amendes pendant les mois qui lui restaient. Si cette somme n'était pas atteinte, le constable se verrait dans l'obligation de payer la différence de sa poche. M. Finlayson était fort affligé par cette situation.

Une réunion à laquelle assistèrent la plupart des habitants de la paroisse fut organisée dans la maison de Kenny Tabac. Il y fut décidé qu'afin d'épargner à M. Finlayson d'avoir à prélever les amendes nécessaires auprès de ses voisins, la réglementation serait dorénavant respectée aussi scrupuleusement que possible. Par ailleurs, dans le but de réunir la somme exigée par le régisseur, les ménages en capacité de le faire verseraient cinq shillings dans un fonds commun. Les moins bien lotis pourraient contribuer à hauteur de leurs moyens. Après cette réunion, malgré le ressentiment qu'il y avait à se voir forcés, comme le formula Kenny Tabac, d'engraisser le régisseur, les gens étaient d'humeur joviale et il y eut abondance de chants et de whisky.

Lachlan le Large et les autres membres de la famille Mackenzie n'étaient pas présents à la réunion et refusèrent par la suite de participer au fonds commun. Mon père n'approuvait pas cet arrangement, au motif qu'il impliquait de tromper et de braver les autorités constituées. Il versa néanmoins un shilling au nom de l'estime qu'il portait à Calum Finlayson. Dans la mesure où personne ne voulait d'une croix noire devant son nom pour avoir enfreint les règles, il fut décidé que les amendes seraient enregistrées comme ayant été prélevées équitablement entre tous les feux de la paroisse. Ainsi, nulle famille ni individu ne pourrait être désigné pour des sanctions ultérieures. Au fil de l'été, malgré les privations causées par cet inutile surcroît de dépenses, ce subterfuge devint la source d'un certain amusement. Les amendes étaient justifiées par des infractions de plus en plus futiles. La contribution de mon père fut enregistrée comme une pénalité pour avoir laissé son coq chanter pendant les heures nocturnes. Kenny Tabac fut verbalisé pour avoir négligé de s'enquérir de la santé du régisseur, et Maggie l'Aveugle, une veuve de Camusterrach, pour s'être mise en route en direction de l'église du pied gauche. Quand vint le moment pour M. Finlayson de remettre les fonds au régisseur, ce dernier dut bien pressentir que tout n'était pas tel qu'en apparence, mais il pouvait difficilement accuser son constable de ne pas s'être acquitté de ses fonctions avec zèle. D'une manière générale, les habitants jubilaient du succès de ce stratagème, voyant là une petite victoire sur le pouvoir en place. Mon père, cependant, était d'avis qu'il n'y avait pas de quoi se réjouir d'offrir ainsi notre argent au régisseur, et je partageais ses vues.

Vers la fin de l'été, Lachlan le Large fit connaître son intention de se présenter au poste bientôt vacant de constable de la paroisse. Jamais personne ne s'était encore proposé de son plein gré pour ce rôle ingrat. Même ceux que l'autorité conférée par cette charge aurait pu séduire se gardaient bien de l'admettre. Or, tout le monde savait que Lachlan le Large se délecterait d'exercer son pouvoir sur ses voisins et, pour cette raison, l'on se mit secrètement en quête d'un candidat distinct. Mon père, quoique pas très aimé, était respecté au sein de la paroisse, et un soir plusieurs hommes, entre lesquels Kenny Tabac, vinrent nous rendre visite afin de le persuader de se porter volontaire. Mon père leur demanda l'un après l'autre pourquoi, puisqu'ils pensaient si important de s'opposer à Lachlan le Large, ils ne le faisaient pas eux-mêmes. Chacun avait ses propres raisons et, lorsqu'ils eurent fini de les exposer tour à tour, mon père n'eut plus besoin d'énoncer les siennes. De fait, la rencontre entre Lachlan le Large et le régisseur, fût-elle réelle ou imaginée, avait conduit à la perception qu'il était son homme et, sans autre motif que celui-là, personne ne souhaitait se présenter contre lui. Au bout du compte, la seule personne que l'on réussit à convaincre fut Murdo Coq, un idiot qui vivait dans une cahute à Aird-Dubh et dont on disait qu'il se nourrissait exclusivement de gruau et de patelles.

Le vote eut lieu au presbytère de Camusterrach. Le soir dit, les hommes des trois villages s'y engouffrèrent en file, la casquette fourrée dans la poche de leur veste ou tenue à la main. Le révérend Galbraith les salua un à un, prenant des nouvelles de leur famille et ajoutant parfois quelque commentaire sur les récentes absences qu'il avait constatées à l'église. L'atmosphère était sombre. Le régisseur, flanqué des deux candidats, s'adressa brièvement à l'assemblée. Il remercia les villageois de leur présence et leur rappela l'importance du rôle du constable dans la gestion heureuse du domaine. Il ne recommanda aucun des deux postulants, se contentant de souligner l'esprit civique dont témoignait leur candidature et disant qu'il avait toute confiance dans le fait que les villageois choisiraient le plus apte des deux. Le révérend Galbraith saisit alors l'occasion de guider l'assemblée dans la prière. Lorsqu'il fut procédé au vote, pas une main ne se leva contre Lachlan le Large.

Celui-ci ne tarda guère à faire usage de ses nouveaux pouvoirs. Un soir, peu après sa désignation, il vint se présenter chez nous. Jetta avait tout juste fini de desservir la table du souper et s'était mise à son tricot. Père était dans son fauteuil près de la fenêtre. Quant à moi, j'étais resté à table. Il faisait encore jour, notre porte était grande ouverte et je regardais dehors depuis plusieurs minutes, observant Lachlan le Large et son frère qui approchaient. Ce n'est que lorsqu'ils dépassèrent la maison de notre voisin que je compris qu'ils se dirigeaient vers la nôtre, et il était alors trop tard pour avertir mon père de leur arrivée imminente. La massive silhouette de Lachlan le Large emplit soudain l'encadrement de la porte. Il ne prononça pas la moindre salutation et je crois que ce fut l'altération de la lumière qui conduisit mon père à lever les yeux de son livre. Alors seulement, le nouveau constable nous souhaita le bonsoir. Mon père se leva, sans toutefois se soucier de lui faire bon accueil. Aeneas Mackenzie resta sur le seuil, les bras croisés comme pour monter la garde contre de possibles intrus. Lachlan le Large s'avança d'un pas ou deux dans la maison et annonça qu'en sa qualité nouvellement acquise, il visitait tous les foyers sous sa juridiction.

À quoi mon père répondit d'un ton narquois : « Ainsi nous serions désormais sous votre juridiction ?

— Vous êtes sous la juridiction du laird*, répliqua le Large, et puisque son régisseur est chargé de la gestion du domaine, et que je suis désormais le représentant du régisseur dans cette paroisse, eh bien oui, vous êtes sous ma juridiction. »

Il désigna alors la table d'un geste de la main et ajouta : « N'allez-vous donc point m'accueillir sous votre toit ? »

Mon père l'invita à s'asseoir et somma Jetta d'emporter son tricot ailleurs, mais il se dispensa de proposer un rafraîchissement à Lachlan le Large comme il l'aurait fait à tout autre visiteur. Ce dernier regarda Jetta se retirer dans la pièce du fond avant de venir s'installer sur le banc et de me saluer. Je lui répondis de la façon la plus courtoise dont je fus capable car, si j'avais dit le fond de ma pensée, cela nous aurait sans doute valu une amende.

Une fois que mon père eut pris place en bout de table, le Large commença par se déclarer flatté d'avoir reçu le soutien des habitants pour son élection au poste de constable. Après quoi il se lança dans un long discours sur la responsabilité incombant à chacun de respecter ses conditions de fermage. La réglementation, dit-il, n'était pas faite pour le simple amusement ou profit du laird, mais pour le bénéfice de toute la communauté.

« S'il n'y avait pas de réglementation, ajouta-t-il, nous vivrions dans un état d'anarchie, n'est-ce pas ? »

Tout en parlant, il pianotait sur la table avec les trois doigts du milieu de sa main droite, ce qui produisait un son pareil au lointain galop d'un poney. Il avait les doigts épais et gercés, les ongles cassés et incrustés de crasse. Pendant tout son laïus, il garda les yeux rivés quelque part entre le haut du buffet et les poutres de la charpente, comme s'il s'adressait à une assemblée paroissiale. Il s'interrompit quelques instants pour laisser à mon père l'occasion de répondre mais, voyant que celui-ci restait coi, il continua.

Il estimait que, dernièrement, notre communauté s'était déshonorée par son manque d'adhésion aux règles, et par le laxisme avec lequel elles avaient été appliquées. Nous nous étions comportés, disait-il, tels des écoliers quand le maître a le dos tourné, et nous y avions été encouragés par un représentant qui, en voulant trop se faire aimer, avait desservi sa communauté. Néanmoins, il prenait son élection à la charge de constable comme un signe que les gens avaient le désir de s'amender. Il saisissait donc cette occasion pour rappeler à tous les tenanciers leurs responsabilités aux termes de leur bail. Si les choses n'allaient pas en s'améliorant, des mesures devraient être prises. Il se tut un moment avant d'ajouter, comme si cela venait de lui traverser l'esprit, qu'il parlait avec le plein assentiment du régisseur.

L'expression de mon père n'avait pas varié depuis le début du discours de Lachlan le Large. Mais il ôta alors la pipe de sa bouche et entreprit de la rebourrer. Ceci fait, il l'alluma et en aspira tranquillement quelques bouffées.

« Vous n'avez nul besoin de venir me rappeler mes responsabilités, Lachlan Mackenzie. Je n'ai jamais enfreint aucune réglementation et n'ai jamais eu de croix noire devant mon nom.

— J'ai le regret de vous dire, monsieur Macrae, que votre réaction ne fait que confirmer l'état d'anarchie dans lequel nous avons récemment sombré. Nous avons à ce point méprisé la réglementation que nous ne remarquons même plus quand nous l'enfreignons. Et, dans tous les cas, ce n'est ni à vous ni à personne d'autre de savoir s'il y a des croix noires devant votre nom. »

Mon père tirait sur sa pipe, impassible. Il était rarement possible de lire dans ses pensées, mais à cet instant je devinai à une certaine dureté dans son regard qu'il était mécontent. Les doigts de Lachlan le Large cessèrent leur pianotage et il plaça sa main gauche, jusque-là posée sur sa cuisse, à plat sur la table. J'interprétai ce geste comme le signe qu'il s'apprêtait à se lever et partir, mais il n'en fut rien. En fait, il apparut plutôt que ses observations jusqu'à présent n'avaient été qu'un simple préambule au véritable motif de sa visite.

« À part ces généralités, reprit-il, il y a un autre sujet qui concerne votre famille en particulier. »

Ses doigts recommencèrent leur martèlement. Je supposai qu'il allait rouvrir la question du bélier mort et se servir de ses pouvoirs nouvellement acquis pour augmenter l'amende contre mon père, ou au moins exiger son payement immédiat. Mais je me trompais.

« Il a été décidé, poursuivit-il, que la surface de votre ferme devra être réduite. »

L'expression de mon père resta immuable.

« Depuis la mort de votre épouse, le nombre de membres de votre foyer a diminué et, puisque je suppose que vous n'avez pas le projet de vous remarier, cette diminution est sans doute permanente. La surface de terre qui vous est attribuée sera par conséquent réduite d'un cinquième. D'autres familles plus nombreuses ont des fermes plus petites que la vôtre, et ces terres seront attribuées à l'une d'entre elles.

— Vous voulez dire à vous-même », rétorqua mon père.

Lachlan le Large prit un air désapprobateur et secoua la tête comme s'il était offensé par une telle suggestion.

« Certainement pas à moi-même, monsieur Macrae. Cela constituerait un abus de pouvoir. La terre sera attribuée à une famille qui le mérite.

— Aucun de mes voisins ne l'acceptera.

— Nous verrons bien, répondit le Large en pinçant les lèvres. Il ne serait de l'intérêt de personne que ce fonds reste en friche.

— Mon père et mon grand-père ont travaillé cette terre avant moi.

— Certes, dit le Large, mais elle ne leur appartenait pas plus qu'à vous. Cette terre appartient au laird et c'est par son bon vouloir que vous avez le privilège de la faire valoir.

— Et pour le loyer ? »

Je maudis mon père intérieurement, car cette question signifiait clairement son intention de céder sur la réduction de terrain. Ma mère eût-elle été encore en vie qu'elle aurait eu tôt fait d'éjecter Lachlan le Large de la maison avec une bordée d'injures, mais mon père n'était pas de la même trempe.

« Pour le loyer ? répéta le Large.

— Si la surface de la ferme doit être diminuée, alors sans doute le loyer le sera-t-il d'autant », expliqua mon père.

Le constable laissa échapper un petit rire par le nez pour faire valoir l'absurdité de cette idée.

« Votre loyer, ce me semble, accumule des arriérés depuis des années. Si je puis me permettre un conseil, à votre place je ne provoquerais pas les autorités en réclamant une réduction. »

Mon père se leva et, appuyant ses phalanges contre la table, se pencha vers Lachlan le Large.

« Je m'en vais solliciter une audience auprès du régisseur afin d'en discuter », déclara-t-il.

Le Large resta assis et étala ses mains devant lui.

« Vous êtes parfaitement libre de le faire, dit-il, mais je puis vous assurer que je parle avec l'assentiment du régisseur. Je suis sûr que vous ne voulez pas vous attirer la réputation d'être de ceux qui cherchent à perturber le bon fonctionnement du domaine, dont la gestion, je vous le rappelle, est conçue pour le bénéfice de la communauté tout entière et non d'un individu en particulier. Comme vous l'avez mentionné vous-même, vous ne souhaitez pas voir votre nom marqué d'une croix noire supplémentaire. »

Sur ces paroles, Lachlan le Large se leva et ajouta d'un ton détaché : « Le nouvel allotement prendra effet au printemps de façon à vous laisser le loisir de lever la récolte de cette année. Vous pourrez décider vous-même de la pièce de terre que vous désirez céder et me le faire savoir en temps voulu. »

Il nous informa ensuite que nous devrions à l'avenir nous adresser à lui en l'appelant Constable Mackenzie ou simplement Constable tout court, et ce de façon à ne pas oublier qu'il agissait à titre officiel.

Mon père ne sollicita pas d'audience auprès du régisseur, et au printemps la portion de notre fonds la plus éloignée de notre maison fut attribuée à notre voisin, Duncan Gregor, qui vivait avec sa vieille mère, son épouse et leurs quatre enfants. M. Gregor vint visiter mon père pour lui assurer qu'il n'avait jamais cherché à obtenir ce terrain et qu'il n'entendait nullement en tirer profit à ses dépens. Il proposa que leurs deux familles fissent valoir cette parcelle en commun et en partageassent les fruits. Mon père refusa cette offre généreuse en disant qu'il ne souhaitait pas cultiver une terre à laquelle il n'avait pas droit et que, dans tous les cas, M. Gregor avait des besoins supérieurs aux nôtres. M. Gregor passa quelque temps à lui faire diverses représentations, mais mon père n'en démordit point. Pas plus qu'il n'accepta aucune contrepartie en compensation de sa perte.

***

La nature du régime imposé par Lachlan le Large apparut vite au grand jour. Les années précédentes, quiconque exerçait la charge de constable le faisait à contrecœur et ne s'acquittait de ses fonctions que lorsqu'il s'y voyait contraint. Lachlan le Large, au contraire, se jeta dans ce rôle avec la ferveur d'un renard dans un poulailler. Il arpentait les villages de sa juridiction en se pavanant, cahier en main et crayon derrière l'oreille, le plus souvent accompagné de son imbécile de frère ou de cousin, voire des deux. L'entretien des fermes ainsi que l'état des chemins, des fossés et des sentiers étaient entièrement placés sous sa surveillance. Non qu'il confinât ses inspections aux terrains communaux. Il n'avait aucun scrupule à faire irruption à l'improviste dans les maisons de ses voisins pour griffonner quelques notes dans son petit cahier, dont il ne divulguait jamais le contenu à quiconque. Ces notes ne donnaient pas lieu à des amendes immédiates. Les gens savaient seulement que le constable avait relevé quelque chose, et que cela pourrait être utilisé contre eux n'importe quand à l'avenir. En conséquence de quoi Lachlan le Large trouvait les gens consentants quand il leur demandait de travailler sur son fonds ou d'effectuer à sa place d'autres tâches dont il était empêché par les devoirs qu'il s'imposait tout seul.

Lachlan le Large estimait que l'on avait laissé les routes et les chemins reliant nos maisons et nos villages tomber dans un état de délabrement inacceptable. Un programme général de rénovations fut établi et tous les hommes valides de la paroisse furent forcés de donner dix jours de main-d'œuvre au moment décidé par le constable. Ceux assez intrépides pour contester cette obligation de travailler gratuitement s'entendirent répondre que les clauses de leur bail les engageaient à assurer le drainage et l'entretien des routes et des chemins communaux. C'était donc un geste de clémence que de simplement demander aux villageois de satisfaire aux devoirs qu'ils avaient jusque-là ignorés plutôt que de sanctionner leur négligence par une amende. Malgré les récriminations sur la nature autoritaire des méthodes de Lachlan le Large, il était communément admis que les transformations qu'il instaurait servaient l'intérêt général.

Le constable était aidé dans le maintien de sa bonne réputation par le grand nombre de membres de sa famille qui résidaient dans les villages sous sa juridiction. Comme tous les autres clans, les Mackenzie étaient naturellement enclins à prendre la défense des leurs, et il devint fréquent, du moins il était perçu comme tel, que les remarques désobligeantes à l'endroit de Lachlan le Large lui revinssent aux oreilles. Les gens finirent donc par préférer garder pour eux leurs opinions au sujet du constable.

Un soir que mon père prenait l'air sur le banc devant la maison, Kenny Tabac vint le rejoindre et les deux hommes restèrent quelques minutes en silence à tirer sur leur pipe. Lachlan le Large marchait le long du chemin reliant la route au village, inspectant minutieusement les fossés. Kenny

Tabac ôta la pipe de sa bouche, se pencha vers mon père et marmonna : « Lachlan le Large est un crétin fini, mais on ne peut nier que l'entretien du village s'est amélioré. »

Mon père ne répondit pas. Il n'approuvait guère ce genre de langage.

L'influence de Lachlan le Large s'étendit bientôt à tous les aspects de la vie du village. La fin des mois noirs est, dans nos contrées, marquée par l'extraction et le séchage de la tourbe, qui a lieu sitôt que le temps le permet. C'est une tâche qu'accomplissent les villageois tous ensemble, car cela n'aurait aucun sens que chaque famille se charge d'extraire seulement sa propre ration. La besogne est ardue mais se déroule d'ordinaire dans une joyeuse atmosphère, avec force chants et rafraîchissements partagés. Cette année, cependant, en dépit du fait que l'extraction se fût parfaitement bien passée depuis des temps immémoriaux, le constable prit l'initiative de superviser les opérations. Un roulement fut établi et des responsables désignés (invariablement parmi le clan Mackenzie) pour surveiller le travail dans chacun des villages sous son autorité. Ces responsables ne travaillaient pas eux-mêmes, mais passaient la journée à rôder autour des marais en aboyant des ordres aux tourbiers et déterminaient à quelle heure seraient pris les rafraîchissements. Cela provoqua bien du ressentiment, car ce labeur que les villageois avaient jusqu'alors entrepris de leur propre gré paraissait soudain imposé par le pouvoir en place. Il ne restait donc rien de la bonne humeur et des chants habituels. Je faisais l'objet d'une surveillance toute particulière car, depuis l'incident du mouton, il se disait que l'on ne pouvait se fier à moi quand j'avais un palot à la main. Aussi étais-je tenu de travailler à distance des autres, et il me suffisait de m'interrompre fût-ce le temps de m'essuyer le front pour qu'Aeneas Mackenzie me hurlât d'arrêter de musarder. J'avoue que je lui aurais volontiers planté mon outil dans le crâne mais, ne voulant attirer davantage d'ennuis à mon père, je me démenais autant que possible, revenant chaque soir de la montagne avec les bras et les mollets fourbus de mes efforts.

Un midi, quelques jours après le début de l'extraction, je m'avisai que j'avais oublié les bannocks que Jetta m'avait préparés. Sans un mot à mes compagnons, qui se reposaient sur les bords de la tourbière, je me mis en route pour redescendre au village. C'était une journée chaude et ensoleillée, et le dur labeur de la matinée avait trempé mon dos de sueur. Tout en dévalant la pente, je songeai que je pourrais m'accorder quelques instants de répit pour boire une tasse de lait sur le banc devant chez nous. Le village était désert. La plupart des hommes étaient dans la montagne, et les femmes probablement occupées à leurs propres besognes domestiques. Mon père, qui n'avait alors plus la force de passer une journée complète à tourber, s'affairait avec son cas chrom au bout de notre parcelle et, en observant ses maigres efforts, je résolus que, lorsque l'extraction serait terminée, ma tâche suivante serait de biner correctement le sol sur ce qu'il nous restait de terre.

Je me tins un moment sur le seuil. Après la vive lumière du dehors, il fallut quelque temps à mes yeux pour s'accoutumer à la pénombre intérieure. Une faible lueur émanait des braises du foyer et un mince rayon de soleil traversait la fenêtre. Je fus pris de court en voyant une silhouette se tenir debout, dos à la porte, à l'extrémité de la table. Ma surprise augmenta lorsque je devinai à ses proportions et au mouchoir jaune autour de son cou qu'il s'agissait de Lachlan le Large. Il semblait s'échiner à pousser la table, ses mains agrippées au rebord tandis que ses jambes et son corps s'y appuyaient de tout leur poids. Cela m'intrigua, car je ne voyais pas quelle raison avait le constable de vouloir déplacer nos meubles ; en outre, notre table n'est pas de construction si massive qu'un homme de la stature de Lachlan le Large dût avoir de la peine à la soulever. J'étais sur le point d'annoncer ma présence quand j'aperçus deux jambes dépasser de part et d'autre des hanches de Lachlan le Large. Ces jambes étaient suspendues en l'air, légèrement fléchies au genou, plus ou moins parallèles au sol en terre de la maison. Je compris d'après les bottines noires à leurs pieds que c'étaient celles de ma sœur. Je distinguai alors, vers le milieu de la table, une seconde paire de mains elles aussi fermement accrochées au bord. Je restai sans mot dire sur le pas de la porte et regardai durant plusieurs minutes Lachlan le Large qui continuait à pousser la table avec une intensité croissante. Il se prit alors à émettre de petits bruits d'animal puis, d'un coup, renonça sans pourtant avoir bougé le meuble de plus de quelques pouces. Il recula d'un pas et se tourna vers la fenêtre. Je vis son membre dépasser de sa culotte, fortement gonflé et aussi rigide qu'un manche à balai. Il le prit dans sa main et le rentra dans son caleçon. Il était essoufflé par ses efforts et avait le front couvert de sueur. Je n'avais fait aucun bruit, mais il tourna la tête dans ma direction, à croire qu'il savait que j'étais là depuis le début. Il me souhaita le bonjour d'un ton parfaitement naturel, comme si sa présence sous notre toit n'avait rien d'incongru. Puis il dénoua son mouchoir et s'en servit pour s'éponger le front et le cou, avant de tranquillement lisser ses cheveux en arrière. Il lança un regard à Jetta, dont les mains avaient désormais lâché le bord de la table, et s'approcha de moi. Je m'écartai pour le laisser passer.

Il s'arrêta devant la porte et me dit : « Ne devrais-tu pas être à la tourbe, mon garçon ? »

J'ai toujours détesté que l'on m'appelle « mon garçon », car c'est ainsi que mon père s'adresse à moi quand il est mécontent. Aussi rétorquai-je : « Je ne suis pas votre garçon, monsieur Mackenzie. »

Je regrettai aussitôt de m'être emporté, songeant qu'il allait informer mon père que je lui avais manqué de respect et nous infliger une amende d'un shilling. Au lieu de quoi il m'attrapa par la nuque, colla son visage contre le mien et me dit : « Quand tu seras plus grand, tu comprendras qu'un homme doit bien satisfaire ses besoins quelque part. Surtout maintenant que ta chère mère n'est plus parmi nous. » Il laissa alors échapper un rire sonore et partit. Je le regardai s'éloigner à grandes enjambées en faisant tournoyer son mouchoir dans sa main droite, et éprouvai pour lui un terrible dégoût.

Jetta était toujours allongée sur la table, sa poitrine se soulevait et retombait, et mes yeux furent attirés vers la partie sombre entre ses cuisses écartées. Sans se redresser, elle repoussa la jupe et le cotillon qui étaient remontés autour de sa taille. Puis elle se hissa en position assise et resta là quelques minutes, les pieds ballants au-dessus du sol. Elle avait le visage empourpré et des gouttes de sueur sur le front. Je ne savais pas quoi dire, aussi je ne dis rien. Jetta finit par se lever. Tout en défroissant sa tenue, elle me demanda ce que je faisais là et je lui répondis que j'avais oublié mes bannocks. Elle alla les chercher sur le buffet et me les porta à l'endroit où je me tenais, près de l'entrée. Elle avait les joues aussi rouges que si elle venait de courir ou de danser. Elle me recommanda de ne rien raconter à Père de ce que j'avais vu. J'acquiesçai et lui demandai si je pouvais avoir une tasse de lait.

Je pris mes bannocks et m'assis sur le banc devant la maison. Jetta me porta du lait et rentra sans un mot. Dans la parcelle, mon père avait le dos tourné et ne releva pas la tête. Je le regardai se battre avec son cas chrom, sa chaussure glissant fréquemment du hochepied*. Il travaillait de façon méthodique, mais avec peu d'effet sur la terre. Je ne saurais dire s'il avait vu Lachlan le Large entrer ou sortir de chez nous. Ce qui est certain, c'est que pendant les quelques minutes où je l'observai, il ne leva pas une seule fois les yeux de son labeur.

Lorsque je remontai à la tourbière, Aeneas Mackenzie me fit venir à lui et m'avertit qu'il signalerait mon absence à son frère. Je lui répondis que ce ne serait pas nécessaire dans la mesure où je venais de le voir, et je n'entendis plus parler de cette affaire.

***

C'est à peu près à cette époque que je fis la connaissance de Flora Mackenzie, la fille aînée de Lachlan le Large. Nous avions été à l'école ensemble, mais j'y avais fait montre d'un tempérament si asocial que c'était pratiquement comme si nous nous rencontrions pour la première fois. Elle avait environ un an de moins que moi, et à cause de cela comme de l'inimitié entre nos deux familles, nous n'avions que peu de contacts. En classe, Flora était toujours assise au premier rang et, bien que ne pouvant voir son visage, je l'imaginais empreint d'une intense concentration. Elle était toujours la première à se porter volontaire pour effacer le tableau et se montrait particulièrement fière quand M. Gillies lui accordait ce privilège. La seule impression que j'avais alors d'elle était celle d'une bécasse cherchant par tous les moyens à se faire bien voir des représentants de l'autorité.

Un après-midi, l'on m'avait chargé d'aller fouir* la terre sur la parcelle de Lachlan le Large. Flora passait le balai devant leur maison tout en surveillant son tout jeune frère, Donald. Malgré le fait que je lui tournais le dos, je sentis qu'elle m'observait. Je continuai ma besogne pendant plusieurs minutes, percevant tout du long ses yeux posés sur moi. Alors je m'interrompis et me retournai vers l'endroit où elle se tenait. Appuyée sur le manche de son balai, elle ne fit rien pour dissimuler qu'elle me fixait. Je pris moi-même appui sur le manche de mon louchet, imitant sa posture, et soutins son regard. Nous restâmes un moment ainsi, dans une manière de jeu. Après quoi elle haussa les épaules et rentra dans la maison comme si elle s'était brusquement souvenue d'une tâche pressante qui l'attendait. Un peu plus tard, elle ressortit et me porta une tasse de lait.

« J'ai pensé que tu aurais peut-être soif », dit-elle en me la tendant.

Je la pris et la vidai d'une haleine.

« Merci », dis-je en m'essuyant la bouche d'un revers de main.

Elle me reprit la tasse et retourna dans la maison, ondulant des hanches alors qu'elle titubait pour enjamber les sillons.

Un soir, quelques jours plus tard, je sortais de la petite grange derrière chez nous. J'avais tiré la porte en bois et enroulais la corde autour du montant à demi pourri lorsque je devinai une présence derrière moi. Je terminai d'attacher la corde comme si je n'avais pas remarqué que quelqu'un était là. J'ignore pourquoi je simulai ainsi l'indifférence, si ce n'est peut-être que je ne voulais pas que la personne pût croire que je m'étais livré à quelque activité clandestine. Je devais penser qu'il s'agissait de Jetta, bien qu'elle n'eût aucune raison de m'observer en silence. Je savais en tout cas que ce n'était pas mon père car, sitôt après le souper, il avait pris place dans son fauteuil près de la fenêtre et, une fois installé là, il en bougeait rarement jusqu'à l'heure de se mettre au lit. Et ce n'était certes pas Flora la Large que je m'attendais à voir debout près de l'encoignure de la maison des Gregor. Mon expression dut trahir ma surprise, car elle s'époufffa* de rire et posa une main sur sa bouche, comme si elle avait cherché à me faire peur et qu'elle se réjouissait du succès de sa manœuvre.

Ne sachant que dire, je me contentai de la regarder. Flora avait sensiblement changé depuis l'école. Ses traits étaient moins enfantins, son nez et sa bouche s'étaient comme élargis. Elle avait les cheveux attachés sur le haut du crâne à la manière des vraies femmes, et non plus ses nattes de petite fille. Sa silhouette s'était épaissie et sa poitrine remplissait désormais avantageusement le corsage de sa robe. Sa jupe tombait un pouce ou deux au-dessus de ses chevilles et, sous l'ourlet, on voyait dépasser les volants de ses cotillons. Elle portait aux pieds une élégante paire de bottines noires. Je me demandai si elles avaient été achetées grâce aux shillings que nous versions à son père en compensation du mouton. Elle m'examinait, la tête penchée sur le côté, comme si j'étais une bête de foire.

Flora me souhaita le bonsoir et me demanda ce que je faisais là. Je lui répondis que cela ne la regardait pas, et que je pourrais lui retourner la question. Elle rétorqua que si je refusais de le lui dire, c'était sans doute qu'il s'agissait de quelque méfait. Elle ajouta que son père disait de moi que j'étais un moins que rien et lui avait interdit de m'approcher. Je ne fus guère surpris d'apprendre la piètre opinion que Lachlan le Large avait de moi, mais il m'apparut alors que la motivation de Flora était moins de me blesser que de me faire savoir qu'en venant me trouver elle désobéissait aux instructions de son père.

« Et que dirait ton père s'il savait que tu étais justement en train de me parler ? » demandai-je.

Flora haussa les épaules et écarquilla les yeux, comme pour signifier que cela ne lui était d'aucune importance.

« Si j'étais ton père, repris-je, je te flanquerais une bonne rossée.

— Peut-être serait-ce plutôt à toi qu'il en flanquerait une, répliqua-t-elle.

— Je ne doute pas qu'il s'en ferait un immense plaisir. »

Flora éclata de rire, comme si l'idée de me voir rossé l'amusait follement. Elle me demanda alors pour la seconde fois ce que j'avais fait dans la grange. Sentant désormais qu'un lien s'était créé entre nous, je lui répondis que j'étais venu soigner un oisillon que, deux ou trois jours plus tôt, j'avais trouvé dans l'herbe à l'endroit même où elle se tenait à présent. Je lui désignai du doigt un nid au-dessus de sa tête dans le pignon de la maison, d'où le petit oiseau était tombé.

« Pourquoi ne l'as-tu pas remis dans son nid ? » demanda-t-elle.

Je ne savais pas comment répondre à cette question, car si j'avais seulement voulu sauver l'oisillon, cela aurait été en effet la solution la plus simple. La vérité était que je m'occupais fréquemment d'oiseaux ou d'animaux blessés, mais toujours en cachette, car mon père aurait regardé cette marotte comme une perte de temps ou, pire, une manière de défier la volonté de Dieu. Quoi qu'il en soit, la plupart de mes petits protégés ne survivaient pas. Deux années plus tôt, cependant, j'avais soigné un oisillon que j'avais recueilli alors que je descendais des briques de tourbe de la montagne. Quand il lui avait poussé des plumes, je m'étais avisé qu'il s'agissait d'un corbeau et l'avais nommé Noiraud. Un soir, entré dans la grange pour le nourrir et ne l'y trouvant pas, j'avais supposé qu'il avait repris suffisamment de forces pour voler de ses propres ailes. J'ignore si ces oiseaux restent à proximité du lieu de leur naissance, mais toutes les fois que je voyais un corbeau se dandiner entre les chaumes d'un champ moissonné ou perché sur la levée le long de la route de Toscaig, je me demandais si c'était Noiraud et s'il n'avait pas une lueur de reconnaissance dans les yeux.

Dans nos contrées, les corbeaux constituent une rencontre fâcheuse, car ils sont considérés comme des présages de mauvaise fortune. Les gens d'Aird-Dubh, vivant essentiellement de la pêche, sont particulièrement mal disposés envers ces volatiles, et la présence d'un seul corbeau sur un de leurs navires provoque en eux une grande agitation. J'ai vu des pêcheurs jeter de grosses pierres sur pareil indésirable sans faire cas des dégâts qu'ils risquaient d'infliger au bateau lui-même, comme si en chassant le symbole ils pensaient pouvoir éviter le malheur qu'il annonce. Pour autant je n'ai jamais connu un seul habitant d'Aird-Dubh, ni d'ailleurs à vrai dire, qui ait pris le parti d'altérer le cours de ses actions après avoir été ainsi alerté du danger. La conception communément admise est que, si une personne doit être visitée par le malheur, il n'est rien qui puisse être fait pour l'éviter. Si par exemple un équipage renonçait à sortir en mer, c'est peut-être qu'un des hommes serait le même jour assommé par la chute d'une poutre de son toit. Il n'est pas possible de connaître à l'avance la forme que prendra le malheur et il est donc vain de chercher à rien faire d'autre que ce qui était initialement prévu. Tout cela rend ces jets de pierres à l'encontre du funeste messager encore moins compréhensibles à mes yeux. Les corbeaux sont de surcroît très nombreux dans nos contrées, et l'on pourrait passer ses journées à tâcher de les éviter. Chaque fois que quelqu'un est frappé par le malheur, il me semble fort probable qu'en fouillant sa mémoire il puisse se souvenir qu'un corbeau était perché sur son pignon ce matin-là, sans que cela suffise à prouver de façon raisonnable qu'il existe un lien entre les deux événements.

Je demandai à Flora si elle voulait voir l'oiseau blessé, et elle me répondit que oui. Je promenai mon regard à la ronde afin de lui laisser entendre que ce que nous nous apprêtions à faire était un secret qu'elle était la seule à connaître. Puis je détachai la corde et Flora me suivit dans la grange. Je refermai le battant derrière nous. Le peu de lumière provenait des interstices entre les lattes de la porte et d'une petite fenêtre tout en haut du pignon. J'eus soudain envie de prendre Flora par la main pour la guider jusqu'au chevron où j'avais caché l'oisillon, mais je me retins. À la place, nous restâmes un moment immobiles côte à côte, le temps de laisser nos yeux s'accoutumer à la pénombre. Je percevais le souffle léger de sa respiration. J'avançai vers le coin et tirai le tabouret de traite sur lequel je me perchais d'habitude pour m'occuper de mon petit protégé. J'indiquai à Flora qu'il lui faudrait monter dessus afin d'apercevoir l'oiseau. Elle s'approcha et me tendit la main pour garder l'équilibre alors qu'elle grimpait sur le tabouret. Puis elle se hissa sur la pointe de ses bottines, qui étaient soigneusement lacées autour de ses chevilles. Ses doigts s'attardèrent un moment dans les miens avant qu'elle ne posât les deux mains sur le chevron. J'avais fabriqué un nid de fortune avec des brindilles et de l'herbe, que j'avais ensuite garni de plumes de poules. Pour finir, j'avais recouvert le petit oiseau de bandelettes de tissu afin d'imiter la chaleur de sa mère. Flora laissa échapper un soupir attendri en voyant la minuscule tête dépasser du paquet de chiffons, et elle resta ainsi plusieurs minutes, bien qu'il fût endormi et qu'il n'y eût pas grand-chose à contempler.

« Que lui donnes-tu à manger ? chuchota-t-elle.

— Des insectes, répondis-je. Et des vers que je ramasse dans les champs. »

Elle tendit une main dans son dos afin que je l'aidasse à redescendre du tabouret. Puis elle retourna vers la porte. Je replaçai le tabouret dans le coin opposé de la grange de façon à éviter que mon père ne le vît et ne se demandât ce qu'il faisait sous le chevron. J'aurais aimé retenir Flora plus longtemps, mais je ne parvins à trouver aucun prétexte à cet effet. Avant de sortir, je poussai légèrement la porte et passai la tête à l'extérieur pour vérifier que personne ne pourrait nous voir.

« Merci de me l'avoir montré, dit Flora.

— Je suis content de te l'avoir montré, répondis-je.

— Je ferais mieux de m'en retourner, ajouta-t-elle en s'éloignant déjà. Père doit se demander où je suis passée.

— Tu risques de recevoir une bonne rossée.

— Si je lui dis où j'étais, c'est toi qui en recevras une », me rétorqua-t-elle avec un petit sourire.

Après quoi elle disparut derrière l'encoignure. J'enroulai la corde autour du montant pour la seconde fois et fis le tour de la maison. Je m'assis sur le banc et regardai Flora traverser le village. Sa démarche donnait l'impression que son corps chantait une chanson. Il commençait à faire nuit, désormais, et le serein planait bas sur la mer. Un peu plus tard, Jetta sortit et s'installa à mes côtés avec son tricot. J'écoutai le plaisant cliquetis de ses aiguilles dans l'air immobile et voulus savoir ce qu'elle tricotait. Ignorant ma question, elle me demanda avec qui j'avais parlé dans la grange. Je sentis mes joues s'empourprer et répondis : « Personne. »

Elle posa son ouvrage sur ses genoux et me dévisagea d'un air grave.

« Voyons, Roddy, me dit-elle, tu sais très bien que tu as parlé à quelqu'un et tu sais très bien que je sais que tu as parlé à quelqu'un.

— Dans ce cas, tu dois savoir à qui j'ai parlé.

— Mais j'aimerais que tu me le dises. »

Je jetai un coup d'œil en direction de la porte de la maison et répondis à voix basse : « À Flora la Large.

— Flora la Large ! s'exclama Jetta, comme s'il s'agissait pour elle d'une grande révélation. La jolie petite Flora !

— Chut ! la rabrouai-je. Père va t'entendre.

— Voilà que tu cours après Flora la Large, à présent. Jetta ne te suffit donc plus ?

— Je ne lui cours pas après, protestai-je.

— Mais tu dois bien avoir remarqué quelle ravissante jeune fille elle fait et comme elle remplit avantageusement ses robes, désormais.

— Je n'ai rien remarqué de la sorte », dis-je en rougissant derechef.

Jetta éclata de rire. J'en fus heureux, car elle n'avait guère été encline à rire ces derniers mois. Puis son visage s'assombrit comme il le faisait toujours quand lui venait le présage de quelque infortune.

« Pauvre Roddy, dit-elle, je sais que tu ne penses pas à mal, mais je suis obligée de t'avertir qu'il ne sortira rien de bon de tout cela et que tu dois te tenir à l'écart de Flora la Large. »

Je baissai les yeux vers le sol, chagriné qu'elle eût si promptement choisi de gâter l'humeur entre nous. Je ne doutais pas que son conseil reposât sur quelque signe en provenance de l'au-delà, mais je ne pouvais rien faire pour altérer le cours de ce qui devait se produire, pas plus que je n'en avais alors le désir.

***

Quelques jours plus tard, mon père et moi nous levâmes de bonne heure afin de descendre sur le rivage à marée basse. C'était une matinée calme et humide. La fumée qui s'échappait des maisons restait accrochée au sol tel un linceul. Une épaisse couche de rosée recouvrait la terre binée de la ferme. Notre intention ce matin-là était de ramasser du goëmon qui, mêlé au fumier accumulé pendant l'hiver, nourrirait notre champ. Nous marchâmes jusqu'au bord de l'eau, en glissant fréquemment sur la roche visqueuse. Mon père était perclus de rhumatismes, si bien qu'il m'incombait de couper le goëmon sur les rochers. C'était une besogne ardue. La lame de mon hoyau* était émoussée, et chaque poignée que je tranchais me demandait un effort considérable. Mon père me regardait travailler, appuyé sur sa fourche, commentant sans cesse la façon dont j'aurais dû manier mon outil ou tenir mon dos plus droit. Je ne réagissais pas à ses conseils. Lorsque j'avais récolté un tas conséquent, Père se chargeait de le déplacer au-dessus de la laisse de haute mer. Il semait la moitié de sa cargaison entre les dents de sa fourche à chaque voyage, mais ne se donnait pas la peine de s'arrêter pour la ramasser. À plusieurs reprises, il perdit complètement l'équilibre, envoyant valser en l'air toute sa fourchée et atterrissant lui-même tel un vieux sac d'os sur les rochers. Malgré le gâchis, je m'époufais de rire toutes les fois que cela se produisait. Mon père ressemblait alors à un crabe retourné, agitant ses pattes en vain jusqu'à réussir à se redresser.

Néanmoins, au fil de la matinée, nous finîmes par trouver notre rythme. Alors que la marée montait, je travaillais de plus en plus haut sur le rivage, si bien que les trajets de mon père raccourcissaient. Il commença même à fredonner dans sa barbe. C'était un chant étrange, davantage parlé que musical et compréhensible à nul autre que lui-même, mais ça n'en était pas moins un chant et j'étais heureux de l'entendre. À midi, nous avions amassé un tas haut de quatre pieds, assez pour couvrir la moitié de notre parcelle. De là, nous pourrions le transporter jusqu'à la ferme en charrette à bras, une tâche relativement aisée. Père s'assit sur un rocher près de notre moisson, sortit sa pipe de la poche de sa veste et l'alluma. J'en conclus que c'était la fin de notre matinée de labeur. Nous restâmes assis en silence quelques minutes, savourant la satisfaction commune du travail accompli. Père m'envoya alors à la maison chercher du lait et des bannocks.

Tandis que je redescendais vers le rivage, j'aperçus les silhouettes de Lachlan le Large et de son frère qui marchaient sur la route en direction de l'endroit où mon père était assis. Ils s'arrêtèrent pour le saluer, à quoi mon père ne répondit pas, ou du moins ne l'entendis-je pas répondre. Il me tournait le dos et je voyais seulement le mince filet de fumée qui s'élevait de sa pipe. Comme il n'y avait pas de vent, la fumée s'amoncelait autour de sa casquette tel le serein au crépuscule autour des maisons. Je craignais que Lachlan le Large ne fût venu se plaindre des fréquentations de sa fille, et hâtai le pas pour les rejoindre, comme si cela pourrait l'en dissuader. Je tendis à mon père sa tasse de lait.

« Je vois là que vous ramassez du goëmon », disait Lachlan le Large.

Mon père resta muet.

« Dans quel but, si je puis me permettre ?

— À votre avis, dans quel but pourrais-je bien ramasser du goëmon ? » rétorqua mon père.

Il gardait le regard fixé droit devant lui vers la baie. Un phoque pointa la tête hors de l'eau et observa la scène quelques instants avant de replonger en silence sous la surface.

Lachlan le Large fit un geste de la main qui semblait suggérer qu'il pouvait y avoir de nombreuses raisons possibles. Il marqua une pause avant de reprendre.

« Vous ne comptez donc pas répondre à ma question ?

— Je ne connais qu'un seul motif de ramasser du goëmon, finit par dire mon père. Je ne vois donc pas l'utilité de répondre à votre question. »

Le constable se tourna vers son frère avec une mine abasourdie, comme s'il n'arrivait pas à comprendre pourquoi mon père se montrait si récalcitrant. Aeneas Mackenzie bêla tel un mouton.

« Puisque vous m'obligez à jouer aux devinettes, continua le Large, puis-je supposer que vous ramassez du goëmon dans le but de l'épandre sur votre parcelle ?

— Vous êtes fort perspicace, monsieur le Constable », répondit mon père en appuyant particulièrement sur le dernier mot.

Lachlan le Large pinça les lèvres et hocha lentement la tête, l'air perturbé par cette réponse.

« Vous n'êtes pas sans savoir, n'est-ce pas, que les fruits du rivage, y compris les algues, sont la propriété du laird ? »

Mon père ôta la pipe de sa bouche, mais garda le silence.

« Vous n'êtes pas sans le savoir, monsieur Macrae ? » insista le Large.

Mon père porta alors sa tasse de lait à ses lèvres et la vida d'une haleine. La crème forma une chenille jaune sur sa moustache, qui resta là jusqu'à la fin de la conversation.

« Et que pourrait bien faire le laird de quelques fourchées d'algues ? » demanda-t-il, toujours sans détacher son regard de l'horizon.

Lachlan le Large secoua la tête, comme si mon père l'avait mal compris, ou plutôt comme si la faute lui revenait de s'être mal fait comprendre.

« Ce n'est pas que le laird puisse avoir l'usage de ces algues. Je dis seulement qu'elles sont sa propriété. »

Il s'interrompit un instant avant de poursuivre.

« Je suis sûr que je n'ai pas besoin d'apprendre à un homme aussi pieux que vous que nul n'est censé s'approprier le bien d'autrui. »

Cette fois, mon père le foudroya du regard.

« Comme vous le savez très bien, Lachlan le Large, les gens ont toujours ramassé des algues pour leurs champs, vous-même et votre père inclus.

— C'est tout à fait juste, mais ce n'est que par la magnanimité du laird que nous avons pu le faire. Il est parfaitement contraire aux clauses de votre bail d'utiliser les fruits de la terre ou du rivage sans en avoir au préalable requis la permission. »

Mon père se leva du rocher sur lequel il était assis et s'approcha de Lachlan le Large.

« Ai-je raison de supposer qu'aucune permission de la sorte n'a été requise ? » demanda le constable.

Mon père avait facilement six pouces de moins que le Large, mais il leva le menton vers lui avec force. Leurs deux poitrines se touchaient presque. Aeneas Mackenzie vint se coller contre son frère et laissa échapper un ricanement idiot. Je savais qu'il n'hésiterait pas à étendre mon père sur les rochers s'il se risquait à la moindre provocation supplémentaire.

Lachlan le Large ne parut nullement décontenancé.

« Monsieur Macrae, dit-il, quand je suis devenu le constable de ces villages, j'ai déclaré publiquement que le respect de la réglementation qui gouverne notre existence était tombé dans un laisser-aller qui nous déshonorait tous. Et puisque, si ma mémoire est bonne, vous ne vous êtes pas opposé à mon élection, je dois en conclure que vous partagez cette opinion.

— Je ne sais rien de cette réglementation dont vous vous êtes tant entiché », rétorqua mon père.

Le Large réprima un gloussement.

« Je crois que nous connaissons tous la réglementation. Il vous sied mal de faire mine de l'ignorer. »

Mon père prit une brusque inspiration par le nez. Il serrait sa pipe si fermement dans son poing que ses phalanges avaient blêmi.

« Je regrette que vous ayez gâché une matinée de travail, reprit le Large, mais je suis dans l'obligation de vous demander de remettre ces algues où vous les avez trouvées.

— Il n'en est pas question », répliqua mon père.

Lachlan le Large expira lentement et fit claquer sèchement sa langue.

« En tant que constable de votre village, je vous conseille de faire ce que j'ai dit. Je vous offre l'occasion de corriger cette infraction sans vous imposer une amende, dont je sais que vous auriez du mal à la payer. Et je suis certain que vous préférerez régler cette affaire sans l'intervention du régisseur. »

Il fit un pas en arrière, puis donna une petite tape sur l'épaule de mon père et ajouta : « Je vous laisse juge. Je ne doute pas que vous saurez prendre la bonne décision. »

Il adressa alors un signe à son frère, et tous les deux repartirent en direction du village. La pipe de mon père se brisa dans son poing. Il jeta les morceaux sur les rochers et les écrasa sous le talon de sa botte. Puis il m'ordonna de remettre le goëmon à l'eau et s'en retourna à grands pas vers la maison.

Ce même soir, Lachlan le Large nous rendit visite. Mon père était assis dans son fauteuil devant la fenêtre, le regard perdu au-dehors. Il avait donc dû le voir arriver, mais quand le Large franchit notre seuil, mon père baissa les yeux vers le livre qu'il avait sur les genoux et feignit de n'avoir pas remarqué sa présence. Jetta leva la tête de sa besogne et, à sa vue, elle écarquilla les yeux, entrouvrit les lèvres et prit une grande inspiration. Lachlan le Large la dévisagea intensément, sans toutefois la saluer. Puis il toqua contre le montant de la porte afin d'attirer l'attention de mon père et lui demanda s'il pouvait lui toucher quelques mots. Mon père baissa de nouveau la tête vers son livre et affecta de terminer le passage qu'il lisait. Après quoi il se leva et s'avança en direction du constable.

« Si je vous défendais d'entrer dans ma maison, dit-il, sans doute m'expliqueriez-vous que ce n'est nullement ma maison, mais la propriété du laird, et que, par suite, je n'ai aucun droit de vous en interdire l'accès. »

Le Large partit d'un franc éclat de rire, de même que si mon père venait de faire un bon mot.

« Je suis sûr que nous n'en sommes pas encore au point de nous refuser l'hospitalité », répondit-il.

Il lui donna alors une grande tape sur l'épaule, comme s'ils étaient les meilleurs amis du monde, puis, laissant la main sur le bras de mon père, il le guida jusqu'à la table.

« Cela me chagrinerait de penser que notre conversation de ce matin ait pu ternir nos bonnes relations », ajouta-t-il.

Mon père resta muet mais n'opposa aucune résistance à la manœuvre de Lachlan le Large. Ils s'assirent tous les deux à la table ; mon père au bout, le Large sur le banc, dos à la porte, de sorte que son visage n'était éclairé que par la lueur orangée du foyer. Il semblait chercher à instaurer une atmosphère conviviale. Je me tenais debout contre le buffet. Il s'enquit de ma santé et, ne voulant le contrarier, je lui répondis que j'allais fort bien. Il me demanda si je ne souhaitais pas m'asseoir avec eux. Je jetai un regard vers mon père et, comme il ne s'y opposa pas, je les rejoignis. Le Large désigna alors la crémaillère et lança, avec une excessive jovialité : « Jetta, n'y a-t-il point un pot de thé pour accueillir le voyageur fourbu ? »

Jetta se tourna vers mon père, qui ne donna aucune indication, ni dans un sens, ni dans l'autre. Aussi prit-elle seule l'initiative de préparer du thé et, tandis qu'elle s'affairait, le Large lui fit une série de questions, toutes sur un ton des plus affables. Jetta répondit poliment, mais dans une grande économie de paroles et sans jamais lever les yeux vers lui. J'observai cependant qu'elle avait les joues cramoisies lorsqu'elle vint déposer la tasse devant notre visiteur. Puis, sur instruction de mon père, elle se retira dans la pièce du fond. Le Large but une gorgée de son thé et laissa échapper un soupir d'aise, comme s'il avait en effet accompli un long voyage pour arriver jusqu'à nous.

« John, commença-t-il en se penchant en avant, je crains que l'incident sur le rivage n'ait pu vous causer quelque ressentiment. Aussi ai-je pensé judicieux de venir vous informer de la façon dont je vois les choses, pour que vous compreniez que je n'avais d'autre choix que d'agir de la sorte. »

Comme mon père ne répondait pas, il poursuivit :

« Je vous demande juste d'imaginer les conséquences qu'il y aurait eu à vous laisser ramasser ce goëmon.

— Les familles ramassent le goëmon depuis la nuit des temps, rétorqua mon père, et je ne me souviens d'aucune conséquence, comme vous dites.

— En effet, acquiesça le Large, mais peut-être ne me suis-je pas exprimé assez clairement. Ce n'est pas, en soi, le ramassage du goëmon qui pose problème. Le problème est l'absence d'habilitation à le faire. Si je vous avais laissé terminer votre récolte ce matin, n'aurait-ce pas été pris, par des individus moins scrupuleux que vous-même, comme le signe qu'il était acceptable pour tout un chacun de ramasser du goëmon selon son bon vouloir ? Je pouvais difficilement vous autoriser à continuer et, demain, demander à M. Gregor d'arrêter. Il m'aurait objecté à juste titre que, puisque je vous avais laissé faire, je n'avais aucun droit de l'en empêcher. La réglementation, je suis sûr que vous en conviendrez, doit s'appliquer à tous de la même manière. »

À cet instant, il étala ses grandes mains devant lui, comme pour suggérer que ce qu'il venait de dire était irréfutable.

« En somme, bien que je conçoive le désagrément qu'il peut y avoir à remettre du goëmon à l'eau, je suis certain que vous comprenez qu'en n'agissant pas de la sorte, j'aurais encouragé d'autres ramassages similaires. Comme vous le faites justement observer, de tels ramassages ont longtemps eu lieu sans le moindre contrôle, mais si vous pouviez n'y voir aucune conséquence, je vous rétorquerais que la conséquence est le mépris général de la réglementation dont nous nous sommes collectivement rendus coupables. Dans la mesure où j'ai été élu à la charge de constable dans le but exprès de rétablir l'ordre, eussé-je fermé les yeux sur l'infraction de ce matin que j'aurais bafoué mes propres engagements. »

Il s'interrompit pour boire une gorgée de thé et reposa délicatement la tasse sur sa soucoupe. Mon père suivit du regard le mouvement de sa main. Après quoi un silence s'installa, que mon père n'avait visiblement pas l'intention de rompre. Lachlan le Large se tourna alors vers moi.

« Ton père est un homme de principes, Roddy. Je crains de ne pas l'avoir convaincu de ma bonne volonté. »

Je ne répondis pas, mais baissai les yeux vers la table afin d'éviter son regard. Il s'adressa de nouveau à mon père, le ton de sa voix trahissant désormais une certaine exaspération.

« Peut-être avez-vous le sentiment que ma façon d'appliquer les règles est fanatique, ou que je tire quelque gratification personnelle de l'exercice des pouvoirs qui me sont conférés. Je puis vous assurer que rien ne saurait être plus éloigné de la vérité. Il est tout à fait exact qu'en tant que tel, le ramassage de goëmon est un sujet insignifiant, mais s'il est permis de prendre du goëmon sur le rivage, les gens n'auraient-ils pas raison d'en conclure qu'il est aussi permis de prendre des poissons dans les rivières ou bien des cerfs dans les collines ?

— Je ne crois pas que les deux choses soient comparables, répliqua mon père.

— Elles le sont pourtant, affirma le Large en agitant l'index pour appuyer son propos. Je ne prétendrais pas apprendre quoi que ce soit en matière de théologie à un homme aussi pieux que vous, mais le Huitième Commandement ne distingue pas, ce me semble, entre les gros et les petits larcins.

— Est-ce à dire que vous m'accusez de vol ? demanda posément mon père.

— Je ne vous accuse de rien, répondit le Large avec un vague geste de la main, mais il est difficile de concevoir comment l'appropriation d'un bien qui ne vous appartient pas pourrait être qualifiée autrement. »

Mon père parut réfléchir un moment avant d'annoncer que, si le Large avait fini de dire ce qu'il avait à dire, il n'avait pas lieu de s'attarder davantage.

Le constable ne bougea pas pour autant. Il termina son thé et s'essuya la bouche d'un revers de main. Ses doigts restèrent un instant sur son visage pour lisser sa moustache.

« Je ne suis pas venu ici pour lancer des accusations, John, dit-il. Si je me suis exprimé avec maladresse, je vous prie de m'en excuser. Je suis venu, au contraire, dans un esprit de conciliation. En temps normal, l'amende pour l'infraction de ce matin se monte à dix shillings. Néanmoins, compte tenu du fait, comme vous l'avez justement souligné, que le goëmon a été ramassé sur le rivage depuis la nuit des temps et que, lorsque j'ai attiré votre attention sur votre erreur, vous l'avez remis à la mer, je suis disposé à vous faire grâce de la pénalité pour cette fois. »

Si Lachlan le Large s'imaginait que mon père allait le remercier pour ce geste charitable, il se méprenait.

« J'aimerais mieux payer dix shillings que de vous être redevable », rétorqua-t-il.

Lachlan le Large hocha la tête.

« Je respecte cette position, mais puisque vous n'avez pas à payer ces dix shillings, vous n'avez pas besoin de prendre cela pour une faveur dont vous devriez vous sentir redevable. »

Il pianota une seule fois des deux mains sur la table comme pour entériner la conclusion satisfaisante de l'affaire. Il parut sur le point de s'en aller quand il se ravisa soudain, comme si une autre idée venait de lui traverser l'esprit.

« Bien entendu, dit-il, votre besoin de goëmon demeure.

— Je ne souhaite pas prendre ce qui ne m'appartient pas, répondit mon père.

— Comme j'ai essayé de vous l'expliquer, la question n'est pas de prendre ce qui ne vous appartient pas, mais simplement de suivre les bonnes procédures.

— J'ai assez entendu parler de procédures et de réglementation ces derniers mois.

— C'est bien possible, mais les procédures existent et doivent être suivies. En l'occurrence, la seule démarche requise est de déposer une demande auprès du régisseur en précisant que vous souhaitez prélever du goëmon sur le rivage dans le but de l'épandre sur votre parcelle. Une telle demande peut être transmise par l'intermédiaire du représentant du régisseur.

— Vous-même, vous voulez dire. »

Le Large indiqua d'un léger hochement de tête que tel était bien le cas.

« Au vu de l'accord auquel nous sommes parvenus ce soir, ajouta-t-il, je ne vois aucune raison de ne pas accepter une demande par oral, et je suis en mesure de vous assurer qu'elle serait accueillie favorablement. »

Les fines lèvres de mon père frémirent, mais il ne dit rien. Au bout d'un moment, une poule dodue apparut dans l'encadrement de la porte et passa la tête à l'intérieur comme si elle cherchait ses congénères. Elle avait la patte gauche suspendue en l'air, recroquevillée sous elle telle une main desséchée. Puis, ne trouvant pas ce qu'elle voulait, elle se retira et disparut aussi soudainement. Lachlan le Large haussa les épaules et reprit : « Je suppose donc que vous n'entendez pas déposer de demande en ce sens. »

Alors il nous souhaita le bonsoir sur le même ton que si nous venions de passer une heure amicale ensemble, et il prit congé. Je suis certain qu'il se sentait vivement satisfait de lui-même et j'éprouvai pour lui à cet instant une haine formidable. C'était à n'en pas douter un homme d'une grande intelligence et mon père, avec sa lenteur d'esprit, ne pouvait rivaliser avec lui.

Père resta assis à la table, le regard perdu dans le vide. Comme il n'y avait rien à dire sur ce qui venait de se passer, je sortis m'asseoir sur le banc devant la maison. La poule qui avait fait une apparition à notre porte était désormais occupée à picorer dans la poussière. Quelques minutes plus tard, Lachlan le Large sortit de chez M. Gregor et, sans un regard dans ma direction, poursuivit son chemin à travers le village, s'arrêtant ensuite pour toquer chez Kenny Tabac.

Le lendemain matin, à basse mer, il y eut un ramassage collectif de goëmon sur le rivage et, le soir venu, il avait été épandu sur tous les champs sauf le nôtre. Mon père ne fit aucun commentaire sur cet événement et vaqua à ses occupations comme si de rien n'était. Quelques jours après, je l'entendis faire observer à Kenny Tabac, alors qu'ils fumaient ensemble sur le banc devant chez nous, qu'il n'y avait nul moyen de vérifier si le goëmon apportait un quelconque bénéfice aux moissons. C'était simplement une chose que les gens faisaient par habitude, parce que leurs pères et leurs grands-pères l'avaient faite avant eux. Kenny Tabac lui répondit que l'on pouvait en dire autant de nombre de nos pratiques.

***

M. Sinclair passe me voir ici très fréquemment, et j'ai fini par apprécier ses visites. La première fois qu'il pénétra dans ma cellule, je lui offris de s'asseoir sur ma couchette en bois, mais il la contempla avec dédain et préféra rester debout, dos à la porte. Bien qu'il me suggérât de me mettre à l'aise, je jugeai inconvenant de m'asseoir en présence d'un supérieur et me tins debout également, dans le coin sous la haute lucarne. Il était vêtu d'un costume en tweed et de souliers en cuir marron fort mal accordés à ce lugubre décor. Il avait le teint frais, les mains roses et lisses. Je lui donnais une quarantaine d'années[1]. Il parlait sur le ton élégant et mesuré d'un gentilhomme.

M. Sinclair me fit savoir qu'il avait été désigné pour être mon avocat et qu'il était de son devoir de me représenter au mieux de ses capacités. Il me dit ensuite qu'il était enchanté de faire ma connaissance, et l'idée qu'un gentilhomme pût s'adresser en ces termes à un pauvre diable de mon espèce me parut si comique que je me pris à rire de façon incontrôlable. Lorsque j'eus retrouvé mon calme,

1. Andrew Sinclair avait alors soixante-deux ans.

il m'informa que tout ce que je lui dirais resterait confidentiel, puis m'expliqua la signification du mot « confidentiel » à la manière d'un maître d'école avec un élève attardé.

Je lui répondis qu'il n'avait pas besoin de m'expliquer la signification de ce mot ni d'aucun autre et que, du reste, je n'avais pas non plus besoin de ses services. À quoi il rétorqua que si je souhaitais un autre avocat, cela pourrait facilement s'obtenir. Je lui précisai alors que la question n'était pas tant l'identité de mon avocat que le fait que je ne nécessitais les services d'aucun avocat puisque je n'avais nullement l'intention de nier les actes que l'on me reprochait. M. Sinclair me dévisagea quelques instants d'un air grave. Il me dit qu'il comprenait ma position, mais que la loi exigeait que je fusse représenté lors du procès.

« Je me moque de ce qu'exige la loi, répondis-je. La loi m'indiffère. »

J'ignore ce qui me porta à lui parler de cette grossière façon, sinon une aversion à m'entendre dire ce qu'on exigeait ou pas de moi. En outre, je ressentais une certaine honte à me trouver en présence d'un gentilhomme tandis que le contenu de mes boyaux remplissait un seau à mes pieds, et je souhaitais ardemment qu'il me laissât seul.

M. Sinclair pinça les lèvres et hocha lentement la tête.

« Néanmoins, insista-t-il, il est de mon devoir de vous avertir que vous passer d'un défenseur serait tout à fait contraire à vos intérêts. »

Il s'assit alors sur ma couchette et adopta un ton plus naturel. Il déclara que je lui rendrais grandement service si j'avais l'obligeance de le laisser me faire certaines questions. Éprouvant quelque repentir, je répondis que je n'y voyais pas d'objection, à quoi il parut se réjouir. Ce gentilhomme m'avait traité avec une courtoisie imméritée et je n'avais pas de motif de lui causer du tracas.

M. Sinclair commença par me poser plusieurs questions générales relatives à ma famille et aux circonstances de ma vie, de même que si nous causions d'égal à égal en cherchant à mieux nous connaître. Je lui faisais des réponses sincères, mais sans élaboration, ne voyant pas que les détails de ma vie à Culduie pussent lui être d'un quelconque intérêt, ni à lui ni à personne. Cependant, M. Sinclair était un homme d'un commerce doux et agréable, et je ne tardai pas à prendre goût à sa société. À tout le moins, notre dialogue servait à rompre la monotonie de la journée. Plus nous parlions, plus il me paraissait étrange qu'un tel gentilhomme conversât avec moi comme si de rien n'était, et non comme s'il s'adressait à un assassin sans instruction. Je me demandai s'il se pouvait qu'il n'eût pas été instruit de mes crimes ; ou bien que je ne me trouvasse pas en prison mais dans un asile, et que M. Sinclair fût l'un de mes camarades d'internement. Toutefois, alors que la partie générale de notre discussion touchait à son terme, M. Sinclair en vint à la raison de sa visite.

« Vous savez, Roderick, qu'il y a quelques jours un crime épouvantable a été commis dans votre village, dit-il.

— Oui, rétorquai-je, ne désirant pas le laisser poursuivre. J'ai tué Lachlan le Large.

— Et les autres ?

— Les autres aussi. »

M. Sinclair hocha lentement la tête.

« Vous ne dites pas cela afin d'endosser la responsabilité à la place d'un d'autre ? demanda-t-il.

— Non.

— Et avez-vous agi seul dans cette entreprise ?

— Oui, dis-je. J'ai agi entièrement seul et n'ai nulle intention de nier quoi que ce soit. Je n'ai que faire des services d'un avocat. Je ne me repens pas de mes actes et me moque de ce qu'il adviendra désormais. »

Après ma tirade, M. Sinclair m'observa longuement. Je ne pouvais deviner ses pensées, car je n'ai guère fréquenté les classes éduquées, et leurs façons divergent grandement de celles des gens de chez moi.

Au bout d'un moment, il finit par me dire qu'il appréciait ma franchise et me demanda la permission de revenir me voir le lendemain. Je lui répondis qu'il était libre de revenir à sa guise, car j'avais pris plaisir à lui parler. Il me rétorqua qu'il y avait pris plaisir aussi. Puis il cogna deux fois la porte du plat de sa main et le geôlier, qui devait patienter dehors depuis le début, tourna aussitôt la clé dans la serrure et le laissa sortir.

Les visites de M. Sinclair se sont en effet poursuivies et je dois admettre que j'en suis venu à espérer sa société et à regretter mon manque de correction à son endroit lors de cette première rencontre. C'est une marque de son éducation supérieure que de s'être montré disposé à fermer les yeux sur mes mauvaises manières. Dans la mesure où, sur sa demande expresse, ma cellule a maintenant été meublée d'une table et d'une chaise pour me permettre d'écrire, nos moments ensemble sont devenus un peu plus confortables. M. Sinclair s'installe sur la chaise branlante devant le bureau tandis que je m'assieds sur mon grabat ou bien à même le sol sous la lucarne. Ses yeux s'égarent souvent en direction des pages que j'ai commencé à rédiger. C'est lors de sa deuxième ou troisième visite qu'il me suggéra de coucher sur le papier le récit des événements ayant conduit à mes crimes, et il paraît satisfait que j'aie embrassé cette tâche avec ardeur. Un après-midi, alors qu'il feuilletait mon manuscrit, il me confia qu'il était curieux de connaître ce qu'il contenait. Bien qu'embarrassé à l'idée qu'un homme éduqué pût lire mes frustes écrits, je lui répondis que j'avais entrepris cette composition au seul motif qu'il me l'avait demandé, et qu'il pouvait donc emporter ces pages dès qu'il le souhaitait. Il me rétorqua qu'il préférait attendre que j'eusse terminé, et qu'il était important que je continuasse comme si je n'écrivais ni pour lui, ni pour aucun autre lecteur.

M. Sinclair m'apparaît comme un homme d'une grande patience. Il entame chaque journée en me faisant les mêmes questions sur mon confort général et la qualité de mes repas. Il m'a proposé à plusieurs reprises de me faire livrer à manger d'une auberge voisine, mais je lui ai répondu que j'étais tout à fait accoutumé à une nourriture ordinaire et qu'il n'était pas nécessaire de se donner du dérangement pour moi. Ce matin, pourtant, notre conversation prit une tournure très différente. M. Sinclair avait jusqu'ici évité d'aborder les détails des meurtres proprement dits. Aujourd'hui, cependant, il me pressa de lui faire connaître ce que j'avais en tête à l'instant de leur commission.

Je lui répondis que ma seule pensée était de délivrer mon père des injustices auxquelles le soumettait Lachlan Mackenzie. M. Sinclair insista un long moment sur ce point, reformulant ses questions encore et encore jusqu'à me donner le sentiment qu'il essayait de me mettre en défaut, ce à quoi il ne parvint pas.

Il me demanda ensuite de quelle façon je verrais que l'on décidât de plaider non coupable lors de mon procès. Je lui rétorquai que c'était une idée absurde dans la mesure où il était évident que j'étais coupable et où je n'avais jamais cherché à m'en cacher. M. Sinclair m'expliqua alors qu'aux yeux de la loi, un crime n'était constitué que s'il y avait à la fois un acte physique et un acte mental. En l'occurrence, ajouta-t-il, il était clair qu'il y avait un acte physique, mais savoir s'il y avait un acte mental – une intention de nuire, comme il disait – était une question qui regardait le contenu de mon esprit. J'écoutai poliment le très sérieux exposé de M. Sinclair, avec l'impression grandissante qu'il était quelquefois enclin, dans sa manie à faire usage de sa formidable intelligence, à méconnaître les faits les plus flagrants. Cela étant, je me contentai de répondre que je ne voyais pas en quoi rien de ce qu'il venait de dire pouvait avoir quelque pertinence dans la présente affaire.

« Et si l'on faisait l'hypothèse, suggéra M. Sinclair sur un ton prudent, comme pour ne pas m'offenser, que ce que vous croyez avoir eu à l'esprit à ce moment n'était pas ce que vous aviez à l'esprit pour de bon ? »

Je ne pus réprimer un éclat de rire fort discourtois devant pareille ineptie.

« Si j'avais eu autre chose à l'esprit, j'en aurais forcément été avisé, rétorquai-je. Sans quoi je n'aurais pas pu l'avoir à l'esprit. »

M. Sinclair sourit de ma réponse et pencha la tête de côté comme pour me concéder ce point. Il me dit que j'étais un jeune homme très intelligent. J'avoue que je fus flatté par ce compliment et que je rougis à présent d'avoir à le consigner ici.

« Croyez-vous possible, Roddy, qu'un fou se considère lui-même comme sain d'esprit ? » poursuivit-il.

Cette proposition me parut d'abord tout aussi absurde que la précédente, mais je songeai alors à Murdo Coq, l'idiot d'Aird-Dubh, qui avait la réputation de dormir dans son poulailler et de brailler comme un coq. Si on lui avait fait cette question, aurait-il répondu qu'il était fou ? Je compris que M. Sinclair, à sa façon délicate, tentait d'insinuer que j'étais peut-être moi-même comparable à Murdo Coq. J'attendis un instant avant de répondre, sachant que je risquais bel et bien de passer pour un dément si je réagissais avec trop de véhémence.

« Je puis vous assurer, dis-je d'un ton mesuré, que je suis en pleine possession de mes facultés.

— C'est précisément le fait que vous teniez cela pour vrai qui laisse penser l'inverse », rétorqua-t-il.

Je dus paraître heurté par cette remarque, car il s'empressa d'ajouter :

« Vous devez comprendre, Roderick, qu'il est de mon devoir d'envisager toutes les voies possibles de votre défense.

— Mais puisque je ne souhaite pas me défendre ! » m'exclamai-je, regrettant aussitôt la grossièreté de mon interjection.

M. Sinclair hocha brièvement la tête et se leva. Il avait un air un peu attristé, si bien que j'eus le sentiment de l'avoir blessé et je m'en voulus.

« Quoi qu'il en soit, dit-il, j'aimerais savoir si vous consentiriez à vous laisser examiner par un gentilhomme qui brûle de faire votre connaissance. »

Je fus de nouveau frappé par l'incongruité de la situation suivant laquelle, en vertu du fait que j'étais devenu un assassin, des gentilshommes recherchaient désormais ma compagnie. Je répondis toutefois que je serais heureux de rencontrer qui bon lui semblait.

« Fort bien », dit-il, et sur ce il donna le signal habituel pour que le geôlier vînt le délivrer.

***

Quelques jours après l'incident du goëmon, je rencontrai Flora la Large une seconde fois. J'étais assis sur la levée qui sépare les terres cultivées de la route, taquinant des corbeaux au moyen d'une souris attachée au bout d'une ficelle. Je tournais le dos au village, de sorte que je ne vis pas approcher Flora. Elle avait dû remarquer que j'étais absorbé dans un divertissement de quelque nature car, lorsqu'elle apparut à mes côtés, elle me demanda à quoi je jouais. Je fus honteux d'être surpris me livrant à une activité si puérile, aussi lâchai-je la ficelle sur-le-champ et lui répondis-je que je ne faisais rien du tout.

« Il semble que tu sois toujours occupé à ne rien faire, rétorqua-t-elle. Le Diable trouvera de l'ouvrage à tes mains paresseuses.

— Et quel ouvrage pourrait-ce donc être ? » répliquai-je.

Flora haussa les épaules et roula les yeux. Elle s'assit à côté de moi sur la levée. Elle portait un panier couvert d'un tissu à carreaux, qu'elle posa sur ses genoux. Sa jupe effleura ma jambe. Quelques instants plus tard, la ficelle que j'avais lâchée partit se faufiler dans l'herbe et un corbeau s'éloigna en sautillant, sa proie entre le bec.

« Ne crains-tu pas que ton père puisse nous voir ? demandai-je.

— C'est toi qui devrais le craindre, dit-elle, car ce n'est pas moi qui recevrai une rossée. »

Elle se retourna néanmoins pour jeter un coup d'œil en direction de sa maison.

« Je dois porter ces œufs à Mme MacLeod à Aird-Dubh », reprit-elle en soulevant le tissu afin de me montrer le contenu du panier.

Les Larges Mackenzie possédaient une formidable quantité de poules, à tel point qu'ils étaient en mesure de fournir en œufs l'auberge d'Applecross. Mme MacLeod était une vieille veuve que l'on surnommait l'Oignon en raison du grand nombre de couches de vêtements qu'elle portait les uns sur les autres. Il se disait que, depuis la mort de son mari, elle n'avait pas ôté un seul habit.

Flora me proposa de l'accompagner et j'acceptai bien volontiers. Nous nous mîmes en chemin, mais elle avançait si lentement que je devais faire halte à intervalles réguliers pour l'attendre. Quand nous atteignîmes l'embranchement de la route pour Aird-Dubh, elle me demanda si je voulais bien porter son panier. Je le lui pris et dès lors elle marcha un peu plus vite, comme si c'était le poids des œufs qui l'avait ralentie.

« Comment va notre petit malade ? » s'enquit-elle.

J'avais le matin même trouvé l'oisillon mort sur le sol de la grange, à l'aplomb du chevron. Flora en parut fort chagrinée et me dit qu'elle était désolée de l'apprendre.

« Cela fait partie des choses que Dieu nous envoie pour nous éprouver », commenta-t-elle d'une voix mécanique.

Je lui lançai un regard en biais. C'était une opinion fréquemment exprimée dans nos contrées.

« J'imagine mal que Dieu n'ait pas mieux à faire que de nous éprouver », répliquai-je.

Flora me dévisagea avec le plus grand sérieux.

« Dans ce cas, pourquoi de telles choses se produisent-elles ?

— Quelles choses ?

— Les mauvaises choses.

— Le pasteur dirait que c'est pour nous punir de nos vices.

— Et toi, que dirais-tu ? »

J'hésitai un instant avant de répondre.

« Je dirais qu'elles se produisent sans raison particulière. »

Flora ne parut pas perturbée outre mesure par cette affirmation, et j'y vis quelque encouragement à poursuivre.

« Il ne me paraît pas que Dieu se préoccupe beaucoup de moi, ni au reste d'aucun d'entre nous. »

Flora me rétorqua qu'il ne fallait pas dire des choses pareilles, mais je n'eus pas le sentiment qu'elle ne partageait pas mon avis, seulement qu'elle trouvait malséant d'énoncer de telles pensées.

« Peut-être Dieu n'est-il qu'une légende comme celles que M. Gillies nous racontait en classe », ajoutai-je en surveillant Flora du coin de l'œil.

La brise rabattit une mèche de ses cheveux en travers de son front et elle porta la main à son visage pour la replacer derrière son oreille. Elle fixa son regard droit devant elle et nous continuâmes à cheminer en silence.

Une fois arrivés à Aird-Dubh devant la maison de l'Oignon, Flora me reprit le panier et jeta un coup d'œil par la porte entrouverte. Une vieille femme bossue apparut sur le seuil. Elle avait le cou si tordu qu'elle devait tourner la tête de côté, telle une poule, afin de réussir à nous lorgner par-dessous. C'était une chaude soirée et une bonne flambée rugissait dans la maison, pourtant elle était vêtue d'un épais paletot boutonné jusqu'au col et de surcroît serré autour de sa taille par une ficelle. Elle parut contente de voir Flora et l'invita à entrer chez elle. Flora indiqua qu'elle lui avait porté des œufs et lui tendit le panier.

« Et qui est-ce donc que tu as là avec toi ? demanda l'Oignon.

— Le fils de John le Noir, dit Flora.

— Et n'a-t-il point de nom ? »

Elle avait la voix aussi rêche que celle d'un goéland.

« C'est Roddy », répondit Flora.

L'Oignon m'observa un moment avant de me présenter ses condoléances pour la mort de ma mère, bien que cela remontât alors à plus d'un an. Après quoi elle prit le panier des mains de Flora et disparut dans la pénombre enfumée de son logis. Flora se mit à fredonner une chanson tout bas pendant que nous attendions, et il me revint le souvenir de ma mère chantonnant dans les blés. La veuve réapparut avec le panier vide et remercia Flora pour les œufs.

Sur le chemin du retour, je me proposai à nouveau de porter le panier, mais Flora m'expliqua que ce n'était pas qu'elle l'eût trouvé lourd, seulement qu'elle avait eu envie de me le faire porter à sa place. Quoi qu'il en soit, allégés de notre fardeau, nous conversâmes bien plus librement. Flora prononça quelques commentaires peu amènes sur l'odeur de Mme MacLeod, et je lui confiai que mon père n'aimait pas les habitants d'Aird-Dubh car ils étaient sales et se nourrissaient de patelles, ce qui la fit rire joyeusement. Lorsque son rire fut retombé, elle dit :

« Parfois j'ai l'impression que ton père n'aime personne.

— C'est vrai », répondis-je.

Alors je me courbai en deux et imitai la démarche de mon père allant clopin-clopant, appuyé sur sa canne.

« Soyez certaine que vos péchés vous trahiront, marmonnai-je en agitant un doigt crochu sous le nez de Flora. Vous êtes sur le sentier des flammes éternelles, ma jeune dame ! »

Flora s'arrêta au milieu de la route, s'époufant de rire en couvrant sa bouche de sa main libre. Cependant je me redressai soudain, honteux d'avoir ainsi tourné mon père en ridicule.

« Refais-le », dit-elle.

Mais je me sentais penaud et me remis à cheminer.

Lorsque nous arrivâmes au croisement où nous nous étions rencontrés, afin que l'on ne pût nous voir ensemble, j'avisai Flora que je continuerais par la route. Elle ne protesta point. Nous nous regardâmes, immobiles, quelques instants. Puis elle me dit que nous nous reverrions peut-être un autre soir et elle enfila le chemin en direction du village, balançant son panier vide au bout de son bras. Je longeai la route jusqu'à atteindre notre parcelle et passai par-dessus la levée, me sentant soudain fort léger, comme si l'on venait de me délester d'un panier de tourbe. Alors que je traversais nos cultures rabougries, j'aperçus Jetta qui se hâtait sur le chemin en provenance du côté de chez Lachlan le Large, un fichu noué sur la tête, voûtée telle une vieillarde. Je ne parvenais à imaginer quel négoce l'avait pu conduire vers cette partie du village et je l'attendis sur le seuil de la maison, mais elle me passa devant sans même un regard.

Père était dans son fauteuil près de la fenêtre, où il fumait sa pipe du soir. Je m'attendais évidemment à ce qu'il me questionnât pour savoir où j'étais passé, ce qu'il ne laissa pas de faire. Son fauteuil était orienté légèrement de biais par rapport à la fenêtre, de sorte que les derniers rayons de soleil qui pénétraient dans la maison illuminaient son livre. Dans la mesure où il pouvait fort bien nous avoir vus prendre congé l'un de l'autre au croisement, je lui répondis d'emblée que j'étais allé à Aird-Dubh avec Flora la Large pour y livrer des œufs. Il me demanda à qui ils étaient destinés. Quoique ne saisissant pas quelle importance cela pouvait avoir, je le lui dis aussi. Il ne montrait aucune réaction à mes réponses, ce qui me convainquit qu'il les connaissait déjà et m'avait questionné à la seule fin de vérifier si je lui dirais la vérité. Il tira deux goulées de son tabac. Jetta s'était mise à son tricot et feignait de ne pas écouter notre conversation.

J'étais fort contrarié de devoir me soumettre à pareil interrogatoire, d'autant que Jetta n'avait pas eu à subir le même sort. Mon père ôta sa pipe de sa bouche et déclara qu'il me défendait de frayer avec Flora la Large ou tout autre membre de sa famille. Je n'avais pas coutume de répondre à mon père, mais en cette occasion je ne pus m'en empêcher. Flora, lui fis-je observer, ne lui avait causé aucun tort, et elle m'avait su gré de lui porter son panier. Je n'escomptais pas que mon père s'engagerait dans une discussion avec moi, et au demeurant lui non plus. À la place, il se contenta de me rappeler que j'étais encore en âge de recevoir une rossée. Je baissai les yeux pour affecter la contrition, bien que je n'eusse aucune intention d'obéir à son décret. Ce n'était pas la première fois, tant s'en faut, que je jugeais mon père d'une sévérité excessive à mon endroit ou à celui de mes frère et sœurs, mais ce fut la première fois que je résolus de le braver. Avec le recul, néanmoins, je suis forcé d'admettre qu'il eût été prudent de suivre son conseil.

Je sortis m'asseoir sur le banc avec l'espoir que ma sœur m'y rejoindrait, mais elle n'en fit rien. Le lendemain matin, après que Père eut quitté la maison, je demandai à Jetta où elle s'était rendue la veille au soir. Elle me répondit sans lever les yeux de sa besogne qu'elle était allée visiter Carmina Tabac. Je savais que ce n'était pas vrai, car je l'avais vue arriver de plus loin que la maison des Tabac, mais je me gardai d'en rien dire. Je lui demandai plutôt si Kenny Tabac était là lui aussi. Jetta interrompit ce qui l'occupait et me dévisagea d'un regard grave.

« J'ai déjà un père, me dit-elle, je n'en ai pas besoin d'un second. Il y a certaines choses qui ne te concernent pas, Roddy. »

Après quoi elle me tendit un bannock et me chassa dehors afin de ne plus m'avoir dans ses jupes. J'en fus fort attristé car je n'avais jamais connu que Jetta me cachât un secret, quoique, si elle l'eût fait, je n'en aurais évidemment rien su. Peut-être me cachait-elle toutes sortes de secrets.

Je ne revis pas Flora la Large pendant plusieurs jours après cela. La journée, j'étais accaparé par les corvées imposées par Lachlan le Large, et durant les soirées Père m'inventait des tâches supplémentaires là où il n'en existait point. J'ignore s'il entendait cela comme une punition ou une simple mesure préventive pour m'empêcher de voir Flora. Quoi qu'il en soit, cela eut l'effet recherché. Lorsque mon père en eut enfin terminé avec moi, je demeurai trois soirs de suite assis sur la levée en espérant que quelque commission porterait Flora à s'aventurer par-là, ou bien qu'en m'y voyant elle imaginerait un prétexte de le faire. Mais elle ne vint pas et je dois reconnaître que, malgré le peu de temps que nous avions passé ensemble, je languissais de la revoir.

C'est autour de cette époque que je pris l'habitude de sortir la nuit battre les collines. Le sommeil ne me venait plus que difficilement et, même lorsque je finissais par m'assoupir, j'étais réveillé par le moindre mouvement des jumeaux ou d'un animal au-dehors. Dans le silence immobile de la nuit, nombre de chimères peuvent naître des braises du foyer ou du meuglement d'une génisse. J'avais parfois l'illusion de voir des silhouettes se dresser dans la fumée, ou d'entendre une voix dehors me parler dans un murmure, et je restais alors étendu sur ma balasse, pétri de terreur, attendant la survenue de quelque épouvante. Aussi me pris-je à délaisser mon lit pour aller par monts et par vaux. Je m'imaginais moi-même comme une de ces visions, une forme entraperçue dans l'obscurité, à peine discernée du coin de l'œil avant d'être reléguée au rang de fantasme. Ma routine consistait à disparaître entre les pignons des maisons, grimper jusqu'à une certaine élévation sur le Càrn et, de là, contempler le village. Durant les mois jaunes, les nuits par ici ne sont jamais complètement noires. Le monde semble plutôt avoir été vidé de ses couleurs et, quand la lune est haute, tout paraît argenté, comme si l'on regardait une gravure dans un livre. Quand il m'arrivait de passer sous les fenêtres de mes voisins, j'observais avec envie leurs corps endormis. Mon seul dessein à travers ces déambulations était de chasser de mon esprit les pensées importunes, ce à quoi je parvenais en arpentant les collines jusqu'à épuisement. Souhaitant que personne n'eût vent de mes activités nocturnes, je m'en revenais toujours avant que mon père ou ma sœur ne fût levé, et passais ensuite la journée dans un état d'étourdissement. Une ou deux fois, je m'effondrai de sommeil en plein labeur, si bien que Jetta, croyant que j'avais défailli, accourut à ma rescousse.

Je résolus d'employer une de ces expéditions à apprendre si Flora était retournée dans la Grande Maison. Quoique brûlant de la voir, j'aimais à croire qu'elle était de nouveau occupée au service de Lord Middleton et qu'elle n'évitait donc pas ma compagnie de son propre gré. Cette nuit-là, la lune était voilée par des nuages et ne diffusait qu'une faible lueur. Je me faufilai entre les granges et commençai à gravir le Càrn. La nature de ma mission m'incitait encore plus que d'habitude à ne point me laisser voir. Je marchai à pas de loup et gardai le dos voûté jusqu'à être hors de vue du village. Puis je traversai les collines en direction de la maison des Larges et au-delà. Jamais je n'avais croisé davantage qu'un mouton lors de mes excursions, cette fois pourtant le sang battait à mes tempes. Même en plein jour, je redoutais de mettre un pied sur la propriété de Lachlan le Large, mais le faire à la faveur de la nuit était une entreprise autrement plus risquée. Si d'aventure j'étais découvert, j'aurais bien de la peine à justifier le motif de ma présence. Depuis mon plus jeune âge, je n'ai jamais été habile à dissimuler. Un jour, alors que j'avais cinq ou six ans, on m'envoya chercher les œufs dans la grange. Je négligeai d'emporter le bol que nous utilisions à cet effet et, plutôt que rebrousser chemin jusqu'à la maison, décidai que je m'en passerais. Je ramassai les œufs et, alors que je quittais la grange avec mon butin entre les mains, un oiseau prenant son envol me fit sursauter et tout lâcher à terre. En contemplant la bouillie de blancs et de jaunes qui se répandait à mes pieds, il me vint à l'esprit de prétendre que j'avais surpris un vagabond venu nous chaparder nos œufs. Lorsque ma mère arriva pour me chercher, cependant, je ne pus qu'éclater en sanglots et lui confesser que j'avais fait tomber les œufs car j'avais oublié le bol. Prenant pitié de moi, elle essuya mes larmes et me dit que cela était sans gravité, qu'il y aurait d'autres œufs le lendemain. Plus tard, quand nous nous assîmes à table pour le repas, elle annonça à mon père que les poules n'avaient pas donné d'œufs ce jour-là et me fit un clin d'œil. Je ne pouvais toutefois espérer de Lachlan le Large semblable commisération s'il me surprenait à rôder derrière sa maison au plus noir de la nuit.

Néanmoins, ayant entamé ma course, je me sentais enclin à la poursuivre jusqu'à son terme. Alors que je redescendais la colline en direction du village, une idée me vint. J'avais entendu parler de gens qui se lèvent inconscients durant leur sommeil et se meuvent dans le monde de la même façon que s'ils étaient pleinement éveillés. Pourtant, quand on s'adresse à eux, ils gardent le regard dans le vague, comme s'ils avaient une autre réalité sous les yeux. Ce sont les somnambules, et je résolus que, dans le cas où je serais intercepté, telle serait ma défense : je me ferais passer pour somnambule. Dans cet état d'esprit, je m'approchai de la maison de manière tout à fait naturelle. Je ne connaissais pas la disposition des lieux, mais en voyant deux petites croisées sur la façade arrière, je supposai qu'il s'agissait là des chambres à coucher. À ma grande surprise, une faible lueur brillait à l'une des fenêtres, et j'imaginai Flora dans son costume de nuit qui m'attendait à la flamme de sa chandelle.

Je m'aplatis contre le mur et progressai en silence jusqu'à la première fenêtre. Les pierres étaient moussues et humides sous mes paumes. Après quelque hésitation, je retins mon souffle et avançai la tête vers la vitre. La pièce était plongée dans l'obscurité. Au bout d'un moment, je discernai un lit et les contours sombres de corps enroulés dans des couvertures. Rien ne bougeait. Au pied du lit se trouvait une couchette d'enfant, où je reconnus les cheveux blonds du petit frère de Flora. Ma respiration se condensait sur le carreau. Je fis trois pas de côté jusqu'à la seconde fenêtre. Abandonnant toute prudence, je me plantai devant. Une chandelle brûlait et, dans un gros fauteuil, emmitouflée de couvertures, était assise non pas Flora mais une vieille femme, la mère invalide de Lachlan le Large qui n'était plus sortie de la maison depuis des années. Bien qu'elle eût les yeux grands ouverts et dirigés vers la croisée, elle ne semblait pas remarquer ma présence. Au vrai, elle paraissait tout à fait morte et cette vision me fit dresser les cheveux sur la tête. À sa droite, je distinguai un petit lit, vide, dont je songeai qu'il pouvait être celui de Flora. J'observai la vieille femme pendant quelques instants, jusqu'à percevoir la légère fluctuation de sa poitrine. Alors elle cligna lentement des yeux, comme recouvrant soudain la vue, et un doigt décharné émergea de sous les couvertures pour se tendre vers moi. Ses lèvres remuèrent sans bruit. Je fis volte-face et remontai dans la colline à toutes jambes. Dans le lointain, un chien se mit à aboyer et je m'imaginai Lachlan le Large s'ébrouer de son sommeil et sortir à tâtons de son lit pour s'enquérir de ce tapage. Je me jetai dans l'herbe humide derrière un massif de bruyère et restai ainsi étendu un long moment, attendant de retrouver mon souffle. Personne ne bougea dans les maisons en contrebas et je m'en retournai chez moi sans être pris. Je passai le restant de la nuit les yeux ouverts sur ma balasse à songer au lit vide de Flora, fort satisfait du succès de mon entreprise.

***

Nos champs ne fructifièrent guère cet été-là. Je ne saurais dire si cela était dû au manque de goëmon ou bien à quelque autre raison. Mon père s'était mis en tête que nous aurions une maigre récolte cette année et, par suite, soignait la parcelle avec moins de diligence qu'à l'ordinaire. Lorsque Kenny Tabac lui fit remarquer les mauvaises herbes qui poussaient dans nos sillons, Père haussa les épaules et répondit : « À quoi bon ? La terre est épuisée. »

À ce qui me semblait, ce n'était pourtant pas la terre qui était épuisée, mais bien mon père. Je gaspillais de nombreuses journées à travailler aux corvées de Lachlan le Large. Il y avait d'abord les jours que j'étais moi-même astreint à donner. Puis, comme l'état de santé de mon père lui interdisait de se livrer à de trop lourds labeurs, je travaillais aussi à sa place. Enfin, il m'arrivait de remplacer moyennant un demi-shilling la journée ceux que d'autres occupations plus profitables retenaient ailleurs. Je confiais tous mes gains à mon père, bien aise de pouvoir contribuer aux revenus du foyer. Néanmoins, travailler pour le compte de Lachlan le Large était des plus fastidieux. Il y avait rarement un moment sans que le constable ou son frère ne nous tournassent autour en se pavanant tels de grands coqs pour s'assurer qu'aucun d'entre nous ne s'interrompît, fût-ce le temps de reprendre son souffle ou de s'éponger le front. Même quand le Large n'était pas là, nous besognions sans relâche, craignant qu'il n'apparût soudainement et ne nous imposât une journée supplémentaire de travail pour prix de notre paresse. Ce labeur constant signifiait qu'il me restait peu de temps pour m'occuper de nos propres cultures, et par conséquent que nous aurions moins à manger durant les mois noirs.

Un soir, Lachlan le Large nous rendit visite pour nous informer qu'il avait été porté à sa connaissance que notre parcelle était laissée à l'abandon. C'était devenu une de ses tournures favorites de dire que telle ou telle chose avait été « portée à sa connaissance ». Cela entretenait l'idée que tout ce que chacun faisait ou disait était susceptible de lui être rapporté, idée qui garantissait une obéissance docile à n'importe lequel de ses décrets. Cela conduisait aussi les gens à regarder leurs voisins de travers et à les considérer avec un degré de suspicion jusqu'alors inconnu dans nos contrées. En la circonstance, le Large infligea à mon père une amende de dix shillings et lui rappela que le bon entretien de son fonds figurait parmi les clauses de son bail et que, s'il ne remplissait pas ses obligations, le régisseur n'aurait d'autre choix que de réexaminer sa tenure. Afin de réunir la somme nécessaire pour régler cette amende, je fus contraint de travailler encore plus souvent aux routes et aux chemins, à raison de quoi notre parcelle tomba dans un état toujours plus déplorable.

Quelques jours après cette dernière visite du constable, mon père resta assis à table alors que

Jetta avait fini de la desservir. J'avais le sentiment qu'il avait quelque annonce à nous faire, et je ne me trompais pas. Après avoir bourré et allumé sa pipe, il nous instruisit qu'il entendait solliciter une entrevue avec le régisseur. Je lui demandai à quelle fin. Mon père ignora ma question et ajouta qu'il souhaitait que je l'accompagnasse, car j'étais un garçon intelligent et ne me laisserais pas embobiner par les paroles du régisseur. Je fus dépité d'entendre mon père se déprécier ainsi et lui rétorquai vivement qu'il était l'égal du régisseur ou, au reste, de n'importe qui d'autre. Mais mon père secoua la tête et dit : « Nous savons l'un comme l'autre que ce n'est pas vrai, Roderick. » Il précisa ensuite qu'il comptait se rendre à Applecross le surlendemain et que si j'avais prévu de travailler pour Lachlan le Large ce jour-là, il me faudrait trouver quelqu'un pour me remplacer ou bien m'excuser à l'avance. Puis il se leva et alla s'installer dans son fauteuil près de la fenêtre.

Dès le début, je pressentais que rien de bon ne pourrait ressortir du projet de mon père. Aucun habitant de notre paroisse n'avait jamais sollicité d'audience auprès du régisseur et, quand certains étaient convoqués pour le voir, ils s'exécutaient avec la plus vive inquiétude. Père jugeait peut-être que notre sort pouvait difficilement aller en s'empirant, mais j'étais certain que lorsque cette visite serait portée à la connaissance de Lachlan le Large, il n'hésiterait pas à se venger d'une façon ou d'une autre.

Père et moi partîmes pour Applecross de bon matin. Il apparut que Lachlan le Large avait lui-même quelque négoce à régler à Kyle of Lochalsh ce jour-là et je compris que mon père n'avait sans doute pas choisi cette date au hasard. Ce fut une journée riche en contrastes climatiques comme ceux auxquels nous sommes accoutumés dans nos contrées. Le temps d'atteindre Camusterrach, une averse avait détrempé nos vêtements, avant que le ciel ne se dégageât brusquement et que le soleil ne commençât à les sécher. Alors que nous approchions d'Applecross, cependant, les cieux s'assombrirent derechef et la pluie se remit à tomber à grosses gouttes. Mon père ne réagissait aucunement à ces variations. À vrai dire, je n'étais même pas sûr qu'il les remarquât. Il continuait sa route à pas constant, les bras tout roides sur les côtés, le regard fixé devant lui. Nous ne parlions pas de l'affaire qui nous attendait, si bien que je n'avais toujours pas d'idée véritable de ce qu'il entendait dire au régisseur ni du rôle qu'il me destinait. J'espérais secrètement que le régisseur n'y serait pas, ou refuserait de nous recevoir, et que nous pourrions nous en retourner sans avoir provoqué davantage l'ire des autorités.

Le pavillon du régisseur se trouvait à l'arrière de la Grande Maison. Nous fîmes un détour pour contourner le domaine, mon père souhaitant à l'évidence éviter d'être surpris en infraction sur la propriété du laird. Arrivés devant la bâtisse de deux étages en pierre grise, mon père cogna le heurtoir en bronze avec une timidité qui augurait mal de notre entrevue. Peu après, une gouvernante apparut. Elle nous toisa comme si nous étions des gueux et s'enquit de ce que nous voulions. Mon père ôta sa casquette, bien que la femme fût une domestique qui ne valait pas plus que lui, et répondit qu'il était John Macrae de Culduie et qu'il désirait parler au régisseur. La gouvernante lui demanda alors si nous avions une audience. C'était une femme maigrelette, aux lèvres pincées et au long nez, qui pensait clairement que son emploi au service du régisseur la plaçait au-dessus d'un fermier. Mon père répondit que nous n'en avions pas. La femme referma la porte sans un mot et nous laissa plantés sur le seuil. Comme il pleuvait toujours, nous nous serrâmes sous l'auvent. Il m'est difficile de dire combien de temps nous demeurâmes ainsi. Assez, en tout cas, pour nourrir mes espoirs que le régisseur fût bel et bien absent. Je m'apprêtais à faire part de cette idée à mon père lorsque la porte se rouvrit et que nous fûmes invités à entrer. La gouvernante nous conduisit dans un cabinet lambrissé où elle nous enjoignit de patienter. Un feu rugissait dans l'âtre, mais aucun de nous n'osa s'en approcher pour sécher ses vêtements. Nous restâmes plutôt vers le centre de la pièce, où notre présence serait la moins offensante. Aux murs de part et d'autre de la cheminée étaient accrochés des tableaux représentant d'élégants gentilshommes, vêtus de beaux habits. Je reconnus sur l'un Lord Middleton, assis dans un fauteuil, un chien de chasse à ses pieds. Devant nous se trouvait un grand bureau en bois massif foncé sur lequel étaient disposés des instruments d'écriture et plusieurs gros registres reliés de cuir. Le mur sur notre gauche était entièrement recouvert d'étagères de livres.

Le régisseur arriva et, à ma grande surprise, salua mon père avec une certaine chaleur. Mon père lui adressa une révérence servile, tordant nerveusement sa casquette entre ses mains. Je me tenais près de lui, m'efforçant de paraître à l'aise, serrant ma propre casquette contre moi. Le régisseur était plus petit que dans mon souvenir, mais il avait un visage agréable, ouvert, avec d'épais favoris qui lui mangeaient les joues. Les rares cheveux qui restaient sur son crâne étaient rêches et mal peignés, contrairement à ceux des autres hommes éduqués que j'avais rencontrés.

« Et qui donc avez-vous là ? » demanda-t-il avec un geste dans ma direction.

Mon père lui répondit et le régisseur me dévisagea quelques instants avec curiosité, comme s'il avait entendu parler de moi, ce que je ne souhaitais sincèrement pas. Puis il alla prendre place derrière son bureau et interrogea mon père du regard afin que celui-ci lui exposât le motif de sa visite. Voyant que mon père restait coi, le régisseur se tourna alors vers moi. Je ne pouvais cependant pas parler au nom de mon père puisqu'il ne m'avait pas avisé de ce qu'il voulait dire. Aussi le silence se prolongea-t-il. Du coin de l'œil, je vis mon père risquer un regard furtif vers le régisseur.

« Monsieur Macrae, dit ce dernier d'un ton toujours aussi jovial, je suppose que vous n'avez pas fait la route à pied depuis Culduie simplement pour vous réchauffer à la chaleur de mon feu. »

Il rit brièvement de son bon mot avant de poursuivre.

« Tout amateur fussé-je de jeux d'esprit, je ne puis deviner quel dessein vous amène ici, aussi je vous prie de bien vouloir me représenter votre affaire. »

Mon père me jeta un coup d'œil. Je crus qu'il avait perdu courage ou ne comprenait pas ce qui lui était demandé mais, après s'être éclairci la voix, il dit tout bas : « Peut-être avez-vous eu vent des soucis que nous avons eus à Culduie.

— Des soucis ? répéta le régisseur. Je n'ai eu vent d'aucun souci. Quels soucis ?

— Divers soucis, monsieur.

— Je n'ai eu vent d'aucun souci. Au contraire, je n'entends que de bons échos sur les améliorations qui ont lieu dans votre paroisse. Avez-vous parlé à votre constable de ces "soucis" ? »

Il prononça ce dernier mot avec une emphase particulière, comme s'il appartenait à une langue étrangère.

« Non, je ne l'ai pas fait », répondit mon père.

Le régisseur fronça les sourcils et le regarda d'un air soupçonneux.

« Si vous rencontrez des difficultés, il faut en parler à M. Mackenzie. J'imagine mal qu'il ne se sente pas offensé en apprenant que vous êtes venu me trouver sans d'abord requérir son assistance. C'est le rôle du constable que de gérer tous les problèmes que vous pourriez avoir. Je ne saurais me préoccuper des menus détails de… »

Il laissa sa phrase en suspens, avec un geste dédaigneux de la main.

Mon père garda le silence. Le régisseur se prit à pianoter sur la table.

« Eh bien ?

— Je n'ai pas parlé de ces soucis à M. Mackenzie, répondit mon père en relevant à peine les yeux, car M. Mackenzie en est la source. »

À ces mots, le régisseur éclata d'un rire qui ne me parut pas un élan sincère, mais plutôt une façon de souligner l'absurdité des propos de mon père.

Lorsque son hilarité s'estompa, il laissa échapper un grand soupir.

« Auriez-vous l'amabilité de m'en dire davantage ? »

Mon père, à mon grand étonnement, ne se laissa pas décontenancer par le rire du régisseur.

« Il est vrai que les relations entre M. Mackenzie et moi-même sont tendues, dit-il, mais je ne me permettrais pas de vous mêler à pareilles histoires.

— Vous faites bien, monsieur Macrae. Je crois comprendre que M. Mackenzie s'acquitte de ses fonctions avec un dévouement qui faisait cruellement défaut ces dernières années. Et puisque, si ma mémoire est bonne, il a été élu à l'unanimité, je ne puis que supposer qu'il agit de la sorte avec l'entier soutien de la population. S'il existe quelque différend d'ordre privé entre le constable et vous-même, eh bien… »

Il écarta les mains et gonfla ses joues d'air.

« Bien sûr, acquiesça mon père.

— Si vous n'êtes pas venu épancher quelque grief personnel, je vous prie donc de me dire pourquoi vous êtes là », reprit le régisseur, dont l'attitude joviale avait désormais laissé place à l'impatience.

Père tordait sa casquette entre ses mains puis, comme s'il s'était rendu compte que ce geste ne devait pas contribuer à donner de lui une impression favorable, il cessa brusquement et plaça ses poings sur ses hanches.

« Je souhaiterais voir la réglementation », dit-il.

Le régisseur l'observa curieusement pendant quelques instants avant de tourner son regard vers moi, comme s'il espérait que je fusse en mesure d'éclaircir les paroles de mon père.

« Vous souhaitez voir la réglementation ? répéta-t-il lentement en caressant ses favoris.

— Oui, confirma mon père.

— De quelle réglementation parlez-vous ?

— De celle qui gouverne nos existences. »

Le régisseur secoua sèchement la tête.

« Pardonnez-moi, monsieur Macrae, mais je ne suis pas sûr de vous suivre. »

Mon père était désormais fort désemparé. Il ne s'attendait manifestement pas à un tel imbroglio, et bien entendu il s'imaginait que la faute lui en incombait pour ne pas s'être exprimé avec assez de clarté.

« Mon père, dis-je, fait référence à la réglementation qui détermine nos conditions de fermage. »

Le régisseur me dévisagea d'un air grave.

« Je vois, rétorqua-t-il. Et pour quelle raison, si je puis me permettre, souhaitez-vous voir cette "réglementation", comme vous dites ? »

Son regard passa alors de moi à mon père et j'eus le sentiment qu'il se divertissait à nos dépens.

« Afin de savoir quand nous la transgressons », se risqua finalement à répondre mon père.

Le régisseur hocha la tête.

« Mais pour quelle raison ?

— Afin de nous éviter d'avoir des croix noires devant notre nom ou des pénalités pour infraction.

— Si je vous comprends bien, répliqua le régisseur en se carrant dans son fauteuil et en joignant les mains sous son menton, vous souhaitez consulter la réglementation de façon à pouvoir la transgresser en toute impunité ? »

Mon père avait les yeux baissés et il me sembla les voir se gonfler de larmes. Je le maudis intérieurement de s'être mis dans cette position.

« Monsieur Macrae, j'applaudis votre audace, reprit le régisseur en écartant les mains.

— Ce que mon père désire exprimer, dis-je, n'est pas qu'il cherche à enfreindre la réglementation, mais plutôt qu'en se familiarisant convenablement avec elle, il pourrait éviter de la transgresser.

— Et à moi il paraît, persista le régisseur, qu'une personne souhaitant consulter la réglementation ne peut vouloir le faire qu'afin de vérifier les limites des infractions qu'elle pourrait être susceptible de commettre. »

Mon père était à présent tout à fait perdu et, pour abréger sa détresse, je déclarai au régisseur que notre visite avait été mal avisée et que nous ne le dérangerions pas plus longtemps. Mais celui-ci rejeta ma tentative de clore cette entrevue.

« Non, non, non, dit-il, vous ne vous en tirerez pas comme ça. Vous êtes venus ici avec en premier lieu des accusations à l'encontre de votre constable, et en second lieu le dessein avoué de chercher à éviter les sanctions en cas d'infraction à la réglementation. Vous n'espérez certainement pas que cela en reste là. »

Le régisseur, voyant que mon père n'était plus capable de soutenir la conversation, s'adressait dorénavant à moi seul. Il rapprocha le fauteuil de son bureau, choisit un des registres et l'ouvrit. Après avoir tourné quelques pages, il fit courir son doigt le long d'une colonne. Il lut plusieurs lignes avant de lever à nouveau les yeux vers moi.

« Dites-moi, Roderick Macrae, reprit-il, quelles sont vos ambitions dans la vie ? »

Je répondis que ma seule ambition était d'aider mon père à la ferme et de prendre soin de mes frère et sœurs.

« C’est fort louable, commenta-t-il. Trop de gens de votre condition se piquent d’idées de grandeur, ces temps-ci. Néanmoins, vous avez sans doute songé à quitter cet endroit. N’êtes-vous point tenté d’aller chercher fortune ailleurs ? Un jeune homme d’une intelligence comme la vôtre doit savoir qu’il n’a pas d’avenir ici.

— Je n’aspire à nul autre avenir pour moi-même qu’à Culduie.

— Mais s’il n’y a pas d’avenir ? »

Je ne sus que répondre à cela.

« Je vais vous dire une chose très franchement, Roderick, reprit-il. Il n’y a pas d’avenir ici pour les agitateurs ou les criminels.

— Je ne suis ni l’un ni l’autre, rétorquai-je. Pas plus que mon père. »

Le régisseur posa alors un regard appuyé sur la page ouverte devant lui et pencha la tête de côté. Après quoi il referma bruyamment le registre.

« Vous avez des fermages arriérés, annonça-t-il.

— De la même manière que tous nos voisins, répondis-je.

— Certes, mais vos voisins ne se sont pas présentés ici comme s’ils étaient en quelque façon la partie lésée. Vous ne devez qu’à la clémence des autorités de pouvoir tout bonnement rester sur cette terre. »

Je pris cette mise en garde comme le signal que notre supplice était terminé et donnai un petit coup de coude à mon père, qui était resté immobile depuis plusieurs minutes, comme en transe. Le régisseur se leva.

Je me retournai pour partir, mais mon père ne bougea pas.

« Dois-je donc comprendre que nous ne pouvons pas voir la réglementation ? » dit-il.

Le régisseur parut davantage amusé que courroucé par la question de mon père. Il s'était avancé de trois ou quatre pas depuis son bureau, de sorte qu'il se tenait désormais à quelques pieds de nous.

« Cette réglementation dont vous parlez a été respectée depuis la nuit des temps, répliqua-t-il, sans que personne n'ait jamais éprouvé le besoin de la "voir", comme vous dites.

— Pourtant… » commença mon père.

Il releva la tête et regarda le régisseur dans les yeux. Ce dernier laissa échapper un petit rire par le nez.

« Je crains que vous ne soyez victime d'un malentendu, monsieur Macrae. Si vous ne prenez pas les récoltes sur la terre de votre voisin, ce n'est pas parce qu'une quelconque réglementation l'interdit. Vous ne lui volez pas ses récoltes, car ce serait mal de le faire. La raison pour laquelle vous ne pouvez pas "voir" cette réglementation est tout simplement qu'elle n'existe point, du moins pas sous la forme que vous semblez croire. Vous pourriez tout autant demander à voir l'air que nous respirons. Bien sûr, il y a une réglementation, mais vous ne pouvez pas la voir. La réglementation existe parce que nous acceptons tous qu'elle existe et que, sans elle, régnerait l'anarchie. C'est au constable du village qu'il revient d'interpréter cette réglementation et de l'appliquer à sa discrétion. »

Il nous indiqua alors la porte d'un geste dédaigneux. Je ressentis soudain que, puisque mon père nous avait conduits jusqu'ici, il serait absurde d'en repartir sans avoir correctement exposé nos griefs.

« Si je puis revenir sur les soucis dont mon père vous a fait mention… dis-je. Ce que mon père souhaite réellement porter à votre attention est que, par sa façon d'appliquer cette réglementation, Lachlan le Large a mené une campagne de harcèlement contre notre famille. »

Le régisseur me dévisagea avec une expression d'incrédulité.

« Une campagne de harcèlement ? » répéta-t-il, visiblement réjoui de cette formulation.

Il recula de quelques pas pour retourner s'appuyer contre son bureau.

« Voilà une allégation des plus graves, jeune homme, une allégation des plus graves. Il n'est pas admissible que les détenteurs de l'autorité abusent de leur pouvoir, n'est-ce pas ? Pas plus, évidemment, que des individus portent des accusations infondées à l'endroit de leurs supérieurs. Vous feriez bien, par conséquent, de me conter en quoi cette "campagne de harcèlement" a consisté. »

Encouragé par les paroles du régisseur, je crois m'être alors involontairement avancé d'un pas vers son bureau. J'entrepris de lui rapporter, dans les détails, la façon dont Lachlan le Large avait à la première occasion réduit la surface de notre fonds, puis nous avait privés de goëmon pour fertiliser nos cultures, lesquelles dépérissaient à présent, et nous avait enfin infligé une amende pour le mauvais entretien de notre parcelle.

Le régisseur m'écouta attentivement, sans jamais me quitter du regard.

« Est-ce là tout ? » demanda-t-il.

J'aurais voulu lui parler également de l'atmosphère générale d'oppression dans laquelle nous vivions, mais je ne savais comment exprimer cela. Je ne jugeai pas non plus opportun d'évoquer l'incident dont j'avais été témoin entre ma sœur et Lachlan le Large, ne fût-ce que pour ne pas révéler ce secret à mon père.

Le régisseur parut déçu en voyant que j'en avais terminé.

« Et c'est cela que vous décrivez comme une "campagne de harcèlement" ? demanda-t-il.

— Oui, monsieur, répondis-je.

— Ainsi, votre véritable dessein en venant ici était-il de diffamer, pour je ne sais quel motif d'ordre privé, un représentant officiel qui, d'après ce que vous en dites, ne fait rien d'autre que s'acquitter consciencieusement de ses fonctions. Je prends bonne note de ce que vous venez de me représenter et, la prochaine fois que je verrai M. Mackenzie, je ne manquerai pas de le féliciter de sa conduite. »

Je sentis un poids terrible me tomber sur l'estomac, mais ne crus rien avoir à gagner en protestant.

Le régisseur se tourna alors vers mon père.

« J'espère qu'il ne vous prendra pas l'envie de revenir me trouver de cette manière. Je vous rappelle que votre bail n'est prolongé que par le bon vouloir de Lord Middleton. Et celui de ses représentants. »

Il secoua alors la tête et nous congédia de son bureau.

Mon père ne prononça pas un mot sur tout le chemin du retour, et son expression ne trahissait pas la moindre de ses pensées. La pluie avait cessé. Ce soir-là je restai à la maison, attendant l'arrivée de Lachlan le Large. Mais il ne se présenta point, pas plus qu'aucun des soirs suivants, et j'en conclus qu'il entendait nous laisser ruminer le châtiment qui s'abattrait sur nous. Quelques jours plus tard, comme je travaillais dans les fossés le long de la route d'Aird-Dubh, Lachlan le Large passa par là. Il s'arrêta et me regarda besogner pendant quelques minutes, puis reprit sa route sans rien dire. Après notre entrevue, j'avais imaginé que le régisseur rapporterait aussitôt l'événement à son constable, mais quand il apparut qu'il n'en avait rien fait, je compris qu'aux yeux de ces hommes importants, nos actions étaient simplement insignifiantes.

***

Quelques jours plus tard, après le souper, je sortis de la maison sans autre motif que d'échapper à sa lugubre atmosphère. L'humeur de mon père en ce temps-là était si noire qu'elle jetait une ombre sur toute la maisonnée. Je n'avais pas vu Jetta sourire depuis des jours ou des semaines, et elle semblait quotidiennement se rétracter davantage en elle-même, au point qu'elle avait des manières de vieillarde. Les rares fois où les petits jouaient, ils le faisaient en silence et avec des mystères qui appartenaient à eux seuls. Si Jetta leur parlait, c'était dans un murmure, étudié pour éviter de rappeler leur existence à mon père. Quant à moi, languissant de revoir Flora la Large, j'étais accablé par un découragement qui ne faisait qu'accroître la morosité générale.

Sitôt eus-je mis un pied dehors, cependant, que mon humeur s'éclaircit. Flora était assise sur la levée à l'embranchement de la route de Toscaig. Je fus tenté de m'élancer vers elle mais, dans un éclair de circonspection, je choisis de délaisser le chemin qui traversait le village pour plutôt couper à travers notre parcelle, avant de franchir la levée et de rejoindre la route à quelque cent ou cent cinquante toises de là où se tenait Flora. J'affectai une allure visant à suggérer à quiconque pourrait m'observer que je ne faisais qu'errer sans destination particulière à l'esprit. De cette façon, j'imaginais que lorsque je croiserais Flora, notre rencontre apparaîtrait comme le simple fruit du hasard. Flora ne releva pas une seule fois la tête à mon approche ; elle semblait absorbée par quelque chose sur ses genoux. De plus près, je fus frappé par la délicatesse de ses traits. Les boucles de ses cheveux ondulaient dans la brise autour de son visage. Je m'arrêtai à quelques pas d'elle, mais Flora était tout entière occupée, ou bien feignait de l'être, par la destruction méthodique d'une fleur de pissenlit, dont les pétales jaunes constellaient sa jupe.

C'est seulement quand je la saluai qu'elle leva les yeux de son activité.

« Bonjour, Roddy », répondit-elle.

Je fus incapable du moindre atermoiement.

« Je t'ai cherchée ces derniers jours, dis-je. Et j'étais dépité de ne point te voir.

— Ah oui ? »

Un léger sourire joua sur ses lèvres et elle baissa de nouveau les yeux vers les pétales répandus sur sa jupe, comme si mes propos la ravissaient.

« Je travaillais à la Grande Maison », dit-elle.

J'étais content que Flora jugeât bon de me fournir une explication à son absence.

Je hochai la tête et m'approchai un peu plus.

« Où vas-tu ? demanda-t-elle.

— Je ne vais nulle part.

— Dans ce cas c'est un heureux hasard que tu sois justement passé devant moi en chemin pour nulle part.

— Oui, dis-je. Un très heureux hasard.

— Peut-être pourrais-je t'accompagner nulle part », suggéra-t-elle.

Elle sauta au bas de la levée, brossant les pétales sur sa jupe. Nous marchâmes un peu en silence et, sans nous concerter, prîmes la route qui menait à Aird-Dubh. J'aimais que cette coutume semblât s'être établie entre nous, comme si nous étions un vieux couple marié. La brise tomba et l'eau du détroit devint parfaitement immobile. Nous cheminions si près l'un de l'autre que nous n'avions pas besoin de hausser la voix au-delà d'un murmure, et j'avais le sentiment que nous traversions un monde qui avait, l'espace d'un instant, posé ses outils pour s'accorder une pause. Si par quelque sortilège j'avais soudain pu me transporter jusque chez moi, j'y aurais trouvé Jetta et mon père figés dans leur occupation, les petits tout à fait pétrifiés dans leurs jeux.

Au bout d'un moment, je demandai à Flora ce qu'elle avait fait à la Grande Maison. Elle me décrivit qu'en raison d'une importante partie de chasse, il avait fallu des bras supplémentaires aux cuisines et pour servir les banquets. Elle me décrivit les plats de viandes, de légumes et de friandises qui étaient présentés aux convives, et les grandes quantités de vin qui étaient absorbées à table. C'était, disait-elle, un spectacle des plus extraordinaires. Elle me décrivit enfin les élégantes toilettes des dames, lesquelles étaient plus jolies les unes que les autres. Il y avait un très beau gentilhomme aux longs cheveux bruns qui attirait tous les regards de ces dames et semblait toujours le plus prompt à lever son verre à l'hospitalité de Lord Middleton. Cela avait été une semaine splendide, conclut Flora, et elle avait gagné deux shillings pour prix de son labeur. Alors, sentant qu'il ne devait y avoir aucun secret entre nous, je lui contai ma mésaventure au service de Lord Middleton. Elle ne rit point mais me regarda d'un air grave et me dit : « Ce n'était pas très futé de ta part, Roddy.

— En effet, répondis-je, car j'ai reçu de mon père la plus fameuse rossée de mon existence. »

Cette fois encore, Flora n'en parut pas amusée et je fus déconfit qu'elle semblât désapprouver ma conduite. Je lui expliquai que j'avais agi de la sorte pour la simple raison que je ne souhaitais pas voir un magnifique cerf abattu aux seules fins du divertissement de ces gens. Flora me répondit alors que les cerfs étaient dans les montagnes pour le loisir des gentilshommes et que Lord Middleton tirait de ces passe-temps les moyens de sa subsistance. Je rétorquai que la subsistance de Lord Middleton n'était pas mon affaire. À quoi Flora répondit qu'elle aurait dû l'être, car c'était bel et bien le domaine qui procurait de l'emploi aux habitants.

« Sans la bienfaisance de Lord Middleton, ajouta-t-elle, nous n'aurions pour vivre que le maigre produit de la terre. »

Sa réaction me fit sentir penaud et, ne voulant gâter l'humeur entre nous, je n'en dis pas davantage sur le sujet. Alors que nous continuions en silence jusqu'à Aird-Dubh, je perçus que notre complicité s'était quelque peu dissipée. Nous déambulâmes dans le fouillis de maisons et de granges qui composaient le village. L'Oignon était assise sur un banc devant sa porte, tétant bruyamment une petite pipe. Flora s'arrêta pour lui souhaiter le bonsoir.

« N'as-tu pas d'œufs pour moi ? » demanda la vieille femme.

Flora secoua la tête et répondit qu'elle était désolée, mais qu'elle n'en avait pas. Elle s'enquit alors de la santé de la veuve. Mme MacLeod ignora sa question et, à la place, ôtant la pipe de sa bouche, tourna son regard vers moi tandis que ses lèvres flasques produisaient un son semblable au clapotis de la mer contre un rocher.

« Et voici le garçon du Noir Macrae, n'est-ce pas ? demanda-t-elle.

— Oui », répondit Flora.

La vieille bique continua à me lorgner d'un air réprobateur.

« Le Diable t'a volé ta langue, Roddy le Noir ? » finit-elle par dire.

Ne trouvant nulle réponse sensée à lui faire, je me contentai de soutenir son regard. Elle fourra de nouveau sa pipe entre ses lèvres et recommença à la sucer bruyamment, bien qu'elle ne fût pas allumée.

« J'ai vu ta sœur, dernièrement », reprit-elle.

Je n'imaginais pas que Jetta eût pu avoir motif de venir à Aird-Dubh et le lui fis savoir.

« Pourtant, elle était là. Ou bien son double. Une jolie fille, en tout point comme sa mère. »

Elle prononça ces derniers mots d'un ton narquois, et si son intention était de m'irriter, je dois reconnaître qu'elle y parvint. Flora n'eût été avec moi que je l'aurais traitée de vieille commère, mais je tins ma langue.

« Et toi, tu es en tout point comme ton père, ajouta-t-elle.

— Vous ne connaissez pas mon père, rétorquai-je.

— Je le connais bien assez. Tendu comme un arc. »

Sur quoi elle se prit à rioter* dans sa barbe. Ne voulant en entendre davantage, je m'éloignai et Flora me suivit après avoir salué la veuve.

« Dis à ta sœur, me cria-t-elle de loin, que j'espère que son état se sera arrangé ! »

Je feignis de n'avoir point entendu, mais lorsque nous fûmes à quelque distance, Flora me demanda ce qu'elle avait voulu dire. Je répondis que ce n'était rien qu'une vieille folle et qu'il ne fallait pas y prêter attention.

Alors que nous passions devant la cahute de Murdo Coq, le bruit de nos pas l'attira à sa porte. Il nous observa en silence, remuant la bouche de sorte que l'on y voyait saillir sa seule et unique dent. Puis il émit un son pareil au cri d'un goéland et disparut derechef à l'intérieur, tel un animal dans son terrier. Flora eut un léger frisson. Je me rapprochai d'elle et laissai le dos de ma main frôler sa manche en espérant qu'elle s'en saisît, mais comme elle n'en fit rien je me reculai à ma distance antérieure. Nous arrivâmes au bout de la pointe et nous assîmes sur les rochers. Quelques bateaux tanguaient doucement sur la houle. Je narrai à Flora l'histoire du navire de pêche de mon père et l'accident au cours duquel les deux Iain s'étaient noyés. Je lui racontai comment ma mère allait sur le quai de Toscaig pour regarder mon père rentrer le bateau. Je ne sais pourquoi je lui parlai de tout cela, si ce n'est peut-être avec l'idée que j'éveillerais sa pitié et qu'elle m'en aimerait davantage. Lorsque j'eus terminé, elle déclara que c'était une bien triste histoire et je regrettai de la lui avoir contée.

Afin de rompre le silence qui s'installa entre nous, je lui demandai si elle s'en retournerait bientôt travailler à la Grande Maison.

« Si la nécessité s'en fait sentir et si j'ai donné satisfaction la fois dernière », répondit-elle.

Je me souvins alors de la petite fille qu'elle était quand je l'observais à l'école, toujours désireuse de plaire à M. Gillies, et je songeai qu'elle n'avait peut-être pas tant changé finalement. Elle me confia ensuite que l'année suivante, quand elle aurait seize ans, elle allait entrer au service d'un négociant de Glasgow. Sa mère lui avait trouvé une place par l'entremise de la gouvernante de la Grande Maison. Flora voulut savoir si j'avais déjà été à Glasgow et je lui répondis qu'en raison de la peur de l'eau qu'éprouvait mon père, je n'avais même jamais été jusqu'à Kyle of Lochalsh. Elle me décrivit avec force détails les grands-rues, les marchés et les hôtels particuliers de la ville. Elle me demanda si je ne comptais pas moi aussi quitter Culduie, et je lui expliquai que mon père avait besoin de moi pour la ferme et que, dans tous les cas, je ne caressais nullement le souhait de partir car Culduie était ma terre natale et celle où je voulais vivre ma vie. Flora me rétorqua que le monde était bien plus vaste que Culduie et que je devais sûrement avoir envie d'en voir un bout. Je me gardai de répondre car, depuis que j'avais fait sa connaissance, je ne désirais rien d'autre que ce qui se trouvait à trois pas de chez moi. Flora me raconta que, lorsqu'elle serait à Glasgow, elle espérait attirer l'œil d'un beau jeune homme qui la choisirait pour épouse. Je lui fis remarquer qu'il y avait sans doute à Culduie bien des jeunes gens rêvant d'en faire autant.

Elle me dévisagea avec une mine grave et intriguée.

« Tu ne parles pas de toi, n'est-ce pas ? » me dit-elle.

J'esquivai son regard, feignant de contempler la mer.

« Si tu ne parlais pas de toi, insista-t-elle d'un ton badin, alors de qui parlais-tu donc ? »

Je me tournai vers elle et, sans réfléchir, avançai brusquement mon visage vers le sien. L'espace d'un instant, mes lèvres lui effleurèrent la joue. Flora se recula vivement et se leva d'un bond.

« Roddy le Noir ! » s'exclama-t-elle.

Puis elle laissa échapper un petit rire nerveux et je ris aussi, comme pour montrer que j'avais voulu lui jouer un tour.

Au bout d'un moment, elle se rassit près de moi. Nous restâmes muets l'un et l'autre. J'étais à deux doigts de m'enfuir en courant et d'éclater en sanglots.

Flora me poussa gentiment du coude en disant que je n'étais qu'un âne qui ne savait rien du monde ; et que, de toute façon, même à Culduie, j'avais déjà le choix entre les six filles de Kenny Tabac. Je ne lui dévoilai pas le fond de ma pensée, ne voulant m'exposer davantage au ridicule.

Sur le chemin du retour, l'idée que Flora avait pour dessein de quitter Culduie me pesa lourdement sur le cœur. Je m'aperçus que, malgré moi, je m'étais imaginé l'avenir avec elle. Je ne saurais dire à quand remontait la première fois que cette pensée m'avait traversé l'esprit, mais il est certain qu'avant notre rencontre dans la grange, je n'avais jamais songé à prendre femme. Ma vie jusque-là s'était déroulée auprès de mon père et de Jetta, et avant de recroiser Flora je n'avais nullement aspiré à quelque autre compagnie. Je m'en voulus alors d'avoir pu me flatter de telles espérances. Je compris qu'aux yeux de Flora je n'étais rien d'autre qu'une amusante distraction qu'elle oublierait sitôt qu'elle aurait posé un pied dans la ville.

Flora dut sentir que j'étais abattu, car elle essaya de faire la conversation sur des sujets futiles et me poussa de l'épaule en riant, mais j'enfonçai les mains dans les poches de ma culotte et m'abstins de toute réaction.

***

Quand vint le jour de la frairie* d'Applecross, aucun d'entre nous n'avait le cœur à s'y rendre, mais Jetta avait tricoté de nombreux châles pour les vendre à la foire et il n'était donc pas question de ne pas y aller. Père refusa de nous accompagner, se contentant d'un grommellement pour me recommander d'éviter les ennuis. Je lui assurai que je n'avais nulle intention de m'attirer des ennuis, et son absence fut en grande partie la cause de notre humeur légère à l'heure du départ.

Les marchandises de Jetta furent empilées dans une charrette à bras et les jumeaux, pour leur plus grande joie, installés par-dessus. D'autres attelages similaires se pressaient sur la route, dans une atmosphère générale de fête et de chants. Jetta reprenait les chansons en chœur pour faire plaisir aux petits et, aux yeux d'une personne extérieure, nous devions à peu près donner l'image d'une famille heureuse. Pour ma part, je demeurais rongé de sentiments mélancoliques au sujet de Flora la Large, mais je résolus de les mettre de côté par égard pour mes frère et sœurs. En approchant de Camusterrach, nous reconnûmes l'Oignon à quelques toises devant nous. Elle avançait si lentement que je fis remarquer qu'elle devait être en route depuis au moins deux jours. Jetta pressa le pas pour la dépasser, puis se pinça le nez en faisant la grimace. Les jumeaux s'époufferent de rire et l'imitèrent. Un peu plus loin, nous retrouvâmes la famille Tabac. Tandis que Jetta conversait à voix basse avec la fille aînée, Carmina Tabac s'enquit de mon père et je l'instruisis qu'il était resté s'occuper de la parcelle. Elle me regarda d'un air sceptique, mais n'en dit pas davantage. Pendant le reste du voyage, je fermai la marche en musardant, sans parler à personne.

La route entre la mer et la rangée de chaumières qui constituent le bourg d'Applecross était embarrassée de tables à tréteaux sur lesquelles étaient présentés fromages, sculptures en bois, pipes, brimborions* en tout genre et articles d'habillement. Jetta trouva une place vers l'extrémité du village et arrangea ses marchandises sur la charrette avant d'aller s'asseoir sur le muret de la digue. Les jumeaux jouaient à ses pieds. Je flânai un moment avec eux, puis retournai me promener vers le centre du bourg. La paroisse au complet semblait s'être entassée dans cette rue étroite. Les femmes avaient revêtu leurs plus beaux habits. Les filles s'étaient fait de jolies coiffures et avaient mis des fleurs à leurs cheveux. Je me demandai si j'allais croiser Flora la Large, tout en étant certain qu'elle ne m'adresserait pas même un regard. Les fermiers se mêlaient aux hôtes de la Grande Maison, qui parlaient fort et montraient grossièrement du doigt les étals de marchandises.

Je me retrouvai par hasard derrière deux gentilshommes fort bien mis dont j'épiai d'une oreille la conversation. Le premier déclara d'une voix tonitruante : « L'on oublie trop souvent qu'il existe encore de tels primitifs dans notre pays. » Son compagnon hocha la tête avec solennité et se demanda tout haut s'il serait possible d'en faire davantage pour nous. Le premier répondit alors qu'il était difficile de venir en aide à des gens aussi incapables de faire quoi que ce soit pour eux-mêmes. Puis ils s'arrêtèrent le temps de boire au goulot d'une flasque et de regarder passer un groupe de filles. Je continuai mon chemin sans m'attarder à écouter leurs commentaires.

Plus loin, je repérai Archibald Ross appuyé devant la porte de l'auberge. Il portait un élégant costume en tweed, la culotte rentrée dans les bas, et des souliers marron. Je l'observai attentivement. Il ressemblait en tout point à un jeune gentilhomme d'une partie de chasse. Bien que je ne fusse qu'à quelques toises de lui, il ne paraissait pas me reconnaître. Je me souvins qu'il s'était écoulé presque une année depuis notre rencontre, et je fis un ou deux pas dans sa direction. Il tenait une pipe dans sa main droite, dont je constatai qu'elle était cette fois-ci bourrée et allumée. Je songeai qu'après mes exploits dans la montagne il ne souhaitait peut-être plus être associé à moi, mais une lueur de réminiscence traversa son regard et il tendit soudain le bras en s'écriant :

« Roddy, vieux gredin ! » Nous échangeâmes une chaleureuse poignée de main. Je fus bien aise qu'il ne semblât pas nourrir de ressentiment à mon égard.

« Je te croyais parti au Canada, depuis le temps, dis-je.

— Au Canada ?

— Rejoindre ton cousin. »

Il fit un geste flamboyant avec sa pipe.

« Il n'y a rien pour nous au Canada ces temps-ci. Les choses sont encore pires là-bas. Et puis maintenant, je travaille pour le ghillie. »

Je le félicitai et remarquai qu'il avait fière allure dans cette tenue. Il agita sa pipe avec ostentation pour écarter mon compliment avant de la replacer entre ses lèvres et d'en aspirer une goulée avide. À cet instant, je regrettai amèrement de ne pas en avoir une moi aussi. Il me prit alors par le bras et m'entraîna à l'intérieur de l'auberge. Je jetai un coup d'œil par-dessus mon épaule, craignant qu'un de nos voisins ne me vît y entrer. Jamais jusqu'alors je n'y avais mis les pieds. Mon père considérait cet endroit comme un lieu de perdition et affirmait régulièrement que ceux qui le fréquentaient étaient voués aux flammes éternelles. Dedans, un grand nombre d'hommes en bras de chemise étaient massés les uns contre les autres et s'interpellaient dans un concert de joyeux braillements. Archibald réussit à nous frayer un passage jusqu'à une minuscule table dans un coin sur laquelle une robuste femme vêtue d'une robe à carreaux déposait justement deux chopes en grès. Archibald en attrapa une et, la cognant bruyamment contre l'autre, s'exclama : « À la santé des ceusses qui nous aiment ! »

Je soulevai ma chope, dont le poids me surprit à tel point que je manquai de la lâcher, et répétai sa formule. Puis nous bûmes. La bière avait un goût exécrable et, si j'avais été seul, je l'aurais recrachée sur-le-champ. Archibald avala une longue deuxième gorgée et me donna un coup de coude dans les côtes pour m'inciter à en faire autant.

« Quel plaisir de te revoir, l'ami, déclara-t-il. Toujours un sacré phénomène, on dirait ! »

J'étais tellement ravi d'être en aussi distinguée compagnie que je portai de nouveau la chope à mes lèvres et en avalai la moitié d'un trait. Je me demandais ce que mon père penserait de moi s'il me savait dans pareil endroit, mais au premier instant où la bière atteignit mon estomac, je n'en eus plus cure. Sur notre gauche, deux grands gaillards se tenaient par les épaules et chantaient avec entrain :

Quand on était dans le Coille Mhùiridh
C'étaient pas les gens des Lowlands qui nous tiraient du lit,
Mais les meuglements des faons et les rugissements des cerfs
Et au printemps la mélodie du coucou.

Bientôt toute l'assemblée se joignit à eux. Archibald se leva et se mit à beugler en chœur d'une voix dissonante :

Ah, qu'il est beau mon pays,
La vaste campagne éclatante et giboyeuse,
Les chevreuils tapis dans le moindre vallon,
La biche et le daim, la grouse et le saumon.

C'est alors que les deux hommes qui titubaient à ma gauche s'écroulèrent sur mes genoux, renversant le reste de ma bière. Archibald les repoussa sans ménagement et appela la tenancière afin qu'elle nous en apportât deux autres. La fin de la chanson se perdit dans une mêlée de corps enchevêtrés et de rires. Deux nouvelles chopes nous furent diligemment servies et Archibald se rassit en face de moi avec une expression fort satisfaite.

« Eh bien, monsieur Macrae, à nous et aux ceusses qui nous aiment !

— Aux ceusses qui nous aiment ! » répétai-je.

Cette deuxième bière avait bien meilleur goût que la précédente, et j'en conclus que la première devait être frelatée. Archibald m'expliqua alors qu'à la fin de la saison passée le ghillie avait proposé de le prendre comme apprenti, et qu'il était désormais logé dans une dépendance de la Grande Maison. Il gagnait un shilling par jour, et davantage quand il faisait des commissions pour les hôtes de Lord Middleton. Cela me paraissait une fortune considérable, et je le lui dis.

« Je pourrais m'enquérir d'une place pour toi, répondit-il, mais je crains que tu n'aies pas laissé un très bon souvenir au ghillie. »

Sur quoi il se mit à agiter les bras et à pousser de grands cris dans une imitation du spectacle que j'avais donné sur la montagne. Il riait à gorge déployée, mais il dut s'apercevoir que j'avais l'air penaud car il cessa bientôt de s'esclaffer et s'informa de mes projets pour l'avenir. Je lui répondis que je travaillais sur les routes ainsi qu'à la ferme de mon père et que je m'en trouvais fort aise. Archibald adopta une mine grave et me demanda si c'était là l'étendue de mon ambition. Ne voulant le décevoir, je lui dis que c'était un simple arrangement à court terme et qu'après avoir amassé suffisamment d'épargnes j'entendais partir tenter l'aventure à Glasgow. Archibald acquiesça d'un air approbateur à cette menterie.

« Je crois savoir qu'il y a là-bas de grandes opportunités pour un homme d'ambition », dit-il.

Je me contentai de hocher la tête en me félicitant qu'il ne me questionnât pas plus avant, et il cria pour commander deux autres bières. Nous étions désormais d'humeur fort enjouée et il se prit à me raconter toutes sortes d'anecdotes sur les gentilshommes qui visitaient le domaine, singeant leurs façons et leur langage avec grand talent. Le ghillie, me dit-il, était bien moins redoutable qu'il n'en donnait l'impression au premier abord, et invitait souvent Archibald à venir passer la soirée dans son pavillon, où ils s'installaient devant l'âtre pour fumer la pipe en se remémorant les péripéties de la journée. Quand il n'y avait pas de partie de chasse, le ghillie enseignait à Archibald l'art de l'approche, de sorte qu'il était désormais capable, en inspectant les brins d'herbe cassés ou les désordres de la bruyère invisibles à un œil non aguerri, de savoir si des cerfs se trouvaient à proximité et dans quelle direction ils progressaient. Archibald se flattait de connaître à présent les monts et les vallons mieux que l'intérieur de son propre logis, et je dois avouer que j'étais fort envieux de sa nouvelle condition. Il entreprit de rebourrer sa pipe et s'étonna de ce que je n'en eusse pas. Je lui rétorquai que je gardais tout mon argent en vue de mon départ à Glasgow et que je n'avais pas envie de le dilapider pour du tabac. Archibald émit l'opinion que de telles habitudes feraient de moi un homme fortuné. L'espace d'un instant, je m'imaginai en riche négociant, assis devant l'âtre d'un majestueux hôtel particulier, Flora penchée sur sa couture à mes côtés.

Je ne saurais dire combien de temps nous restâmes à l'auberge, ni combien de chopes de bière nous y bûmes, mais à un moment toute cette populace se déversa dans la rue. L'heure était venue du grand événement de la journée : la partie de shinty* entre les paroisses d'Applecross et de la Pointe. Archibald régla notre note, ce qui était heureux dans la mesure où je n'avais moi-même pas d'argent. Il balaya d'un geste mes remerciements, arguant que puisqu'il m'avait invité à partager un verre, il aurait été un goujat de me le laisser payer.

Les effets de la bière rendaient ma démarche quelque peu vacillante, mais je n'en éprouvais nulle honte. Je descendis la rue d'un pas tranquille, ballotté par la foule, m'attirant les regards dédaigneux des passants. Archibald me passa un bras autour du cou et nous continuâmes à déambuler ainsi, saluant en ôtant notre casquette à qui mieux mieux et en nous prenant pour la plus aimable des compagnies. Vers l'extrémité de la rue, nous arrivâmes à l'endroit où Jetta avait déballé sa marchandise. Elle parut horrifiée par mon évidente ébriété.

« J'espère, pour ton bien, que Père ne saura rien de ton état », dit-elle à voix basse.

Ignorant sa remarque, je lui répondis en désignant mon compagnon : « J'ai l'honneur de te présenter mon ami, M. Archibald Ross. »

Archibald se prosterna dans une courbette élaborée.

« Enchanté de faire votre connaissance, mademoiselle Macrae, dit-il. Il ne saurait y avoir plus ravissante jeune fille dans la paroisse. »

Sur quoi il lui saisit la main, qu'elle ne lui avait point tendue, et y déposa un baiser. Elle le dévisagea avec stupéfaction, sans doute en se demandant comment son frère pouvait bien compter parmi ses fréquentations un jeune homme aussi raffiné. Archibald se recula d'un pas afin d'inspecter l'étalage de Jetta. Il affecta un air de connaisseur, tâtant les châles entre ses doigts et marmonnant d'un ton admiratif. Jetta sembla flattée par cette attention et nous confia qu'à peine dix minutes plus tôt, elle en avait vendu un à une dame de la Grande Maison pour le prix d'un shilling.

« Un shilling ! s'exclama Archibald. Mais c'est brader votre excellent travail, ma chère. »

Il déclara alors qu'il souhaitait acheter pour sa mère le châle qu'il avait dans les mains, et en offrit deux shillings à ma sœur. Jetta en fut grandement réjouie et le remercia avec effusion. Tandis qu'Archibald commençait à s'éloigner, elle me glissa un shilling en me chuchotant de ne pas dire un mot de ses ventes à notre père. Je cachai la pièce dans ma poche et rattrapai Archibald dans la foule, ravi de savoir que je pourrais plus tard l'inviter à retourner boire de la bière à l'auberge. Nous poursuivîmes notre chemin, quittant le village pour nous diriger vers la Grande Maison, où devait avoir lieu la partie de shinty.

« Ta sœur est très jolie, mais elle s'habille comme une vieille mégère, me fit remarquer Archibald d'un ton affable. Jamais elle ne trouvera de mari, accoutrée de façon aussi rebutante. Quand un homme voit une fille emmaillotée dans de la toile à sac, il a toutes les raisons de penser qu'elle cherche à cacher ce qu'il y a dessous, ha ha ha ! »

Il dessina dans l'air son moulinet habituel avec sa pipe, dont j'avais désormais compris qu'il servait à signifier l'irréfutabilité de la déclaration qu'il accompagnait. Et j'étais bien forcé d'admettre qu'il y avait quelque vérité dans ses paroles. Si j'observais Jetta avec un œil impartial, elle présentait en effet une allure déplorable. Comme pour rendre ce constat encore plus criant, il y avait tout autour abondance de jolies filles vêtues de robes élégantes, les cheveux soigneusement relevés par des épingles de sorte qu'on pouvait voir la peau lisse et pâle de leur cou.

Archibald roula alors en boule le châle qu'il venait d'acheter et le fourra dans un buisson. Effaré, je lui demandai pourquoi il avait fait cela. Il haussa les épaules et se tourna vers moi avec un grand sourire.

« L'ami, je ne donnerais même pas un chiffon pareil à mon chien pour qu'il dorme dessus. Je l'ai acheté à ta sœur uniquement pour qu'elle puisse avoir de quoi s'offrir un costume moins sinistre. »

Je songeai au nombre d'heures qu'il avait fallu à Jetta pour tricoter ce châle et me sentis profondément blessé par la rudesse de mon camarade. Craignant qu'elle ne retrouvât plus tard le fruit de son travail jeté dans les buissons, je retournai le récupérer en courant. Il s'était accroché dans les épines et je mis un moment à l'en extirper. Le châle était fichu, mais je le repliai avec autant de soin que possible et le coinçai à l'intérieur de ma veste. Archibald m'observait de loin avec un air amusé.

« Et que vas-tu en faire, maintenant ? me lança-t-il lorsque je le rattrapai. Il est tout déchiré. »

Je n'étais guère porté à lui répondre. Nous continuâmes quelques minutes en silence. La partie de shinty, organisée sur instruction du laird, devait avoir lieu sur un terrain tracé à la sciure devant la Grande Maison. Les spectateurs avaient commencé à se masser sur les bords. Après quelques instants, mon ressentiment envers Archibald finit par se dissiper. Il dut le percevoir, car il se remit à parler d'un ton plein d'assurance.

« Pour ma part, je n'ai pas l'intention de prendre femme avant plusieurs années. Pourquoi des jeunes gens comme nous autres devraient-ils se contenter d'un seul plat quand il y en a tant à goûter ? dit-il en lançant des regards en direction d'un groupe de filles. Si ta sœur dépense son argent de façon judicieuse, je suis disposé à l'emmener faire un tour derrière l'auberge. Après les deux shillings que je lui ai payé, nul doute qu'elle se sentira quelque peu redevable à mon égard. »

Il me donna un petit coup de coude dans les côtes et, n'ayant qu'une très vague idée de ce qu'il voulait dire, j'acquiesçai d'un simple hochement de tête. Les invités de Lord Middleton étaient installés sur des chaises disposées à une extrémité du terrain. Cette zone leur étant clairement réservée, les villageois se répartissaient le long des trois côtés restants. Un chapiteau avait été dressé autour duquel, en attendant le début de la partie, la plupart des hommes se pressaient. Archibald m'entraîna à l'intérieur, où il acheta deux godets de whisky. Nous trinquâmes et les bûmes d'une haleine et, quand le liquide se répandit dans mon estomac, j'avais tout à fait oublié l'incident du châle. Les équipes arrivèrent alors sur le terrain et nous ressortîmes nous frayer un chemin dans la foule, qui se serrait de façon si compacte le long des bords que les lignes de sciure étaient désormais superflues. Des cris fusaient de toute part.

Naturellement, Lachlan le Large avait pris la tête de l'équipe de la Pointe, donnant de grandes tapes dans le dos de ses camarades afin d'attiser leur fougue. Sa silhouette dessinait une masse imposante tandis qu'il s'avançait solennellement vers le centre du terrain, torse bombé, sa crosse posée sur l'épaule telle une hache. Le reste de notre équipe, à l'exception de Kenny Tabac, formait une piètre troupe débraillée, dont la plupart des membres donnaient l'impression qu'ils auraient ardemment préféré être ailleurs. Enfant déjà, je détestais tous les sports, et parmi eux le shinty me semble un spectacle particulièrement grotesque et violent. À l'école, je me tenais toujours sur le bord du terrain et courais dans la direction inverse si d'aventure la balle venait vers moi. Malgré la pénurie de jeunes gens en bonne condition physique dans notre paroisse, mon incompétence était telle que je ne fus jamais enrôlé pour participer à aucune de ces rencontres.

La partie commença dans un fracas de crosses qui s'entrechoquèrent au centre du terrain. Deux hommes s'écroulèrent dès les premières secondes et durent être évacués alors que le jeu faisait rage autour d'eux. Lachlan le Large réussit à s'emparer de la balle et la propulsa d'un coup puissant en direction des buts d'Apple-cross. Après quoi il traversa la pelouse à grandes enjambées pour admonester Dunkie Gregor, lequel avait à peine douze ans, car il n'avait pas réceptionné sa passe. Pendant ce temps, la balle fut relancée vers l'autre côté du terrain et, dans un craquement retentissant de crosses et d'os, finit sa course entre les poteaux du but. Lachlan le Large, sous les risées du public, précipita Dunkie Gregor à terre et courut aussitôt réprimander le reste de son équipe. Les joueurs d'Applecross célébrèrent leur point en buvant de grandes lampées de whisky dans un quaich* en bois derrière le but. Plus la partie se prolongeait, plus la violence se déchaînait, les spectateurs exhortant leur équipe à massacrer l'adversaire. Les gentilshommes assis à l'autre bout du terrain semblaient trouver ce spectacle des plus réjouissants et encourageaient les combattants avec enthousiasme. Archibald aussi applaudissait chaque nouvel assaut avec une ferveur croissante. L'exaltation de la foule atteignit des sommets lorsqu'une vieille femme prit un grand coup de crosse sur le crâne et perdit connaissance. À la fin, la balle fut tout à fait oubliée et, tandis que le public avait resserré son cercle vers le centre du terrain, les joueurs se mirent à se rouer de coups sur la tête et les jambes. Après quoi, sans préavis, la bataille s'arrêta subitement et chaque camp proclama son équipe victorieuse. Les joueurs blessés sortirent du terrain en prenant appui sur les épaules des autres et en se passant des flasques de whisky. Archibald et moi suivîmes le mouvement, mon ami se remémorant avec ravissement les actions les plus brutales. Je ne sais comment, mais un quaich se retrouva entre nos mains et nous y bûmes goulûment. La foule commença bientôt à tourbillonner autour de moi et je proposai à Archibald de nous en retourner à l'auberge. Il insista cependant pour que l'on restât un moment près du chapiteau, car les filles des villages étaient là et, disait-il, nous pourrions tenter notre chance auprès d'elles.

Après avoir réussi à s'introduire sous la tente et à y acheter de la bière, Archibald se mit à guigner les filles qui se tenaient un peu à l'écart de la dense cohue des hommes, penchées les unes vers les autres pour se murmurer des choses à l'oreille, le visage rougi par l'excitation du spectacle. C'est à cet instant que je repérai Flora la Large, qui s'était attardée en bordure du terrain de shinty. Elle était en compagnie d'une autre fille que je ne connaissais pas et semblait en grande conversation avec deux jeunes gentilshommes. Je remarquai avec déplaisir la façon dont elle levait avidement la tête vers ces deux soupirants. Les doigts de sa main droite jouaient continuellement avec une mèche de ses cheveux, qu'elle avait joliment arrangés pour l'occasion. N'étant guère pressé de la croiser, je voulus entraîner Archibald plus avant dans la foule, mais il était déjà parti en direction d'un groupe de demoiselles et, comme elles se trouvaient à l'opposé de là où se tenait Flora, je lui emboîtai volontiers le pas. J'eus cependant quelque peine à mettre un pied devant l'autre et, le temps de le rejoindre, Archibald avait déjà abordé les jeunes femmes, toutes trois vêtues de robes blanches brodées. Il me présenta à elles dans les termes les plus flatteurs. J'ôtai ma casquette et m'essayai à une sorte de révérence qui eut pour seul effet de les faire s'épouffer de rire.

« Et pourquoi n'avez-vous pas pris part à la rencontre ? » demanda la plus grande des trois.

Archibald agita sa pipe en l'air.

« Nous sommes de ceux qui préfèrent vaincre leurs adversaires par des traits d'esprit plutôt que des gourdins », déclara-t-il avant de me donner un petit coup dans les côtes, sans doute pour m'inviter à corroborer cette affirmation par le biais de quelque astucieuse remarque, mais je ne parvins qu'à leur décocher un sourire idiot.

Archibald ne se laissa pas décourager pour autant et poursuivit en informant notre auditoire que je serais bientôt à la tête d'une immense fortune en tant que négociant de Glasgow.

« Mais n'est-ce pas là le fils du Noir Macrae ? demanda la grande en pointant vers moi un doigt accusateur.

— En effet, c'est un Noir Macrae, mais je tiens à vous faire connaître que nous ne sommes ni l'un ni l'autre esclave de la réputation que se sont attirée nos aïeux », répliqua pompeusement Archibald.

Bien que ressentant la nécessité de participer en quelque manière à la discussion, je ne fus capable que de gesticuler des mains tout en vacillant dangereusement en direction des filles, de sorte qu'Archibald dut me rattraper par le coude pour m'empêcher de leur tomber dessus.

Il leur proposa alors de les emmener faire un tour du domaine car, disait-il, il était difficile de converser au milieu de cette meute d'ivrognes. Les filles refusèrent et, après une brève courbette, Archibald me prit par le bras et nous nous éloignâmes. Il ne paraissait nullement refroidi par cette rebuffade, arguant au contraire que j'avais simplement besoin d'un peu plus de bière afin de me délier la langue et de contrer les effets du whisky. De retour sous le chapiteau, une chope de bière à la main, je confiai à Archibald qu'aucune de ces filles ne m'intéressait, car mon cœur était pris par une autre. Il voulut savoir laquelle et je lui contai en partie ce qui s'était passé entre Flora la Large et moi. Lorsque j'eus terminé, Archibald téta sa pipe quelques instants comme s'il réfléchissait sérieusement à ma situation. Puis il m'agrippa par le col et m'attira à lui.

« Si je puis me permettre un conseil, dit-il, ne vaudrait-il pas mieux que, lors de ton départ pour Glasgow, tu ne sois point entravé par aucune attache ? Tu auras tôt fait d'oublier cette fille quand tu seras entouré de toutes les merveilles que la ville aura à t'offrir. »

Je lui rétorquai que je ne pouvais l'oublier et n'en avais d'ailleurs pas le désir.

Archibald hocha lentement la tête. Puis, comme s'il était soudain parvenu à une décision, il brandit sa pipe en l'air et déclara : « Dans ce cas, tu dois t'ouvrir à elle de tes sentiments. »

Je lui rapportai alors la conversation que nous avions eue à la pointe d'Aird-Dubh, omettant les détails les plus humiliants.

« Si tes sentiments sont aussi profonds que tu le laisses entendre, reprit Archibald en m'enlaçant le cou, il te faut lui déclarer ta flamme. Alors au moins tu sauras précisément à quoi t'en tenir. Dans tous les cas, tu ne devrais pas te laisser abattre si facilement. Il n'est pas rare qu'une fille repousse les avances d'un garçon, mais de tels refus ne sont pas à prendre au pied de la lettre. Il faut au contraire voir comme une mesure de l'estime qu'elle te porte le fait qu'elle ne t'ait pas cédé à la première occasion. Elle ne fait là que mettre ta détermination à l'épreuve. Tu as déjà observé un coq dans une basse-cour, je suppose. Il est condamné à faire étalage des plumes de sa queue. Une jeune femme n'est pas différente d'une poule, elle a besoin qu'on la séduise. Tu dois te pavaner un peu devant elle, Roderick. »

Il se mit alors à imiter un coq, battant des coudes comme de deux ailes et jetant la tête en arrière pour pousser des cocoricos. Certains des hommes autour de nous interrompirent leur beuverie pour le regarder. Quand il eut fini sa démonstration, il secoua un doigt sous mon nez.

« Préfères-tu être le coq ou le cocu ? » conclut-il, visiblement fier de sa maxime.

Je lui expliquai alors que, même à supposer que Flora partageât mes sentiments, il existait une vive animosité entre nos deux familles et que son père ne consentirait jamais à notre union.

« Il me semble, commenta Archibald, qu'à force de t'ériger des obstacles dans la tête, tu t'es quasiment déclaré vaincu avant même d'avoir essayé. »

Il me donna alors une grande tape sur le front en me recommandant de moins faire usage de ce que j'avais entre les oreilles et davantage de ce que j'avais entre les jambes. À cet instant précis, je vis par-dessus l'épaule de mon camarade que Flora avait abandonné ses admirateurs et se promenait bras dessus bras dessous avec son amie autour du terrain de shinty, à présent désert. Comme je restais sans réaction à ses conseils, Archibald dut remarquer l'hébétude passagère qui s'était emparée de moi.

« Je devine à la coloration de tes joues que tu viens d'apercevoir la demoiselle en question, dit-il en pointant le bec de sa pipe dans la direction des deux promeneuses. Allons résoudre ce problème une bonne fois pour toutes. »

Je n'avais nul désir de résoudre quelque problème que ce fût et regrettai amèrement d'avoir ouvert mon cœur à Archibald, mais ce dernier s'était déjà mis en marche, le bras toujours fermement agrippé à mon cou. Comme nous approchions des deux filles, j'objectai que je ne pensais pas être en état de soutenir une conversation sérieuse.

Archibald écarta d'un geste mes protestations.

« Bien au contraire, dit-il. Si tu en es là, c'est précisément faute d'avoir su t'exprimer assez clairement. Que ta langue soit maintenant déliée par la bière est une bonne chose. »

Nous traversâmes le terrain par le milieu, de telle façon que, quand Flora et son amie en tourneraient le coin, notre rencontre paraîtrait tout à fait fortuite. Elles étaient si absorbées dans leur conversation qu'elles ne remarquèrent pas notre présence avant de se trouver à quelques toises de nous. Dès lors, à moins de s'enfuir en courant, il leur était parfaitement impossible de nous éviter. Archibald se mit à discourir bruyamment sur la magnificence du paysage et notre petitesse à l'intérieur d'icelui, feignant la plus grande surprise lorsque nous manquâmes d'entrer en collision avec notre proie.

« Bonjour, Roddy », dit Flora.

Elle ne semblait pas troublée le moins du monde par notre apparition et je sentis subitement que tout n'était peut-être pas perdu entre nous, et qu'à me voir en compagnie d'un jeune homme aussi distingué qu'Archibald Ross, elle pourrait réviser son opinion de moi.

Archibald fit mine d'être étonné que Flora et moi nous connussions et me pria de la lui présenter. Après quoi Flora nous présenta également son amie, qui se nommait Ishbel Farquhar. Archibald se fendit de la même révérence maniérée que devant ma sœur et déclara que, s'il avait su qu'il poussait d'aussi jolies fleurs à Culduie, il y aurait élu domicile depuis fort longtemps. Les deux filles échangèrent un regard par lequel elles se transmirent je ne sais quelle pensée secrète. Mon ami leur demanda alors si nous pouvions les accompagner dans leur promenade et elles n'y objectèrent point. Ayant expliqué sa position auprès du ghillie, Archibald profita du tour de la propriété pour nous faire remarquer quelques détails de la maison et nous décrire en des termes drolatiques certains aspects de la vie qui s'y déroulait. Flora raconta à son tour qu'au cours des mois d'été sa mère travaillait aux cuisines et qu'elle-même avait eu l'occasion d'être employée ici. Je fus contrarié que Flora témoignât ainsi d'un lien entre son existence et celle d'Archibald. Tous les deux se prirent alors à discuter de divers membres de la maisonnée, et Flora parut fort amusée par les descriptions et les anecdotes de mon ami. Ishbel et moi suivions en silence et, plus Flora riotait aux paroles d'Archibald, plus mon humeur s'assombrissait. Alors que nous atteignions l'extrémité du terrain, Archibald interrompit son soliloque et nous suggéra de continuer jusqu'au ruisseau qui, d'après lui, était particulièrement pittoresque à cette époque de l'année. Les deux filles acquiescèrent et nous reprîmes notre marche en direction du bois qui longeait la rivière, passant devant plusieurs dépendances. Archibald demanda alors depuis combien de temps Flora et moi nous connaissions. Elle répondit que nous étions voisins depuis toujours, mais qu'en raison de ma nature solitaire, ce n'était que ces derniers mois qu'elle m'avait découvert. Archibald fit observer que j'étais un sacré phénomène et que, si bien des jeunes gens se délectaient du son de leur propre voix, j'étais quant à moi un garçon des plus pensifs. Il ajouta qu'il était fort regrettable que Flora et moi n'eussions pas eu l'occasion de mieux nous connaître avant mon départ imminent pour Glasgow. Flora manifesta quelque surprise à cette remarque.

« Je croyais que tu devais aider ton père à la ferme, dit-elle.

— J'ai changé d'avis dernièrement », marmonnai-je.

Flora me dévisagea d'un air soupçonneux.

« Et qu'entends-tu faire à Glasgow ? » s'enquit-elle.

Archibald répondit à ma place : « Les possibilités là-bas sont sans fin pour un garçon entreprenant comme Roddy. »

À ces mots, Flora et Ishbel s'échangèrent un coup d'œil et s'épouffèrent de rire. Nous arrivâmes devant le pont de pierre qui franchissait le ruisseau. Les rayons du soleil filtraient à travers les feuillages et scintillaient sur l'eau. Nous nous arrêtâmes spontanément et restâmes un moment sur le sentier à nous regarder les uns les autres sans rien dire. Puis, brusquement, Archibald prit Ishbel par le bras et l'entraîna sur le pont en déclarant vouloir lui montrer quelque chose. Ils se penchèrent par-dessus le parapet, leurs corps se touchant presque, et Archibald lui désigna un point dans l'eau en lui parlant à voix basse. Flora et moi nous retrouvâmes face à face. J'étais horriblement mal à l'aise et conscient de mon état d'ébriété. Dans le dos de Flora, je vis alors Archibald me lancer un regard et, d'un mouvement de tête, m'encourager à l'action.

Je demandai à Flora s'il lui siérait de marcher un peu plus loin en ma compagnie. Elle ne s'y opposa point et nous enfilâmes le sentier le long du ruisseau. Au bout de quelques toises, je ne pus résister à la tentation de me retourner pour jeter un coup d'œil à Archibald, qui était désormais penché si près d'Ishbel qu'il semblait avoir les lèvres posées sur son cou. Flora aussi se retourna, comme si elle ne voulait pas perdre son amie de vue. Bien que ce ne fût pas la première fois que nous étions seuls tous les deux, il y avait à présent entre elle et moi une tension qui n'était jamais apparue jusque-là. Je pensais que Flora allait faire quelque commentaire, mais elle resta coite et, ne sachant que dire, je laissai le silence s'épaissir entre nous. Le sentier était étroit et nous étions contraints de marcher si proches l'un de l'autre que je sentais sa manche m'effleurer le bras. Me remémorant les conseils d'Archibald, je dis à Flora que sa robe lui allait à ravir. Nous arrivâmes alors à un endroit où le sentier s'inclinait en une pente boueuse, et Flora en profita pour suggérer de faire demi-tour.

Je lui proposai à la place de nous asseoir un moment. Il y avait au bord du ruisseau un gros rocher qui nous servit de banc. Ne souhaitant pas que le silence s'installât derechef, je racontai à Flora qu'Archibald et moi étions passés par l'auberge un peu plus tôt et que nous y avions partagé quelques chopes de bière.

« Je vois bien que tu as bu, me rétorqua Flora, et j'imagine sans peine ce que fera ton père quand il le découvrira. »

Je lui répondis que mon père n'avait pas besoin de l'apprendre et que, dans tous les cas, c'était bien le prix à payer pour passer du temps en aussi gracieuse société que celle d'Archibald Ross.

Flora déclara alors qu'elle ne l'aimait guère et qu'elle ne trouvait pas que ce fût un ami convenable pour moi. Je fus mortifié d'entendre cela sur le compte de mon camarade, mais je n'en dis rien et nous retombâmes dans le silence. Flora sentit peut-être qu'elle m'avait blessé, car ce fut elle qui finit par prendre la parole.

« Ainsi donc, tu as changé d'avis ? me demanda-t-elle, revenant à notre conversation précédente. Je te croyais pourtant marié avec Culduie. »

J'ignore si c'est l'usage du mot « marié » qui me délia la langue, mais je me lançai alors de façon tout à fait impulsive dans une déclaration de mes sentiments pour elle.

« Ce n'est pas avec Culduie que j'aspire à me marier, mais avec toi, dis-je. Je serais prêt à partir à Glasgow, au Canada ou n'importe où ailleurs pour être auprès de toi. »

Elle parut grandement décontenancée. Le rouge m'était monté aux joues et je regrettai aussitôt de m'être ainsi dévoilé.

« Roddy, répondit-elle, je suis sûre que d'ici à quelques années tu auras trouvé une femme, mais ce ne sera pas moi. »

Mes yeux s'emplirent de larmes et, pour que Flora ne s'en aperçût point, je la saisis par les épaules et enfouis mon visage dans ses cheveux. L'espace d'un instant, je sentis la peau de son cou contre mes lèvres et je respirai son odeur. Une sensation de picotement me parcourut le bas-ventre. Flora me planta son coude dans la poitrine et me repoussa avec une certaine violence. Puis elle me gifla et, sous l'effet du choc, je glissai du rocher et atterris le derrière dans la mousse. Flora se leva d'un bond et s'enfuit en courant à travers les arbres. Je restai assis là un moment, la main collée sur la joue. Puis je finis par me redresser, essuyer mes larmes avec la manche de ma chemise et faire demi-tour sur le sentier. Archibald m'attendait près du pont en fumant sa pipe. À mon grand soulagement, Flora et Ishbel n'étaient plus là.

Alors que j'étais terriblement abattu par ce qui venait de se produire, Archibald semblait s'en amuser. Sur tout le chemin du retour jusqu'au village, il ne cessa de ressasser l'incident en y ajoutant chaque fois des enjolivements plus élaborés, si bien que je m'en voulus de m'être confié à lui. Je gardai les yeux fixés sur le sol. Flora avait raison, je n'étais rien qu'un imbécile. Archibald dut s'apercevoir que j'étais démoralisé, car il interrompit son badinage et me passa un bras autour du cou.

« Allez, l'ami, dit-il. Il vaut bien mieux pour toi que tu t'en ailles à Glasgow sans entrave. »

Je n'étais point d'humeur à écouter ses commisérations, non seulement parce que ses paroles me paraissaient bien creuses, mais aussi parce que j'avais le sentiment qu'il avait joué un rôle tout à fait délibéré dans mon éconduite. Je tentai de me dégager de son accolade, mais il me tenait fermement. Les larmes me piquaient les yeux. Archibald s'arrêta soudain et nous nous trouvâmes face à face. Je détournai la tête, m'attendant à essuyer ses railleries, mais il m'adressa au contraire une série d'excuses pour son manque de sensibilité envers ce qu'il appelait mes « sentiments profonds ». J'en fus quelque peu apaisé et séchai mes larmes d'un revers de main.

« Ce qu'il te faut, mon vieux, conclut-il en me donnant une grande tape dans le dos, c'est un bon cruchon de bière. »

Je lui répondis par un sourire forcé et nous nous remîmes en route en direction de l'auberge. Je sortis de ma poche le shilling que Jetta m'avait donné et le lui montrai.

« Nous allons nous saouler comme des lords », déclara Archibald.

L'auberge était encore plus remplie qu'avant, mais Archibald se faufila aisément dans la foule, me tirant après lui par la manche de ma veste. Un violoniste et un accordéoniste jouaient des quadrilles dans un coin. Bientôt, nous fûmes installés à une table avec une chope dans la main et je me sentis considérablement ragaillardi.

« Aux ceusses qui nous aiment ! » clama Archibald.

Tous les hommes autour de nous levèrent leur chope en répétant sa phrase et j'éprouvai une grande fierté à me trouver en compagnie d'un tel personnage. Je regrettai de lui avoir dit que j'allais partir à Glasgow, car j'aurais voulu demeurer son ami et le rejoindre tous les soirs à l'auberge pour absorber de fameuses quantités de bière. Nous ne tardâmes guère à chanter à tue-tête tout en vidant nos chopes à grandes lampées. J'ignorais le prix d'une pinte et ne savais pas si mon shilling suffirait à couvrir la dépense, mais j'étais alors indifférent à ce genre de considérations. Archibald se jucha sur une chaise pour faire chanter en chœur toute l'assemblée et fut chaudement applaudi. Un flot constant de chopes nous arrivait entre les mains et je ressentis un vif élan de sympathie envers mes semblables. L'incident avec Flora et les misères de ma famille étaient tout à fait oubliés. J'avais découvert la camaraderie des hommes. Afin de manifester ma bonne humeur, je grimpai sur une table et me renversai une chope de bière sur la tête. Puis je commençai à me trémousser au son du violon, levant les bras en l'air et tournoyant telle une toupie. Les hommes autour de moi se mirent à frapper du pied et à battre le rythme sur les tables jusqu'à ce que j'en vinsse à perdre l'équilibre et à dégringoler par terre. Je me relevai dans un concert de hourras et continuai ma gigue. C'est à ce moment que je vis en face de moi Lachlan le Large entouré de plusieurs membres de son clan. Je me sentis brusquement ridicule et cessai sur-le-champ mes pirouettes. Les battements de pieds qui m'avaient accompagné diminuèrent progressivement. Des voix jaillirent pour me crier de continuer, mais l'envie m'était passée de me donner en spectacle. Ma chemise était trempée de bière et mes cheveux aplatis sur mon crâne.

Lachlan le Large fit un seul pas dans ma direction.

« Allons, Roddy le Noir, ne t'arrête surtout pas pour moi. »

Il réclama un nouveau morceau aux musiciens. Les hommes autour de nous tapaient dans leurs mains pour m'inviter à recommencer, mais je restai figé sur place. Lachlan le Large attrapa un cruchon de bière que tenait un de ses acolytes et, dans un tonnerre d'applaudissements, me le jeta au visage.

« Danse, gamin ! » hurla-t-il.

Derrière lui, Aeneas Mackenzie se mit à battre la cadence de sa semelle avec des grognements de cochon tandis que Lachlan le Large attisait la frénésie générale à grands moulinets des bras. Je m'élançai vers lui et fus accueilli par sa paume tendue qui me repoussa brutalement en arrière. J'atterris sur les fesses, au milieu d'une forêt de jambes. Des bras me remirent debout et me propulsèrent de nouveau vers le Large. Cette fois il me reçut par une gourmade* en pleine figure. Je m'effondrai au sol avant de me relever et de me jeter aussitôt sur lui. Autour de moi résonnaient des rugissements d'encouragement et de rire. Le constable me décocha un coup dans le ventre et, comme je basculais vers lui, il me planta sa botte entre les jambes. J'en eus le souffle coupé et restai allongé à terre, peinant à respirer. Archibald voulut venir à mon secours, mais Lachlan le Large l'écarta violemment. Après quoi il s'agenouilla près de moi et me murmura à l'oreille : « J'aurai chassé ton père de sa ferme avant la fin de l'année, sale pouilleux d'Irlandais. »

Puis il me hissa sur mes pieds et, m'attrapant par les revers de ma veste, me projeta de toutes ses forces à l'autre bout de la salle. Je tombai à la renverse sur une table, faisant voler de la bière dans toutes les directions. Quelqu'un me redressa et je m'attendais à un nouvel assaut de Lachlan le Large, mais il s'était visiblement assez diverti et se retourna vers le petit groupe de ses affidés, qui trinquèrent bruyamment en l'honneur du clan Mackenzie avant de vider leurs chopes.

Je me réveillai le lendemain matin dans un fossé au bord de la route, à proximité d'Applecross. Mes habits étaient détrempés et une douleur lancinante battait à mes tempes. Je demeurai là un moment, sans pouvoir me remémorer de la soirée davantage que ce que je viens d'en relater. Un corbeau m'observait depuis l'accotement.

« Qu'attends-tu ? demandai-je.

— Je songeais à faire collation de tes yeux, répondit-il.

— Désolé de te décevoir », répliquai-je.

Je rampai tant bien que mal hors du fossé et me redressai une fois sur la route. Le corbeau suivait attentivement mes progrès, comme s'il n'avait pas tout à fait renoncé à son festin. Je lui lançai une de mes bottes et il s'éleva de quelques battements d'ailes avant de se reposer au même endroit. Il devait être encore très tôt car une épaisse couche de rosée restait accrochée sur l'herbe et il n'y avait pas un seul bruit dans l'air. Je me mis en marche vers Culduie. Je me moquais bien de l'accueil que j'y recevrais. Il ne faisait pas froid, mais à cause de mes vêtements mouillés je tremblais de la tête aux pieds. À mesure que les événements de la veille me revinrent à l'esprit, je ressentis une terrible honte et résolus d'accepter sans protestation quelque châtiment que déciderait de m'infliger mon père. Je ne croisai pas âme qui vive sur la route et, comme j'approchais de Culduie, ne vis encore personne au travail dans son champ. Je pensai que mon père était peut-être toujours au lit et que je pourrais regagner la maison sans me faire remarquer, mais il en fut différemment. Alors que je longeais le bord des terres cultivées du côté du rivage, je sentis quelque chose sous mon aisselle. J'ouvris ma veste et y trouvai le châle de Jetta. Ce n'était plus qu'une boule de laine détrempée.

Je descendis sur les rochers et, après avoir vérifié que personne ne m'observait, le jetai à la mer. Il se désagrégea dans l'eau et ses lambeaux s'enchevêtrèrent aux tentacules des algues qui flottaient sur la houle.

Mon père prenait son déjeuner lorsque je franchis le seuil. Il ne m'adressa ni un regard ni une parole. Ne sachant que faire d'autre, je m'allongeai sur ma balasse et y restai tout le jour.

***

Ce matin, après ses questions coutumières relatives à mon confort et ma santé, M. Sinclair me demanda si je serais disposé à rencontrer un gentilhomme qui, me dit-il, était venu de loin pour me voir.

« Mes crimes m'ont-ils à ce point grandi, répondis-je, que désormais les gentilshommes recherchent ma compagnie ? »

M. Sinclair esquissa un maigre sourire et me fit connaître qu'il pourrait m'être profitable de recevoir ce gentilhomme. J'acceptai bien évidemment, d'une part car je ne souhaitais pas contrarier mon avocat, mais aussi parce qu'il ne revient pas à un prisonnier de choisir ses hôtes. M. Sinclair parut satisfait de ma décision et ressortit dans le corridor, où devait patienter le visiteur. Les deux hommes revinrent ensemble et, comme ni l'un ni l'autre ne voulut prendre place à mon petit bureau, nous demeurâmes tous trois debout, moi-même sous la haute lucarne, M. Sinclair près de la table et le gentilhomme au pied de ma couchette, à droite de la porte. M. Sinclair me présenta le visiteur sous le nom de M. Thomson et m'assura qu'il était l'un des plus éminents praticiens dans son domaine, sans toutefois préciser de quel domaine il s'agissait. Je dois avouer que la contenance de ce monsieur m'inspira une certaine répugnance, et sans doute était-ce réciproque car il me toisa avec une expression de dégoût non dissimulée. C'était un homme de grande taille – il avait dû se baisser pour passer sous la porte –, aux traits vifs et aux petits yeux bleus. Il était vêtu d'un costume noir et d'une chemise blanche qui lui serrait tellement la gorge que des bourrelets de chair flasque débordaient de son col. Il était tête nue et ses cheveux gris, fins et clairsemés, lui dessinaient une tonsure sur le haut du crâne. Il se tenait avec les mains jointes contre la poitrine, le majeur de la droite agaçant constamment une grosse bague sertie d'une pierre verte à son annulaire gauche.

Il s'adressa soudain à M. Sinclair : « Il appartient assurément à la variété physique inférieure à laquelle on pouvait s'attendre. Le trouvez-vous généralement alerte lors de vos visites ? Dort-il abondamment ? »

M. Sinclair parut mal à l'aise d'être interrogé de la sorte.

« Je le trouve extrêmement alerte et, autant qu'il m'en souvienne, je ne l'ai jamais surpris dans son sommeil. »

Le visiteur produisit un petit claquement de langue.

« Sans doute est-il réveillé par le bruit de la clé dans la serrure. »

Il fit deux pas hésitants dans ma direction, comme s'il craignait que je ne lui bondisse au visage. Il pencha la tête vers moi et passa quelques minutes à parcourir des yeux mon visage et le reste de ma personne. Je me tins parfaitement immobile, songeant qu'il devait y avoir quelque raison qui m'échappait à ce comportement malotru. J'avais l'impression d'être une pièce de bétail. Au bout d'un moment, il finit par se reculer et se rapprocher du bureau. Il tapota des doigts la pile de feuilles posée dessus.

« Et ce sont là les pages à la composition desquelles vous disiez qu'il s'est employé ?

— En effet, répondit M. Sinclair. Il y a travaillé d'arrache-pied. »

M. Thomson laissa échapper un petit rire par le nez.

« Je doute fort que nous y puissions trouver quoi que ce soit d'intérêt. Je vous soupçonne, monsieur Sinclair, d'une certaine naïveté coupable dans la vision que vous avez de votre client, mais je suppose que c'est tout à votre honneur. »

Il feuilleta alors quelques pages de mon mémoire. Je fus saisi d'une brusque envie de traverser la pièce pour les lui arracher des mains, car je n'avais nul désir qu'il lût les mots que j'avais écrits, persuadé que, s'il le faisait, ce serait à la seule fin de se gaudir de mes maladresses de langage. Je me retins néanmoins, ne souhaitant pas corroborer l'impression négative que ce gentilhomme semblait s'être forgée de moi.

Il forma ensuite un triangle avec ses deux mains en joignant les extrémités de ses doigts et demanda à mon avocat s'il voulait bien avoir l'obligeance de nous laisser seuls quelques minutes. M. Sinclair y consentit et se dirigea vers la porte. M. Thomson l'arrêta d'un geste de la main.

« Pensez-vous que le prisonnier puisse représenter une menace pour ma sûreté ? » s'enquit-il à voix basse.

M. Sinclair sourit à ces paroles et répondit que non. Nonobstant, M. Thomson appela le geôlier et le somma de rester posté près de la porte. Après quoi il tira très lentement et posément la chaise de sous le petit bureau et s'y assit en plaçant un pied sur mon grabat pour pouvoir appuyer son coude sur son genou.

« Eh bien, Roderick, commença-t-il, on dirait que vous avez parfaitement réussi à enjôler ce brave M. Sinclair. »

Je ne dis rien, car cette remarque ne me semblait pas appeler de réponse.

« Cependant, je suis au regret de vous informer que je suis d'un acabit fort différent de votre estimé avocat. J'ai étudié des centaines, des milliers de gens de votre espèce et je crains de vous voir exactement pour ce que vous êtes. Je crains que vous n'ayez bien plus de peine à m'embobiner. »

J'étais profondément outré d'entendre M. Thomson injurier M. Sinclair de la sorte, mais jugeai imprudent de m'engager dans une dispute avec lui.

« Toutefois, poursuivit-il, puisque j'ai parcouru une grande distance pour venir vous examiner, autant nous atteler à la tâche. »

Le gentilhomme se leva et se livra à un examen approfondi de ma personne, prenant sans cesse des notes dans un cahier qu'il avait dû apporter spécialement à cet effet, marmonnant des choses dans sa barbe tout en s'affairant autour de moi. Nul bestiau à la foire ne fit jamais l'objet d'une inspection aussi intime, mais je me soumis à ses diverses directives et instructions sans rechigner.

Son examen terminé, il retourna s'asseoir, posant une nouvelle fois le pied sur mon grabat.

« Je me propose à présent de vous faire quelques questions, auxquelles je vous serais reconnaissant de bien vouloir répondre de façon aussi précise que vous le pourrez, dit-il. M. Sinclair m'a assuré que vous possédiez une bonne maîtrise du langage et que vous étiez capable de vous exprimer avec une grande clarté. Voyons donc cela. »

Mon regard dériva malgré moi en direction du geôlier, qui se tenait immobile derrière M. Thomson et ne semblait nullement prêter attention aux propos du gentilhomme. Il regardait fixement la petite lucarne découpée en hauteur au-dessus de moi et je me fis une fois encore la réflexion qu'il devait lui être autant pénible qu'à moi-même de se trouver confiné entre ces murs. Mes yeux se levèrent eux aussi vers la lucarne et, au bout d'un moment, je me rendis compte que je n'avais pas suivi le fil des questions de M. Thomson. Je me tournai de nouveau vers lui. Il avait ôté son pied de mon lit et se tenait tout roide, comme si son dos lui causait quelque inconfort. Il se tut et se leva d'un coup. Le geôlier s'écarta pour le laisser passer, et M. Thomson sortit sans me saluer. Le geôlier referma la porte et tourna la clé dans la serrure. Je songeai alors que j'avais peut-être manqué de courtoisie à l'égard de ce gentilhomme. Je n'avais pas de remords à son endroit, car il m'avait déplu dès le premier abord, mais je savais que M. Sinclair risquait d'être déçu par mon attitude, et de cela je m'en voulus.

***

Mon père resta plusieurs jours sans m'adresser la parole après la frairie. J'ignore s'il avait eu vent de mes pitreries à l'auberge, mais il est d'ordinaire peu de choses au village qui ne se sachent pas. Jetta aussi ne me parlait que lorsque c'était nécessaire, et sur un ton sec auquel je n'étais guère accoutumé. Que cela fût dû au fait qu'elle désapprouvait ma conduite ou à d'autres soucis qui la préoccupaient de son côté, je ne saurais le dire. Nous prenions nos repas en silence, et l'atmosphère de la maison était plus sombre que jamais. Il y avait une inquiétude générale, comme si nous sentions tous que l'heure du dénouement approchait.

Soir après soir, j'attendais de voir apparaître Lachlan le Large sur notre seuil, mais il ne vint pas. Pourtant, la certitude que notre visite au régisseur et mes avances inconsidérées à Flora ne resteraient pas sans réponse me pesait lourdement. Ce n'est pas le coup qui provoque la plus grande détresse, mais son appréhension, et j'étais alors dévoré par une angoisse croissante à chaque jour qui passait. Je n'étais plus réquisitionné pour travailler sur aucune des corvées de Lachlan le Large, et ni lui ni aucun membre de son clan ne daignait même s'aventurer dans le haut du village. J'étais convaincu que le sort que le constable nous réservait n'était pas la levée de quelque nouvelle amende, mais le point d'orgue de sa campagne contre nous.

Je passais le moins de temps possible à la maison. La journée, je sarclais les mauvaises herbes et essayais tant bien que mal d'améliorer les perspectives de notre récolte, mais je n'y mettais que peu de cœur et, si je lâchais mes outils et partais baguenauder, mon père ne me faisait ni questions ni réprimandes. Le soir, je montais dans les collines et m'asseyais pour contempler Culduie. Vu de là-haut, le village avait la taille d'un jouet d'enfant. Les gens et les bêtes n'étaient pas plus gros que des flocons de cendre, et il était difficile de croire que rien de ce qui s'y passait ne pût avoir la moindre importance. Je songeais à tout ce qui se trouvait de l'autre côté des montagnes, aux grandes villes du Sud et, à l'ouest, au vaste océan Atlantique, avec sa promesse de Canada. J'en vins à me demander si finalement je n'allais pas tenter de me créer une nouvelle vie. Flora avait raison sur un point : Culduie n'avait rien à offrir aux gens comme nous. Alors pourquoi rester ? Il suffisait de s'en aller un beau matin et de ne jamais s'en revenir. Ce ne fut d'abord rien de plus qu'une idée en l'air, mais au fil des heures que je passai sur le Càrn, elle commença à faire son chemin. Je n'étais pas encore prisonnier. Il n'y avait pas de murs autour de moi pour m'empêcher de partir. Je n'avais qu'à poser un pied devant l'autre. D'abord jusqu'à Camusterrach, puis Applecross, puis de l'autre côté du col jusqu'à la grande ville de Jeantown[1]. De là, je pourrais m'embarquer sur un bateau ou même continuer à marcher. Je partirais sans dire adieu. Et sans projet préconçu, car au-delà de ce col je ne savais rien du monde. En l'espace de quelques jours, cette idée enfla en moi jusqu'à acquérir les proportions d'une force irrésistible.

Et il arriva ainsi qu'au matin d'une journée parfaitement ordinaire, je quittai la maison, traversai notre parcelle, enjambai la levée et pris la route. Je ne m'étais pas formulé que je partais pour de bon,

1. Jeantown est l'ancien nom du village de Lochcarron.

simplement que j'allais marcher vers Camusterrach. Une fois là-bas, je pourrais continuer ou rebrousser chemin. Je n'avais emporté avec moi ni possessions ni même nourriture, car cela serait revenu à m'avouer ce que je m'apprêtais à faire. Je ne dis rien à Jetta et m'interdis de penser, en la regardant tourner le pot de porridge pendu à la crémaillère, que je ne la reverrais jamais. Lorsque j'atteignis le sommet de la colline qui masquerait Culduie à ma vue, je résistai à l'envie de jeter un dernier regard par-dessus mon épaule. Afin de me vider l'esprit, je me pris à compter mes pas tout haut, et de cette façon je parcourus le tiers de lieue jusqu'à Camusterrach. Là, je croisai sur la route le révérend Galbraith. Il ne me salua point et je me demandai si, plus tard, quand je ne serais pas rentré, il se rappellerait m'avoir vu.

Au commencement, j'allais d'un pas tranquille, mais en laissant Camusterrach derrière moi, je me mis à presser l'allure. Plus la distance entre Culduie et moi s'accroissait, plus j'éprouvais une sensation de légèreté. En arrivant à Applecross, je m'aperçus que je courais et, de façon à ne pas attirer l'attention, je repris un rythme de marcheur. Je traversai le bourg sous le regard de quelques vieilles commères postées sur des bancs devant leur maison. Un peu plus loin sur la route, en approchant de l'auberge, je repérai Archibald Ross en grande conversation avec un homme à la barbe drue que je reconnus comme le maréchal-ferrant. Un chien tournoyait à leurs pieds. Ne voulant pas croiser mon ami, je me faufilai dans le creux entre deux maisons. Au bout d'un moment, je passai la tête derrière l'encoignure. Archibald marchait dans ma direction, le chien sur ses talons. Il n'y avait pas d'issue à l'arrière de la maison, si bien qu'au lieu d'être surpris à rôder comme un voleur, je préférai sortir de ma cachette, ajustant ma culotte comme si je venais de me soulager. Archibald ne parut nullement décontenancé de me voir apparaître ainsi.

« Tiens, voilà notre pugiliste ! Quelle sacrée raclée tu as prise, dit-il en riant. Mais il n'y a pas de quoi avoir honte, ce gaillard faisait deux fois ta taille. »

Je ne répondis pas.

« Quel négoce t'amène donc à Applecross ? »

Je lui dis que j'étais chargé d'une mission pour mon père.

« Une mission ? répéta-t-il. Quel genre de mission ?

— Une affaire de famille.

— Je vois, acquiesça-t-il gravement. Et tu ne fais pas assez confiance à ton ami pour lui en dévoiler les détails ? Bref, peu importe. Je suis sûr que tu ne me refuseras pas le plaisir de ta compagnie le temps d'un verre de bière », ajouta-t-il en agitant le pouce en direction de l'auberge.

Je savais fort bien que si je mettais un pied à l'auberge, ma détermination fondrait sur-le-champ, aussi déclinai-je l'invitation d'Archibald.

« Je ne peux pas croire, insista-t-il, que ta mission soit pressante au point de faire faux bond à un ami.

— Je dois me rendre à Jeantown, dis-je.

— Mais c'est à sept lieues d'ici ! s'exclama Archibald. Tu n'imagines pas marcher une telle distance avec un col à franchir au milieu.

— J'ai l'intention de passer la nuit là-bas.

— Encore faut-il y arriver. »

Archibald réfléchit quelques instants à mon problème puis, me prenant par le coude, il me traîna à travers le village.

« Nous allons te trouver un garron, déclara-t-il, tout excité par son projet. Tu pourras le monter jusqu'à Jeantown et le ramener à ton retour. Tu reviens demain, n'est-ce pas ? »

Je hochai la tête en silence.

« Parfait !

— Mais je n'ai pas de quoi louer un garron », objectai-je.

Il balaya d'un geste cet argument.

« Cadeau d'Archibald Ross ! dit-il. Je ne doute pas que tu trouveras quelque manière de me payer de retour un jour ou l'autre. »

L'idée lui vint alors que, le lendemain soir, une fois que j'aurais ramené le poney, nous pourrions aller boire de la bière à l'auberge.

« Alors peut-être te sentiras-tu disposé à me parler de ta mystérieuse mission », conclut-il.

Je n'eus d'autre choix que d'accompagner Archibald jusqu'à la cour pavée derrière la Grande Maison, à l'endroit même où je l'avais rencontré pour la première fois. Il la traversa en se pavanant avec une singulière assurance et passa la tête par la porte de l'écurie. Peu après, un palefrenier apparut sous le porche en pierre.

« Préparez-moi un poney pour M. Macrae ici présent », ordonna Archibald sans autre explication.

Le palefrenier, qui devait avoir une cinquantaine d'années, me jeta un regard de travers mais ne protesta point. Tandis que nous attendions dans la cour, Archibald bourra sa pipe et l'alluma. Son chien s'était couché à ses pieds, les yeux levés vers lui dans une profonde dévotion. Je songeai soudain que Flora était peut-être en ce moment même employée aux cuisines, aussi me plaquai-je contre le mur pour ne pas être visible depuis les fenêtres. Archibald m'avisa de faire en sorte que le poney fût correctement nourri et abreuvé avant d'entreprendre le voyage du retour. Quelques minutes après, le palefrenier ressortit avec un vieux garron pie. Archibald lui flanqua une grande tape sur l'arrière-train et m'invita à l'enfourcher, ce que je fis non sans difficulté. Tout le plaisir que j'aurais pu ressentir (car je n'avais jamais rien tant désiré que monter un poney) était gâté par la situation dans laquelle je me trouvais. Archibald me guida jusqu'à l'avant de la Grande Maison et me donna congé avec une nouvelle taloche vigoureuse sur la croupe de ma monture, et la promesse que nous assécherions les réserves de l'auberge le soir suivant.

Le garron avançait d'un pas lent et pesant. J'essayai bien de lui planter mes talons dans les flancs comme j'avais vu d'autres cavaliers le faire, mais il refusait d'accélérer l'allure. Alors que nous revenions vers le centre du bourg, je passai en revue les différentes solutions qui s'offraient à moi. Ma première idée était simplement d'attacher le garron à l'embranchement de la route qui montait vers le col et de continuer à pied. Mais un poney abandonné ne tarderait guère à attirer l'attention, et j'imaginai qu'une poursuite serait vite organisée pour m'appréhender. Je dus me rappeler que je n'étais pas un fugitif : n'étais-je pas libre d'aller où bon me semblait ? Je n'avais violé aucune loi ni réglementation, et si je souhaitais me rendre à Jeantown sur un poney prêté par un ami, ce n'était pas l'affaire des autorités ni de quiconque. À vrai dire, mon exil serait à n'en pas douter un sujet de satisfaction pour Lachlan le Large. Même pour mon père, ce serait probablement une bénédiction. Mon existence n'avait empêché aucune des tribulations qui s'étaient abattues sur notre famille. C'étaient même mes propres actions et ma sottise qui nous avaient valu une grande part de nos tourments, et ma présence à Culduie ne servirait nullement à nous éviter les prochains. Ainsi perdu dans mes pensées, je continuai à dos de poney au-delà de l'embranchement et entamai la lente ascension vers le col.

Il m'apparut vite qu'Archibald avait eu parfaitement raison. Parcourir à pied les sept lieues pour franchir le col aurait été fort mal avisé, non seulement en raison de la distance, mais aussi parce que j'aurais alors éveillé bien plus de soupçons. Monter un poney, même une vieille rosse comme le mien, conférait une certaine autorité. Les quelques individus que je croisais sur la route se contentaient de me souhaiter le bonjour, et certains même se découvraient sur mon passage. Aucun (comme je l'avais craint) ne m'interrogea sur ma destination ni ne m'accusa d'avoir volé ma monture. À mesure que je m'élevais dans les montagnes, je commençai à me dire que l'intervention d'Archibald avait été un signe de la providence ; que c'était peut-être finalement ce qui m'était destiné. Alors que la route devenait de moins en moins fréquentée, je m'autorisai à imaginer ce qui pouvait bien m'attendre au-delà de Jeantown. Sans doute, comme l'avait dit Archibald, les grandes villes du Sud ne manquaient-elles pas d'opportunités. Je pourrais y trouver quelque emploi et ainsi me montrer d'un bien plus grand secours pour ma famille que si j'étais resté à la merci du sort. Peut-être aurais-je même les moyens de leur envoyer de quoi les sortir de leur état d'indigence. À terme, Jetta pourrait me rejoindre et nous vivrions dans l'aisance et le bonheur. De telles pensées, cependant, ne m'occupèrent pas longtemps.

À l'approche du col, l'air devint glacial. Le vent agitait les touffes d'herbes brunes sur le bord de la route. La tête de mon garron pendait lourdement et son pas se fit encore plus traînant. Je mis pied à terre près d'un ruisseau pour lui permettre de se désaltérer un peu. J'étais désormais gelé et affamé, et je me maudis de n'avoir pas rempli mes poches de bannocks avant de quitter la maison. J'enfonçai ma casquette sur mon front et continuai à pied, tirant le garron par la bride. Il me fallut plusieurs heures pour atteindre le sommet du col. Là, je m'assis sur un rocher et contemplai le paysage gris qui s'ouvrait devant moi. La route redescendait en lacets à travers une vallée escarpée. Plus loin apparaissait une vaste étendue d'eau. Je ne sais à quoi je m'attendais, mais ce panorama m'emplit d'une sorte d'effroi. Je m'aperçus que je n'avais aucune idée de l'endroit où j'allais ni, si je finissais par arriver à Jeantown, de ce que je ferais là-bas. Le shilling que j'avais dans la poche ne me mènerait sans doute pas loin. Peut-être parviendrais-je à trouver une grange où dormir et quelques débris de nourriture à manger, mais cette perspective ne me réjouissait guère. Ma vie à Culduie avait beau être misérable, je n'avais nul désir de vivre comme un mendiant. Je songeai soudain à Jetta, qui devait déjà avoir remarqué mon absence à l'heure qu'il était, et j'imaginai à quel point ma fuite la rendrait malheureuse. Je sentis alors combien il était méprisable d'avoir seulement pensé à partir. Tel un chien attaché à une longe, j'avais atteint les limites de mon territoire. Je remontai sur le garron et lui enfonçai mes talons dans les flancs, mais l'animal épuisé refusa de bouger. Alors je redescendis et, non sans effort, réussis à le convaincre de me suivre pour rebrousser chemin. Il était tard dans l'après-midi lorsque nous atteignîmes Applecross.

Redoutant de croiser Archibald Ross, j'approchai de la Grande Maison avec encore plus d'appréhension qu'à l'accoutumée. Afin de l'amadouer, j'avais inventé une histoire selon laquelle l'homme que j'étais censé voir à Jeantown était en fait venu à ma rencontre sur la route, me permettant ainsi d'être de retour dans la journée. Il m'importait peu qu'Archibald crût à une fable aussi grotesque, mais de toute façon il ne se montra pas. Le bruit des sabots du garron sur les pavés fit sortir le palefrenier des écuries. Il me prit la bride sans un mot et je le remerciai pour le prêt du poney.

Je me sentais terriblement las en arrivant à Culduie, tant à cause des fatigues de la journée que de la certitude qu'il n'y avait désormais plus moyen d'échapper à ce que la providence me destinait. À l'aune de ce constat, tout ce que mon père pourrait bien avoir à redire à mon absence m'indifférait. Je ne désirais rien d'autre que m'étendre sur ma balasse et dormir. En franchissant le seuil de la maison, je fus surpris de découvrir une silhouette tout de noir vêtue assise à notre table, dos à la porte. Je reconnus à ses cheveux coupés ras le révérend Galbraith. Mon père était assis à l'autre bout de la table. Jetta se tenait près du buffet tel un sombre fantôme. Même dans la pénombre, son visage était blême. Je crus que le pasteur était venu rapporter qu'il m'avait croisé à Camusterrach le matin, mais il n'en était rien. Au centre de la table était posée une feuille de parchemin, pliée en trois et portant un cachet de cire brisé.

Le pasteur me dit de m'asseoir puis ajouta : « Ton père a reçu cette missive aujourd'hui. »

Il tendit le bras et la poussa vers moi du bout des doigts. Il avait les articulations noueuses et enflées. Je ramassai la feuille et la dépliai. Comme il n'y avait pas assez de lumière pour lire, je me levai et m'approchai du feu. La lettre était rédigée d'une écriture élégante et portait en en-tête, soulignés d'un trait, les mots : « Avis d'expulsion ». Je ne me souviens pas des phrases exactes, mais elle commençait par nommer mon père (« le tenancier ») et par préciser la superficie du fonds de terre, de la maison et des dépendances. Puis elle exposait que le régisseur, au nom de l'autorité dont il était investi par le laird, mettait par la présente le tenancier en demeure de quitter ladite propriété avant le 30 septembre de l'an 1869, cette date ayant été établie afin d'accorder au tenancier le temps de lever les récoltes de l'année en cours. Suivait une liste des motifs d'expulsion : manquement au bon entretien du fonds ; manquement au bon entretien de la maison et de ses dépendances ; appropriation de biens appartenant au laird ; troubles visant à entraver les fonctions du constable du village ; fermages arriérés et amendes impayées. Diverses sommes étaient ensuite énumérées, dont le total excédait de loin la valeur de l'ensemble de notre troupeau et biens matériels. La lettre était datée et signée par le régisseur.

Je revins à la table et reposai le parchemin. Mon père gardait les yeux fixés droit devant lui.

« J'ai expliqué le contenu de la missive à ton père, me dit le pasteur. Je suis stupéfait qu'il ait pu laisser ses affaires se détériorer au point que de telles mesures soient requises.

— Requises ? » répétai-je.

Le pasteur me regarda avec un petit sourire aux lèvres.

« Nous sommes tous responsables de la tenue de nos affaires. On ne peut pas demander au laird de laisser les fermiers exploiter sa terre sans contrepartie, ni dans un tel mépris des conditions de bail. »

Il secoua la tête en soupirant d'un air réprobateur.

Je ne pouvais m'empêcher de penser qu'il prenait un certain plaisir à notre infortune, et jugeai donc inutile de lui demander d'intercéder en notre faveur. Il déclara alors que cela faisait plusieurs mois qu'il n'avait vu ni ma sœur ni moi-même à l'église.

« Si vous vous étiez davantage préoccupés de votre vie spirituelle, peut-être ne vous seriez-vous pas retrouvés dans de telles extrémités, dit-il.

— Je ne vois pas de rapport entre les deux choses, répondis-je.

— C'est justement le problème. Vous êtes tous les deux une grande disgrâce pour votre père. »

Sur ce, il nous informa qu'il ferait de son mieux pour s'enquérir de possibilités alternatives de logement. Mon père le remercia, et le pasteur prit congé. Après son départ, mon père attrapa la lettre et la déchira en morceaux. Puis il martela la table de ses poings, faisant sauter en l'air les fragments de parchemin. Je le regardai comme j'aurais pu regarder un animal blessé se débattre dans un piège. Les jumeaux se réveillèrent et Jetta alla les réconforter. Alors Père se leva et s'avança vers Jetta. Il l'empoigna par la nuque, la traîna jusqu'à la table et la fit asseoir brusquement sur le banc à côté de moi. Les jumeaux la suivirent de leur démarche hésitante, dans d'horribles gémissements.

« C'est ton vice qui nous a menés jusque-là », dit mon père à mi-voix.

Jetta courba la tête et joignit les mains sur ses genoux, tortillant une tresse de fils colorés entre ses doigts.

« Ce n'est pas vrai », répondit-elle.

Je ne crus pas bon de contredire mon père tant qu'il était dans cette humeur, mais Jetta paraissait parfaitement inébranlable.

Soudain, Père bondit et, avec une agilité surprenante, agrippa violemment Jetta par les cheveux à l'arrière de son crâne. Il attira son visage tout près du sien.

« Tu crois pouvoir me cacher ton état en t'emmaillotant comme une vieille femme ? Je ne suis pas aveugle. »

Jetta secoua la tête aussi vigoureusement que la poigne de mon père le lui permettait.

« Tu es une putain. »

Il plaqua alors la tête de ma sœur contre la table et la cogna à plusieurs reprises contre le bois. Jetta ne cria pas. Je saisis le poignet de mon père pour tenter de lui faire lâcher prise, mais ses doigts étaient fermement accrochés à ses cheveux. Tandis que je luttais avec lui, Jetta se retrouva ballottée entre nous tel un navire de pêche sur la houle.

« Je veux savoir qui est le responsable », siffla mon père.

Jetta gardait les lèvres closes. Ses yeux ruisselaient de larmes. J'implorai mon père de la lâcher. Mais, malgré mes efforts, il projeta de nouveau sa tête contre la table avec une telle force qu'il en fut soulevé du sol.

« Qui est le responsable ? » gronda-t-il, crachant des filaments de bave.

Du sang se répandit à la surface de la table. Jetta indiqua d'un mouvement de tête qu'elle ne répondrait pas. Craignant pour sa vie, je lâchai alors dans un souffle : « C'est Lachlan le Large. »

Mon père me dévisagea d'un air éperdu, ses petits yeux lançant des regards furtifs dans toutes les directions, et je profitai de cet instant pour me jeter sur lui en travers de la table. Je lui arrachai la main des cheveux de ma sœur, dont il emporta une grosse poignée au passage. Nous nous effondrâmes tous les trois au sol. Je parvins à me hisser sur le corps de mon père. Il se débattit quelque temps sans grande conviction et, alors que je le ceignais de mes deux bras, je me rendis compte qu'il n'était guère plus épais qu'un tas d'os. Il n'y avait aucune force en lui et le peu de vigueur qui lui restait fut vite consumé. Jetta s'enfuit de la maison. Les jumeaux hurlaient comme des chiens. Père demeura étendu sur le dos pendant que je redressais la table, qui s'était renversée dans la bagarre. Je ramassai un certain nombre d'objets qui étaient tombés par terre et les reposai à leur place. Père se releva tant bien que mal et épousseta ses habits d'un geste las. Puis il s'assit dans son fauteuil et enfouit la tête entre ses mains. Je sortis à la recherche de Jetta.

Je la trouvai dans la grange. Elle était assise sur le tabouret de traite dont je m'étais récemment servi afin d'atteindre le chevron où j'avais logé le nid pour mon oisillon. Ses cheveux sur le côté gauche étaient poisseux de sang, son œil gauche gonflé et sanguinolent. Elle avait sur les genoux un morceau de corde qu'elle tordait entre ses mains. Elle releva la tête en m'entendant arriver, son œil tuméfié clignant frénétiquement.

« Bonjour, Roddy, dit-elle d'une voix triste.

— Bonjour. »

Ne voyant pas quoi ajouter, je m'approchai d'elle. Elle posa une main sur son crâne et le palpa délicatement, puis elle examina le sang sur ses doigts comme si ce n'était pas le sien. Je m'agenouillai sur le sol à côté d'elle. Elle tourna son visage vers moi, et le mouvement la fit grimacer.

« Le sort ne nous a pas gâtés dans cette vie, n'est-ce pas Roddy ? reprit-elle.

— Non.

— Je crains que Père ne me laisse pas revenir sous son toit.

— Aucun de nous ne restera encore bien longtemps sous ce toit », rétorquai-je.

Elle hocha doucement la tête.

« Vas-tu partir à Toscaig ? demandai-je.

— Je doute d'y être la bienvenue dans mon état.

— Quoi, alors ? »

Ses lèvres esquissèrent un sourire triste et elle secoua la tête pour indiquer qu'elle n'avait pas de réponse à cette question. Je m'aperçus alors que son nez était totalement écrasé. Cela me fendit le cœur de la voir aussi abîmée.

« Pour moi, tout est fini, dit-elle. C'est pour toi que je m'inquiète. Tu devrais partir d'ici. Tu vois bien qu'il n'y a rien ici pour toi. »

Je me gardai de mentionner ma piteuse excursion jusqu'au col, car l'idée de ma fuite me faisait honte.

« Et Père ? demandai-je.

— Notre père n'est jamais plus heureux que quand il souffre, répondit-elle. Tu ne dois pas t'enchaîner à son mât.

— Et les jumeaux ? »

Une grosse larme roula sur la joue indemne de Jetta.

« Quelqu'un se chargera d'eux, dit-elle.

— C'est de Lachlan le Large qu'il faudrait se charger, répliquai-je.

— Mais ça, ce n'est pas la faute de Lachlan le Large, objecta-t-elle en portant une main à son visage démoli.

— Tout est la faute de Lachlan le Large, insistai-je. J'espère bien un jour me venger de lui. »

C'étaient alors des paroles creuses, lancées par bravade. Je n'avais jamais, jusqu'à cet instant, songé à des représailles ni imaginé quelle forme elles pourraient prendre.

Jetta secoua vigoureusement la tête.

« Il ne faut pas dire des choses pareilles, Roddy. Si tu comprenais mieux la marche du monde, tu verrais que Lachlan le Large n'est pas responsable. C'est la providence qui nous a conduits là où nous en sommes. Ce n'est pas davantage la faute de Lachlan le Large que la tienne, la mienne ou celle de Père.

— Et si je n'avais pas tué le mouton, ou que Mère n'était pas morte, ou que le *Deux Iain* n'avait pas coulé ? suggérai-je.

— Mais toutes ces choses se sont bel et bien produites.

— Si Lachlan le Large n'existait pas... commençai-je, sans la moindre idée d'où cette pensée me mènerait.

— Mais il existe, et il n'a pas plus choisi d'être mis au monde que toi ou moi.

— Dans ce cas, il ne choisira pas non plus sa façon de le quitter. »

Jetta poussa un long soupir.

« Rien de ce que tu pourras faire ne changera quoi que ce soit, Roddy. Et de toute façon, tu n'as pas de souci à te faire en ce qui concerne Lachlan le Large. »

Elle marqua une pause avant d'ajouter en baissant la voix : « Il ne sera bientôt plus de ce monde. »

Je reculai vivement la tête afin de mieux voir son visage. Elle me fit signe de m'approcher derechef.

« J'ai vu par deux fois le drap noir à son sujet », murmura-t-elle.

Je mis un moment à tenter de cerner les implications de cette révélation et, lorsqu'elles m'apparurent enfin, je fus saisi par un sentiment d'euphorie à l'idée que la disparition de Lachlan le Large nous délivrerait de tous nos malheurs. J'exposai cette pensée à ma sœur.

Elle me tança de me réjouir d'un événement qui rendrait veuve son épouse et orphelins ses enfants. À quoi je lui rétorquai que j'aurais préféré être orphelin plutôt que fils de Lachlan le Large.

« De tels sentiments ne t'honorent guère, me dit Jetta. Rien de ce qu'il adviendra de Lachlan le Large ne saura remédier à mon état. Ni annuler la lettre du régisseur. »

Je me levai, refusant de la croire, et me mis à faire les cent pas dans la grange, en proie à une grande agitation. Je lui réclamai davantage de détails sur sa vision et sur l'imminence du décès de Lachlan le Large, mais elle ne voulut m'en dire plus. Le sort du constable était sans rapport avec notre situation, disait-elle.

Jetta sembla tout à coup terriblement lasse. Elle ferma les yeux et laissa sa tête tomber en avant. Je m'agenouillai devant elle et lui posai une main sur les cheveux. Je ne pouvais accéder au contenu de son esprit, mais j'avais un fort pressentiment quant à ce qu'elle avait l'intention de faire et ne voyais pour elle aucune autre issue. Elle m'attrapa la main et la serra dans la sienne. Puis elle rouvrit les yeux et me demanda de la laisser seule. Des larmes coulaient sur mes joues. Je lui souhaitai bonne nuit et la laissai là, sur le petit tabouret. Je refermai soigneusement la porte derrière moi, attachant la corde autour du montant pourri. Et c'est ainsi que je pris congé d'elle.

N'ayant nulle envie de retourner à la maison, je coupai à travers champ en direction du rivage. Le temps était calme et le ciel au-dessus des îles avait revêtu la coloration rosée des soirées d'été. À cette période de l'année, dans notre région du monde, les heures d'obscurité sont courtes, au point que j'ai ouï dire que les voyageurs sont souvent dérangés dans leur sommeil. J'observai un héron sur la grève, qui se tint droit comme un piquet pendant plusieurs minutes avant de s'envoler en silence avec le manque de grâce qui caractérise cette espèce. Il traversa la baie au ras de l'eau et se posa sur la pointe d'Aird-Dubh. Je repensai soudain à ce que Jetta m'avait dit. Elle n'avait pas pour habitude de me faire partager ses visions, mais j'avais souvent vu une ombre passer sur son visage et savais qu'alors elle entrait dans une communion muette avec l'au-delà. En un sens, Jetta n'avait jamais pleinement résidé à Culduie, mais plutôt virevolté entre les deux mondes. Si elle devait partir maintenant, ce serait une plus petite mort que pour ceux d'entre nous qui n'habitent que le monde terrestre.

C'est pendant que j'étais assis près du rivage à contempler le lent mouvement de la marée que je songeai pour la première fois à tuer Lachlan le Large. Je chassai cette idée, ou du moins tâchai de le faire, mais elle se montra tenace et, plus j'essayais de fixer mon esprit sur d'autres choses, plus elle s'emparait de moi. Savoir que Lachlan le Large allait bientôt mourir levait les restrictions d'usage. Si la providence avait décidé qu'il n'avait plus longtemps à vivre, qu'importait le moyen de son départ ? Qu'il pût périr par ma main paraissait d'une irrésistible logique. L'idée m'excitait. Je deviendrais le rédempteur dont le révérend Galbraith avait parlé aux funérailles de ma mère. Et ce tout en sachant que, même en étant l'instrument de son trépas, je ne ferais que précipiter le sort qui, de toute façon, l'attendait d'ici peu.

La vision qu'avait eue Jetta ne disait rien de la manière dont Lachlan le Large allait mourir, ou dans le cas contraire elle n'avait pas cru bon de m'en instruire. Il était pourtant difficile d'imaginer dans notre paroisse quelqu'un qui jouît d'une santé plus robuste et fût moins à même de se voir frappé par une affection soudaine. Tout comme l'on avait peine à croire qu'il pût lui advenir quelque infortune fatale. Se pouvait-il donc que Lachlan le Large ne fût pas seulement destiné à trouver la mort, mais que cette mort reposât entre mes mains ? Cette idée me pesa lourdement et, lorsque je me relevai enfin, le soleil avait plongé derrière l'horizon et j'étais enveloppé par ce qui nous tenait lieu de nuit à cette époque de l'année.

Quand je rentrai à la maison, Père s'était déjà mis au lit. Les jumeaux dormaient profondément sur leur balasse et j'enviai leur tranquillité. Je ne m'assoupis que par intermittence cette nuit-là, me réveillant fréquemment, et chaque fois, les pensées allumées par la vision de Jetta brûlaient dans mon esprit. J'aurais voulu les éteindre en les noyant de sommeil, mais la lumière naissante de l'aube m'en empêcha.

***

Je quittai la maison avant que mon père ne sortît de sa chambre. En raison des événements de la veille, je craignais qu'il ne fût pas dans de bonnes dispositions, et après le traitement qu'il avait réservé à ma sœur je n'avais nul désir de converser avec lui. J'emportai deux bannocks au bout de la parcelle et les mangeai lentement. Notre champ était envahi de mauvaises herbes et, comparé à ceux de nos voisins, donnait un spectacle pitoyable. L'air était particulièrement immobile et des lambeaux de nuages flottaient bas sur la mer tels des filaments laineux. Je ne voyais nulle part âme qui vive, et les seuls bruits qui me parvenaient étaient les cris des oiseaux et les lointains sons des troupeaux dans les pacages.

J'avais espéré que, comme l'on émerge peu à peu d'un rêve, l'idée d'assassiner Lachlan le Large se dissiperait peut-être avec le jour, mais au contraire elle n'avait fait qu'épaissir en moi. Toutefois, à cet instant, elle n'était encore qu'une vaine conjecture que je n'avais aucunement l'intention de mettre en œuvre. Si j'envisageais de tuer Lachlan le Large, c'était dans le même esprit qu'un mathématicien abordant un problème d'algèbre. Mon instituteur, M. Gillies, nous avait un jour expliqué que, pour résoudre un problème, un scientifique devait d'abord avancer une hypothèse puis la vérifier par des observations ou des expérimentations. C'est de cette façon que je procédai.

Certes, le meurtre d'un homme aussi massif et puissant que Lachlan le Large ne serait pas une mince affaire. Quand je passai en revue les différentes méthodes par lesquelles il était possible de donner la mort à quelqu'un, chacune présentait ses propres difficultés. L'on pouvait, par exemple, tuer un homme d'un coup de hache sur la tête, mais cela supposait de se tenir à l'affût dans quelque endroit dissimulé en escomptant qu'il viendrait à passer par là. L'on pouvait aussi poignarder un homme avec un couteau, mais je n'étais pas certain de réussir à m'approcher suffisamment de Lachlan le Large, ni d'avoir assez de force pour lui infliger une blessure fatale. Un homme pouvait encore être abattu au moyen d'une arme à feu. Cela avait l'avantage de pouvoir être accompli à distance mais, quand bien même il m'eût été possible de me procurer une telle arme – dans la Grande Maison, par exemple –, je ne savais ni charger un fusil, ni m'en servir. J'aurais pu également empoisonner ma victime, mais il m'aurait d'abord fallu consulter une des vieilles sorcières de la paroisse possédant quelques connaissances en la matière, puis trouver une façon d'administrer le venin. En réfléchissant à ces deux dernières méthodes, je me rendis compte qu'elles échouaient sur un point dont je n'avais jusque-là pas mesuré l'importance. Mon idée n'était pas simplement de supprimer Lachlan le Large de ce monde, chose qui, dans tous les cas, était vouée à se produire sans intervention de ma part. Mais il me semblait nécessaire qu'à l'instant de sa mort il fût instruit du fait que c'était moi, Roderick Macrae, qui mettais fin à ses jours, et que je le faisais dans un juste retour des tribulations qu'il avait causées à ma famille.

Mon père sortit de la maison. J'ignore combien de temps j'étais resté perdu dans mes pensées. Je trouvai un hoyau à mes pieds et m'agenouillai afin de sarcler les mauvaises herbes qui poussaient dans les sillons. Mon père traversa la parcelle pour venir me rejoindre et me demanda ce que je faisais. Il avait le visage gris et hagard, et il me parut plus voûté qu'à son habitude. Je lui répondis que nous avions encore une récolte à lever et que, si nous ne cultivions pas correctement la terre, nous n'aurions pas même de quoi nourrir les jumeaux l'hiver venu. Père marmonna que si Dieu voulait subvenir à nos besoins, il le ferait, mais il le dit sans conviction et me laissa à mon labeur sans autre commentaire. Je suis sûr que nous savions l'un comme l'autre qu'il n'y aurait nulle récolte à lever cette année.

Nos voisins à cette heure commençaient à sortir de chez eux pour entamer leur routine quotidienne. C'était un matin qui devait sembler parfaitement ordinaire et, sans ce qui allait bientôt se produire, nul doute qu'ils auraient eu bien de la peine à s'en souvenir ou à le distinguer de n'importe quel autre matin. En effet, à tous les égards, si ce n'est les sombres pensées qui étaient venues se loger dans mon esprit, cette journée n'avait rien de remarquable. Mais il m'apparut brusquement, en contemplant du regard les quelques maisons de notre village, que la disparition de Lachlan le Large nous soulagerait d'un fardeau qui pesait depuis trop longtemps sur notre petite communauté.

Je me redressai et me mis à marcher vers chez nous. Mes réflexions antérieures sur les manières de tuer Lachlan le Large n'avaient été que pure procrastination. Peu importaient les considérations que j'avais à l'esprit ou les intentions que j'échafaudais. Si le sort voulait que Lachlan le Large dût mourir par ma main, alors il en serait ainsi. La réussite ou non de mon entreprise n'était pas de mon ressort. Dans cet état d'esprit, je décidai que si je devais tuer Lachlan le Large, il me fallait d'abord aller chez lui. Il me serait en outre nécessaire de m'y rendre armé de quelque instrument avec lequel je pourrais accomplir cette tâche. Et quoi de mieux que le hoyau que la providence venait de placer dans ma main ? En atteignant le haut du champ, je tombai sur un louchet appuyé contre le pignon de la grange et je le ramassai aussi. Puis je m'engageai sur le chemin qui traversait le village. Je ne me disais pas que j'étais en route pour aller tuer Lachlan le Large, mais simplement pour découvrir ce qui se produirait si je me présentais chez lui ainsi armé.

Je cheminais à une allure normale. Carmina Tabac sortit de sa maison et me salua. Ne voulant pas éveiller ses soupçons, je fis halte le temps de lui retourner ses salutations. Elle aperçut le louchet que j'avais à la main et me demanda s'il n'était pas un peu tard dans la saison pour fouir. Je lui répondis sans réfléchir que j'allais débroussailler un terrain derrière la maison de Lachlan le Large, car l'on devait y construire une levée. L'aisance avec laquelle ce mensonge m'était venu aux lèvres me porta à croire que mon entreprise était vouée au succès. Carmina Tabac rétorqua qu'elle n'avait point eu vent de cette nouvelle levée, sans toutefois me questionner plus avant. Je lui souhaitai une bonne journée et continuai mon chemin à travers le village. Je la sentais m'observer mais ne me retournai pas, par crainte de paraître sournois. Je ne parlai avec personne d'autre tandis que je passais devant les maisons restantes. J'éprouvais de nouveau la vieille appréhension qui me saisissait chaque fois que je pénétrais en territoire Mackenzie. L'incident du cerf-volant me revint en mémoire et mon cœur se mit à battre plus vite. Je m'arrêtai devant la maison des Larges et pris appui sur le manche de mon louchet, comme pour évaluer le travail qui m'attendait, ce qui d'une certaine façon était le cas. Un corbeau se posa sur le pignon de la maison. Le jeune Donnie le Large jouait dans la poussière à quelques toises de l'entrée. Il leva les yeux vers moi et je le saluai normalement. Après quoi il reprit je ne sais quel jeu innocent auquel il pouvait bien s'occuper. Je jetai un coup d'œil au village qui s'étendait derrière moi. Carmina Tabac avait disparu. Un certain nombre d'habitants étaient penchés dans leur champ, insoucieux des événements qui étaient sur le point de se produire. Un mince filet de fumée s'élevait de la cheminée des Larges. Je passai devant le petit Donnie et entrai dans la maison.

À l'intérieur, il faisait sombre, et il fallut quelques instants pour que mes yeux s'accommodassent à la pénombre. Le soleil découpait un rectangle de lumière sur le sol en terre battue, dans lequel se dessinait la silhouette de mes jambes. Flora se tenait devant la table, où elle brossait des pommes de terre qu'elle plaçait ensuite dans une chaudière* remplie d'eau. Elle leva la tête en m'entendant entrer. Elle parut surprise de me voir et me demanda ce que je faisais là. De fines gouttes de sueur perlaient à son front et elle porta la main droite à son visage pour en écarter une mèche de cheveux. Ne voyant aucun négoce qui eût pu me conduire ici, ni aucune raison de mentir, je lui répondis que j'étais venu tuer son père. Elle reposa la pomme de terre qu'elle avait commencé à nettoyer et rétorqua que ce n'était guère une chose amusante à dire. J'aurais pu, sans doute, prétendre qu'il s'agissait d'une plaisanterie, mais je n'en fis rien, et dès cet instant le cours de mes actions fut scellé. Je lui demandai où était son père. Flora écarquilla les yeux et laissa échapper plusieurs petits souffles courts. Je m'avançai de quelques pas dans la pièce. Elle se déplaça vers l'extrémité de la table, qui se dressait désormais entre nous. Elle me dit que je ferais mieux de partir avant que son père ne revînt, sans quoi j'aurais de graves ennuis. Je répliquai que j'avais déjà de graves ennuis, tous provoqués par son père. Flora dit que je lui faisais peur. Je lui répondis que j'en étais désolé, mais que même si j'avais voulu que les choses fussent autrement, cela n'était point possible.

Alors, brusquement, Flora bondit sur sa gauche et courut vers la porte. Au moment où elle passa devant moi, je lançai mon louchet dans sa direction et l'atteignis aux genoux. Elle s'effondra au sol telle une marionnette dont on aurait coupé les fils. Le coup avait dû l'hébéter, car elle ne poussa aucun cri ni ne produisit d'autre son qu'un léger sanglot. Je posai mes outils et me penchai sur elle. En soulevant ses jupes, je vis qu'elle avait un genou disloqué et tordu suivant un angle des plus étranges. Elle jetait des regards affolés tout autour d'elle, comme un animal pris au piège. Je lui caressai les cheveux un moment afin de la calmer puis, ne voulant pas qu'elle souffrît davantage, je ramassai mon louchet et plantai mes deux pieds de part et d'autre de ses hanches. Je levai l'outil par-dessus ma tête et, me remémorant le mouton dans la tourbière, pris le temps de viser soigneusement. Flora ne tenta aucun mouvement et j'abattis fermement le dos du fer sur son crâne. L'élan fit céder l'os sans la moindre résistance, comme s'il était aussi fin qu'une coquille d'œuf. Les membres de Flora tressaillirent quelques instants, puis elle se figea et je me félicitai de n'avoir pas à lui administrer de coups supplémentaires.

Je reculai d'un pas et restai un moment à examiner sa dépouille. Ses jupes gisaient en désordre autour de ses jambes. Elle avait les bras le long du corps et, n'eût été son crâne ouvert en deux, on aurait pu croire qu'elle avait été frappée par la foudre. Comme son corps n'était pas éclairé par la lumière de la fenêtre, quiconque entrait dans la maison risquait de trébucher dessus. Afin d'éviter cela, j'appuyai mon louchet contre le mur et portai Flora jusqu'à la table où peu de temps avant elle était encore occupée à sa corvée d'épluchage. Elle ne pesait guère lourd mais, quand je la soulevai, une grande quantité de matière s'échappa de l'arrière de son crâne. Je la déposai sur le dos, les jambes ballantes à l'extrémité de la table, bousculant au passage la chaudière qui contenait les patates. L'eau se renversa, formant une flaque au sol. Je ramassai les pommes de terre et les remis dans la chaudière. Puis je récupérai mon louchet et mon hoyau et me dissimulai dans la pénombre du côté opposé à la porte.

Quelques minutes plus tard, Donnie le Large apparut sur le seuil. Il appela sa sœur mais, bien sûr, ne reçut aucune réponse. Alors il pénétra dans la pièce et vit les jambes de Flora qui pendaient au bout de la table. Il commença à trottiner dans sa direction, mais glissa sur de la matière qui avait coulé de son crâne et s'étala de tout son long. Il se mit à pleurer. Je m'avançai et lui assenai un coup de louchet sur la tempe. Bien que ne lui voulant aucun mal, je ne pouvais lui permettre de donner l'alarme. Sur le moment je ne sus pas si je l'avais tué ou seulement étourdi, car je ne l'avais pas frappé avec beaucoup de force, mais il ne bougea plus du tout et après quelque temps j'en conclus qu'il devait être mort. Je le laissai par terre à l'endroit où il était tombé et retournai me cacher dans l'ombre.

J'ignore combien de temps s'écoula ainsi. Le rectangle de soleil s'allongeait lentement sur le sol, comme si quelque fil invisible le tirait par un coin. Je finis par m'inquiéter. Cela m'aurait peiné d'avoir tué Flora et l'enfant en vain.

À un moment, j'entendis un chien aboyer près de la maison, signal qui s'avéra annoncer l'arrivée de Lachlan le Large. Il apparut dans l'encadrement de la porte, sa carrure massive obstruant totalement la tache de soleil qui rampait sur le sol. Je ne sais s'il s'arrêta en raison de l'obscurité de la pièce ou parce qu'il avait aperçu les corps devant lui. Comme il était dos à la lumière, je ne pouvais discerner l'expression de son visage. Quoi qu'il en soit, après quelques instants il fit trois ou quatre pas en direction de l'endroit où son fils gisait par terre. Il s'agenouilla, retourna le corps et, constatant que l'enfant était mort, se mit à jeter des regards éperdus autour de lui. Je restai tapi dans l'ombre, n'osant même respirer. Il se redressa et s'approcha ensuite de la table où se trouvait le corps de Flora. Voyant qu'elle aussi avait quitté ce monde, il plaqua un poing sur sa bouche et laissa échapper un cri étouffé, semblable à celui d'un animal à l'agonie. Il tenta de se maintenir d'aplomb en plantant ses deux mains sur la table, poings fermés, pieds écartés. Il fut secoué par un violent sanglot, mais très vite il se ressaisit et s'écarta de la table, puis se retourna et se dirigea vers la porte. À cet instant, je surgis de l'ombre et il s'immobilisa. Nous n'étions qu'à trois pas l'un de l'autre. Je fus frappé par sa stature et saisi de doute quant à ma capacité à l'éliminer aussi facilement que les deux précédents. Il parut lui falloir un moment avant de comprendre qui se tenait devant lui. Alors il se dressa de toute sa hauteur et demanda d'une voix calme : « C'est toi qui as fait cela, Roddy le Noir ? »

Je lui répondis que oui, et que j'étais venu pour le supprimer de ce monde en représailles des souffrances qu'il avait causées à mon père. Il ne dit pas un mot de plus, mais avança d'un pas et se jeta vers moi. Sans réfléchir, je plantai mon pied droit en arrière et lançai mon louchet dans sa direction. Le fer l'atteignit au niveau des côtes, mais dans son élan le Large bascula sur moi et nous nous écroulâmes tous deux au sol. Je parvins à ne pas lâcher mes outils et, maniant mon hoyau de la main droite, le frappai à la tempe du plat de la lame. Il palpa l'endroit où je venais de le toucher, puis se redressa et poussa un puissant rugissement. Redoutant de n'avoir réussi qu'à le mettre en rage et de n'avoir pas la force suffisante pour le vaincre, je reculai tant bien que mal en me traînant par terre, puis me relevai. Lachlan le Large regardait autour de lui, espérant peut-être trouver quelque ustensile à sa portée. Je me précipitai vers lui en brandissant mon louchet. Cette fois, cependant, il avait anticipé mon coup et leva le bras pour le parer. Il agrippa le manche juste sous le fer et me l'arracha des mains. Il me dévisagea quelques instants avec des yeux fous. Un mince filet de sang coulait de sa tempe. Il empoigna le louchet de ses deux grosses mains, le fer pointé dans ma direction, et bondit vers moi. Je m'écartai d'un pas et il continua sa course dans le vide. Il se retourna en chancelant, peut-être étourdi par la blessure que je lui avais infligée. Je me trouvais désormais dos à la porte et il m'aurait été possible de m'enfuir, mais si je ne le fis pas, c'est parce que je ne voulais pas partir sans avoir mené à bien ma résolution.

Lachlan le Large s'élança vers moi derechef. Je me souvins du jour, lorsque j'étais enfant, où le bœuf de Kenny Tabac s'était échappé et avait semé la panique dans le village, et qu'il avait fallu six hommes pour le maîtriser. Quand Lachlan le Large fit pivoter le louchet, je me glissai dans sa trajectoire et, lui posant une main sur l'épaule, je lui assenai un coup de hoyau sur l'arrière du crâne. La lame ne pénétra pas dans l'os, mais l'impact suffit à le faire tomber à genoux. Il lâcha le louchet et resta à quatre pattes, hébété. Je passai derrière lui et me plaçai à califourchon sur son dos, comme si j'enfourchais un garron. Puis je levai mon hoyau et, désireux d'en finir sans plus tarder, l'abattis des deux mains. Le coup l'aplatit au sol, sans toutefois lui fendre le crâne, et je fus frappé par la résistance du corps humain. Le Large était étendu sur le ventre, les yeux écarquillés, haletant tel un poisson hors de l'eau. J'avais maintenant le temps de mieux ajuster mon coup et, quand je l'atteignis à nouveau, la lame s'enfonça bel et bien dans son crâne avec le bruit déplaisant d'une botte aspirée par une tourbière. Je parvins à l'en extraire au prix de quelques efforts. Ses mains tressaillaient le long de son corps, sans que je pusse dire s'il avait ou non rendu son dernier souffle. Aussi lui administrai-je un ultime coup avec le talon du hoyau, cette fois détruisant complètement l'intégrité de sa boîte crânienne.

Je reculai alors de quelques pas afin de contempler mon œuvre. Le sang battait à mes tempes et je me sentais pris de vertiges, mais j'éprouvai une certaine satisfaction devant la réussite de mon entreprise. Aux yeux d'un observateur extérieur, la scène aurait sans doute paru effroyable, et j'avoue que je dus détourner le regard du cadavre du jeune garçon.

C'est à ce moment que je remarquai la vieille Mme Mackenzie, assise dans un fauteuil dans la pénombre au fond de la pièce. Elle était parfaitement immobile, et je me demandai si elle aussi avait rendu l'âme. Son visage ne montrait aucune expression particulière, si bien que je songeai qu'elle n'avait peut-être plus sa tête ou plus conscience du monde qui l'entourait. J'avais entendu de nombreux récits sur des vieillards qui continuaient à appeler à grands cris des personnes depuis longtemps décédées, ou perdaient leur chemin à quelques pas de leur porte. Je m'approchai d'elle, le hoyau toujours à la main. Elle avait les yeux humides et qui s'agitaient en tous sens, peut-être affolés par la scène à laquelle ils venaient d'assister. Je levai une main devant son visage et la bougeai de droite à gauche, mais elle n'eut aucune réaction. Je n'avais pas lieu de m'en prendre à elle. Si ce n'est qu'elle avait mis au monde Lachlan le Large, elle ne m'avait causé aucun tort. Elle n'était pas plus responsable des actions de son fils que mon père des miennes. J'avais accompli ce que j'étais venu faire et, n'ayant nulle intention de nier ma culpabilité, son meurtre n'aurait servi à rien. Dans tous les cas, tuer une vieille femme sans défense eût été un geste cruel et je n'en avais pas le cœur.

GLOSSAIRE

affermer : donner ou prendre un terrain à ferme ou à bail, louer
balasse : paillasse remplie de balles d'avoine
bannock : grosse galette d'avoine
barguigner : marchander
bouverie : étable
brelée : fourrage d'hiver pour les moutons
brimborion : colifichet, babiole, petit objet de peu de valeur
caraco : corsage de femme à manches longues
Càrn nan Uaighean : le nom de ce mont signifie littéralement « tas de pierres tombales »
cas chrom : littéralement « pied tordu » en gaélique ; sorte de bêche utilisée dans le nord-ouest de l'Écosse, composée d'un manche en bois coudé, armé à son extrémité d'un fer mince et carré pour fendre la terre
ceilidh : veillée entre voisins, souvent agrémentée de chants et de contes
chaudière : grand récipient généralement en métal qui sert à chauffer, cuire, bouillir
dressoir : armoire sans portes où l'on range la vaisselle et les objets de service usuels

estame : tricot de laine, dont on fait des bas et d'autres pièces d'habillement

estive : pâturage de montagne où l'on mène les troupeaux l'été

fouir : creuser ; travailler un sol en creusant, en retournant la terre

frairie : fête patronale d'un village

garron : type de poney de la race Highland

ghillie : homme qui guide les expéditions de chasse ou de pêche

gourmade : coup de poing

harpaille : troupe de biches ou de jeunes cerfs

hochepied : pièce de fer qui s'ajuste au manche de la bêche, près de la lame, et sur laquelle on pèse pour faire entrer l'outil dans les terrains compacts

hoyau : petite houe à lame légèrement recourbée et taillée en biseau, servant à défoncer la terre

laird : titre porté en Écosse par le propriétaire d'une terre et d'un manoir

louchet : bêche au fer long et étroit pour retourner la terre en profondeur

mois jaunes : été

mois noirs : hiver

palot : sorte de pelle à l'usage des tourbiers

quaich : coupelle écossaise traditionnelle, servant notamment à boire le whisky

rioter : rire à demi, doucement

se gaudir : se moquer

s'épouffer de rire : rire aux éclats, pouffer de rire

serein : légère humidité qui tombe au crépuscule après une chaude journée

shinty : sport traditionnel écossais, ancêtre du hockey sur gazon, qui se pratique encore dans les Highlands

RAPPORTS MÉDICAUX

d'après l'autopsie des victimes réalisée par Charles MacLennan, docteur en médecine, domicilié à Jeantown, et J.D. Gilchrist, chirurgien, de Kyle of Lochalsh

Applecross, 12 août 1869

Sur la réquisition de MM. William Shaw, bailli, et John Adam, procureur, nous soussignés avons ce jour examiné le corps de Lachlan Mackenzie, fermier et constable du village de Culduie, Ross-shire, âgé de trente-huit ans. Le corps nous a été présenté dans la grange d'un voisin, le sieur Kenneth Murchison, dans laquelle, aux dires de M. Murchison, il avait été transporté peu de temps après sa découverte. Le corps était étendu sur une table et recouvert d'une toile à sac.

La face de la victime était fortement décolorée et maculée d'une grande quantité de sang à l'état séché. Le côté droit de la face, de la pommette à la tempe, était entièrement effondré et le nez brisé. L'arrière du crâne était entièrement effondré et incomplet, et une grande partie de la pulpe cérébrale manquait. Nous fûmes instruits par M. Murchison que des fragments du crâne et de la pulpe cérébrale avaient été ramassés sur le sol de la maison où la mort était survenue, et placés dans un bol. Ayant examiné ledit bol, nous y avons trouvé des fragments d'os compatibles avec les fragments manquants du crâne. L'oreille externe du côté droit était presque entièrement séparée. Sur les autres parties du crâne, des éclats d'os brisés avaient pénétré le tissu cérébral. Il est présumable que ces blessures ont été occasionnées par des coups assenés à l'aide d'un objet ou d'un instrument lourd et contondant manié avec une très grande force.

Nous avons constaté un nombre important d'ecchymoses sur le torse, en particulier sur le côté gauche du sternum. Une incision d'une longueur de quinze centimètres avait pénétré la chair entre les côtes flottantes, dont nous avons découvert que deux étaient brisées. Les organes internes étaient intacts. Nous estimons que cette blessure-ci a été occasionnée par une large lame contondante, compatible avec le louchet ayant été retrouvé sur les lieux et qui nous fut montré.

Sur la partie antérieure de l'avant-bras droit se trouvait une large ecchymose à une distance de quinze centimètres sous le coude. Les paumes des deux mains présentaient plusieurs lacérations mineures et étaient pénétrées par de nombreuses échardes de bois. Le quatrième doigt de la main gauche était brisé.

Nulle autre partie du corps ne semblait présenter de blessure. Nous avons la ferme conviction que le ou les coups portés à l'arrière du crâne ont été suffisants pour causer une mort instantanée et constituent la cause positive de la mort.

Certifié en âme et conscience,
Charles MacLennan, docteur en médecine
J.D. Gilchrist

***

Applecross, 12 août 1869

Sur la réquisition de MM. William Shaw, bailli, et John Adam, procureur, nous soussignés avons ce jour examiné le corps de Flora Mackenzie, âgée de quinze ans, fille de Lachlan Mackenzie et résidante de Culduie, Ross-shire. Le corps nous a été présenté dans la grange du sieur Kenneth Murchison, dans laquelle il avait été transporté depuis le lieu du décès. Le corps était étendu sur une civière et recouvert d'un drap.

L'arrière du crâne était entièrement enfoncé et des fragments d'os avaient pénétré en profondeur les tissus mous. Les cheveux étaient collés par une grande quantité de sang séché. Les traits de la face étaient intacts. Il est présumable que les lésions au crâne ont été occasionnées par un coup unique asséné à l'aide d'un objet ou d'un instrument lourd et contondant manié avec une très grande force.

Nous avons observé de nombreuses lacérations et ecchymoses sur la région pubienne. Les parties extérieures molles avaient été totalement broyées et le pubis était brisé du côté gauche.

La jambe gauche était fracturée au genou et la partie extérieure du genou sévèrement contusionnée. Nous estimons que cette blessure-ci a été occasionnée par un fort coup assené à l'aide d'un objet compatible avec le louchet qui nous a été montré, et qu'elle a dû ôter à la victime la capacité de marcher.

Nulle autre partie du corps ne semblait présenter de blessure.

Nous avons la ferme conviction que le coup à l'arrière du crâne constitue la cause positive de la mort, bien que nous ne puissions dire si celle-ci fut instantanée ou pas.

Certifié en âme et conscience,
Charles MacLennan, docteur en médecine
J.D. Gilchrist

***

Applecross, 12 août 1869

Sur la réquisition de MM. William Shaw, bailli, et John Adam, procureur, nous soussignés avons ce jour examiné le corps de Donald Mackenzie, âgé de trois ans, fils de Lachlan Mackenzie et résidant de Culduie, Ross-shire. Le corps nous a été présenté dans la grange du sieur Kenneth Murchison, dans laquelle il avait été transporté depuis le lieu du décès. Le corps était étendu sur une balasse et recouvert d'un drap.

Une large ecchymose, de l'avant de la tempe à l'oreille, a été observée sur le crâne, lequel était dans cette partie profondément effondré bien que l'os ne se fût pas fragmenté. La peau était déchirée sur le pourtour de la région contusionnée et du sang s'en était échappé et avait séché.

Nulle autre partie du corps ne semblait présenter de blessure.

La blessure au crâne a très probablement été occasionnée par un coup assené à l'aide d'un objet lourd et contondant compatible avec le louchet qui nous a été montré, bien qu'avec moins de force que dans le cas des blessures constatées sur Lachlan Mackenzie et Flora Mackenzie. Toutefois, une telle blessure peut également avoir été occasionnée par une violente chute sur une surface dure. Nous avons la ferme conviction que cette blessure constitue la cause positive de la mort, mais ne pouvons former que des conjectures relativement à l'origine de ladite blessure.

Certifié en âme et conscience,
Charles MacLennan, docteur en médecine
J.D. Gilchrist

EXTRAIT DE *VOYAGES AUX MARCHES DE LA FOLIE*

de J. Bruce Thomson

James Bruce Thomson (1810-1873) était le médecin-chef de la prison générale d'Écosse, à Perth. En cette qualité, il examina autour de 6 000 détenus et devint une autorité reconnue dans la discipline alors naissante de l'anthropologie criminelle. En 1870, il publia deux articles importants dans le *Journal of Mental Science*, « La psychologie des criminels : Étude » et « La nature héréditaire du crime ». Son mémoire, *Voyages aux marches de la folie*, fut publié à titre posthume en 1874.

J'arrivai à Inverness le 23 août 1869 et passai la nuit dans une auberge où je fus rejoint par M. Andrew Sinclair, avocat d'un jeune paysan accusé du meurtre de trois de ses voisins. M. Sinclair m'avait écrit pour m'exprimer le désir d'avoir mon opinion, en tant qu'autorité prééminente du pays sur de tels sujets, quant à la santé mentale de son client. Nul d'entre nous ne peut prétendre être entièrement indifférent à des sollicitations qui flattent ainsi sa vanité et, attendu que le cas présentait plusieurs aspects intéressants, notamment l'intelligence alléguée du criminel, j'y consentis et fis le voyage depuis Perth sitôt que mes fonctions me le permirent.

D'emblée, M. Sinclair ne me parut pas être un homme du plus haut calibre, ce qui n'était guère étonnant vu les occasions limitées de conversation éduquée dans un coin reculé comme Inverness. Il était absolument ignorant des réflexions en cours dans le domaine de l'anthropologie criminelle, et je dus passer une bonne partie de la soirée à lui exposer les grandes lignes des récentes découvertes de mes confrères continentaux dans cette discipline. Naturellement, il était impatient de m'entretenir de son client, mais je l'astreignis au silence, souhaitant parvenir à mes propres conclusions sans m'être encombré préalablement de pensées préconçues, si erronées fussent-elles.

Le lendemain matin, j'accompagnai M. Sinclair à la maison d'arrêt d'Inverness afin d'inspecter le détenu, et derechef je commandai à l'avocat de ne point me parler de son client avant que j'eusse le loisir de l'examiner. M. Sinclair me précéda dans la cellule à l'effet, me dit-il, de s'assurer que son client voulût bien me recevoir. Je trouvai cette précaution des plus insolites, n'ayant jamais ouï dire qu'un prisonnier fût consulté sur le choix de ses visiteurs, mais j'attribuai cela au manque d'expérience de l'avocat face à des cas de cette nature. M. Sinclair resta quelques minutes à l'intérieur de la cellule avant d'ordonner au geôlier de me faire entrer. Dès le premier abord, les relations entre avocat et client me semblèrent bien peu orthodoxes. Ils conversaient ensemble, non comme un homme de loi et un criminel, mais plutôt à la façon de deux acolytes presque de connivence. Cependant, le dialogue entre eux me donna l'occasion d'observer le détenu avant d'entamer mon examen proprement dit.

Ma première impression de R—— M—— ne fut pas entièrement négative. Dans son allure générale, il possédait certes un physique de souche inférieure, mais il avait des traits un peu moins repoussants que la plus grande partie de la classe criminelle, peut-être du fait de n'avoir pas respiré le même air fétide que ses congénères urbains. Il avait néanmoins le teint blafard et des yeux, bien qu'alertes, rapprochés et surmontés d'épais sourcils. Sa barbe était clairsemée, même si cela était peut-être dû à sa relative jeunesse plutôt qu'à quelque déficience héréditaire. Dans sa conversation avec M. Sinclair, il me parut tout à fait lucide, mais je remarquai que les questions de l'avocat étaient fréquemment orientées, ne requérant du prisonnier qu'une simple confirmation de ce qui lui était suggéré.

Je congédiai l'avocat et, en présence du geôlier, sommai le prisonnier de se dépouiller de ses vêtements, chose qu'il fit sans protester. Il se tint devant moi dépourvu de la moindre gêne et j'entrepris un examen détaillé de sa personne. Il mesurait 164 centimètres et était de plus petite corpulence que la moyenne. Son torse formait une saillie mal proportionnée – ce que l'on nommerait de façon prosaïque un torse « bombé » – et il avait les bras plus longs que la moyenne et fortement développés, sans doute par suite de sa vie de labeur physique. Ses mains étaient larges et calleuses et ses doigts exceptionnellement longs, mais ne montrant aucun signe de palmure ni d'autres malformations. Il avait le torse velu des mamelons au pubis tout en étant parfaitement glabre sur le dos et les épaules. Son pénis était long, quoique dans la fourchette des dimensions normales, et ses testicules correctement descendus. Il avait des jambes malingres et, quand je lui demandai de marcher jusqu'à l'extrémité de la cellule (une courte distance, il est vrai), sa démarche me parut quelque peu chaloupée ou bancale, suggérant une asymétrie dans sa posture. Cela pouvait être dû à une blessure reçue par le passé mais, interrogé à ce sujet, le prisonnier ne fut capable de me fournir aucune explication.

Je procédai ensuite à une inspection détaillée du crâne et de la physionomie du détenu. Il avait le front et l'arcade sourcilière particulièrement bas et saillants, tandis que son crâne était plat sur le dessus et sensiblement proéminent à l'arrière. Dans l'ensemble, sa boîte crânienne était tout à fait difforme et guère dissemblable à nombre de celles que j'avais examinées en ma qualité de médecin pénitentiaire. Ses oreilles étaient considérablement plus grandes que la moyenne, avec de larges lobes aplatis[1].

Pour ce qui est du visage : les yeux, comme déjà mentionné, étaient petits et enfoncés, mais alertes et mobiles. Le nez protubérant, quoique remarquablement droit ; les lèvres étroites et pâles. En outre,

1. Dans l'intérêt du développement futur de l'anthropologie criminelle, il pourrait s'avérer d'une grande utilité que soit réalisée une étude des structures analogues dans la physiologie de criminels ne possédant entre eux aucun lien de consanguinité. (*Note dans le texte original.*)

les pommettes étaient hautes et saillantes comme il a été récemment démontré que c'était souvent le cas parmi l'engeance criminelle. Les dents étaient parfaitement saines sans que les canines fussent excessivement développées.

Ainsi R—— M—— partageait-il un certain nombre de caractéristiques avec les détenus de la prison générale (à savoir, principalement, le crâne difforme, les traits du visage ingrats, le torse bombé, les bras et les oreilles étirés). À d'autres égards, cependant, c'était un spécimen bien portant et bien développé de la race humaine et, si l'on avait dû l'observer dans son milieu naturel, on ne l'aurait pas d'emblée identifié comme un membre de la classe criminelle. De ce point de vue, il constituait un sujet intéressant que j'étais curieux d'étudier plus avant.

Je permis au prisonnier de se rhabiller et lui fis quelques questions simples. Il resta entièrement sans réaction. Certaines fois il paraissait n'avoir pas entendu mes questions, ou bien il le feignait. Je soupçonne qu'il savait très bien ce qui lui était demandé, mais refusait de répondre pour des motifs qui lui appartenaient. Une telle stratégie suggérait néanmoins que le sujet n'était pas un parfait imbécile et qu'il était capable d'une forme de raisonnement, fût-elle ou non défaillante. Toutefois, ne voyant pas l'utilité de prolonger mes investigations face à cette attitude récalcitrante, je priai le geôlier de me laisser sortir de la cellule.

M. Sinclair m'attendait dehors et m'interrogea avidement sitôt que j'apparus. Sa façon était moins celle d'un homme de loi que d'un parent inquiet désireux d'en connaître davantage sur la santé de son enfant. Comme nous avancions dans le corridor, je lui résumai mes constatations.

« Mais qu'en est-il de sa santé mentale ? » s'enquit-il.

Je savais bien que l'avocat était impatient que je me prononçasse sur cette question afin de pouvoir plaider l'aliénation mentale lors du procès, sauvant ainsi son client de la potence et, peut-être plus important encore, s'attirant lui-même un large renom. Cependant, je jugeais qu'il était encore trop tôt pour me risquer à émettre un avis.

J'expliquai qu'en homme de science, je ne pouvais me laisser guider par la supputation ou la conjecture. L'important, lui dis-je, ce sont les faits ; les faits et les exemples !

« Votre client présente plusieurs des caractéristiques physiologiques de la classe criminelle, que mon travail m'a porté à fréquenter. Pour autant, s'il partage certains de leurs traits, sans connaître la souche dont il émane je ne puis hasarder d'opinion quant à savoir s'il a acquis ces traits par hérédité. Quand l'eau dans la coupe est croupie, il faut d'abord vérifier si le puits est contaminé. En l'espèce, si l'on découvre qu'en effet le puits est pollué, cela pourrait influer sur le fait que notre sujet soit ou non responsable de ses actes. »

Nous avions atteint l'extrémité du corridor fétide dans lequel nous marchions et interrompîmes notre conversation le temps que l'on nous ouvrît les grilles. M. Sinclair, intimidé par la supériorité de mon savoir et de mon intellect, adopta une conduite plus déférente. Nous continuâmes en silence jusqu'au dernier portail et, une fois libres, humâmes profondément l'air tiède de l'été.

Puis, à mon initiative, nous nous rendîmes ensemble jusqu'à l'auberge car je souhaitais y pouvoir faire quelques questions à l'avocat. Lorsque nous fûmes installés à une table devant des rafraîchissements, M. Sinclair me demanda ce que je proposais pour la suite. Je lui dis que nous retournerions visiter le prisonnier dans sa cellule le lendemain de façon à ce que je poursuivisse mon examen.

« Ensuite, ajoutai-je, il nous faut vérifier le puits. »

M. Sinclair ne saisit pas ce que j'entendais par là.

« Nous devons, expliquai-je, nous rendre dans le misérable taudis dont ce pauvre diable est issu.

— Je vois, répondit l'avocat sur un ton laissant deviner que la perspective d'une telle expédition ne l'enchantait guère.

— Que savez-vous de la famille de votre client ? » m'enquis-je.

M. Sinclair but une longue gorgée de bière, sans doute flatté que je lui demandasse de me fournir quelque information.

« Son père est un petit paysan – un fermier – de bonne moralité. Sa mère était une femme respectable qui est morte en couches il y a près d'un an. Il y a, ou il y avait, trois autres enfants, une sœur aînée et deux jumeaux beaucoup plus jeunes.

— Il y “avait”, dites-vous ?

— La sœur a été retrouvée pendue dans une grange le soir des meurtres. »

Je marquai une pause. Cette information était assurément pertinente pour mon investigation.

« Et cette sœur était-elle saine d'esprit avant cet événement ? demandai-je.

— Je ne puis le dire. Dans la confusion qui a suivi les meurtres, son absence n'a pas été remarquée avant un moment. Des recherches ont été lancées et on l'a retrouvée, comme je l'ai mentionné, dans la grange. Le médecin n'a pas pu établir l'heure précise de la mort. »

Je hochai lentement la tête. L'existence d'un suicide n'indiquait rien de bon sur la constitution psychique de la famille. De surcroît, à notre époque, la mort d'une femme en couches est vraisemblablement le signe de quelque déficience congénitale. En un mot, le tableau qui se dessinait n'était pas celui d'une lignée robuste et bien portante.

« Et les jumeaux ? repris-je.

— Je ne sais rien d'eux, répondit l'avocat en secouant la tête. Ce ne sont que de tout jeunes enfants.

— Et quel gage avez-vous de la bonne moralité du père ?

— Seulement ce que j'ai appris par mes conversations avec R——.

— C'est bien ce que je craignais, rétorquai-je. Vous conviendrez, j'en suis certain, que nous ne pouvons prendre pour argent comptant les paroles d'un individu aussi perfide et violent que votre client. Il nous faut tenter d'établir la vérité sur sa famille d'une manière objective. Des faits et des exemples, monsieur Sinclair ! C'est à cela que nous devons nous attacher. »

Il me représenta qu'il n'avait jamais trouvé son client perfide, mais je balayai d'un geste ses objections.

« Nous partirons pour ce fameux Culduie dès après-demain, décrétai-je. Je vous laisse le soin des préparatifs. »

M. Sinclair me proposa de souper avec lui ce soir-là mais, sachant que j'allais passer bien du temps en sa société dans les jours suivants, je déclinai. Je fis savoir à la prison de Perth que je serais absent quelques jours et écrivis à ma femme pour l'en aviser également. Après quoi je parcourus attentivement les dépositions des témoins et les rapports médicaux que m'avait procurés M. Sinclair, et compilai mes notes sur les événements de la journée. Je pris mon souper dans ma chambre, ne voulant me mêler aux habitués de la salle commune, qui me rappelaient trop âprement les détenus de mon propre établissement. Le repas était tout à fait honorable et je bus assez de vin pour faire fi du matelas inconfortable et des bruits de ribote qui me parvenaient d'en bas.

Le lendemain, je commandai à M. Sinclair de faire livrer au prisonnier un repas copieux et une bouteille de vin d'une auberge locale. Il m'instruisit qu'il avait maintes fois proposé à son client de lui faire porter des repas, mais que ces offres avaient toutes été refusées. Ce n'était pas, l'avisai-je, que le prisonnier ne voulait pas de repas, mais qu'il rechignait à se savoir redevable envers son avocat. Les actes de bonté sincère sont si étrangers aux membres des classes criminelles qu'ils sont invariablement accueillis avec suspicion. Néanmoins, je me vois contraint d'admettre que ma proposition ne procédait pas d'un simple élan de bonté. Il a été clairement démontré que la faim pouvait provoquer chez un détenu un état d'agitation, d'irritabilité ou même d'agressivité. À mon arrivée, je souhaitais trouver R—— M—— plongé dans une indolence suscitée par la riche nourriture qu'il aurait consommée, et donc dans une disposition d'esprit plus propice à un interrogatoire. Le repas devait lui être livré à midi et je prévoyais de retrouver M. Sinclair à la maison d'arrêt sur le coup d'une heure, laissant ainsi le temps aux victuailles d'avoir produit leur effet.

J'arrivai sur place quelque peu en avance sur l'heure dite, car je désirais commencer par faire certaines questions au geôlier, et ce sans la présence de l'avocat. En effet, ma substantielle expérience m'a enseigné que les pauvres gens affectés à de tels travaux subalternes tendent à faire allégeance au premier homme éduqué qu'ils rencontrent, tout comme un agneau orphelin s'attache à la première main qui le nourrit.

Le geôlier avait un physique conforme à la variété inférieure que l'on observe couramment chez les employés des prisons et asiles de notre pays. Il était de taille moyenne mais de large carrure, avec des épaules et des avant-bras puissants. Il avait le teint rougeaud et scrofuleux, un crâne quelque peu difforme et de grosses oreilles décollées. Ses cheveux, noirs et rêches, descendaient bas sur son front. De même, ses favoris lui poussaient dru sur les joues. Son visage présentait l'expression singulièrement sotte et niaise tant répandue chez les occupants des cellules dont il avait la garde, et je n'eusse point été surpris de le rencontrer parmi eux. Il n'était pas douteux qu'il fût parfaitement accordé à sa profession, mais pour la mission qui m'incombait alors je ne recherchais en lui ni esprit ni intelligence ; il avait deux yeux pour voir, et c'était d'eux que j'entendais tirer profit.

Le geôlier ne montra aucune surprise lorsque je lui fis connaître que je ne souhaitais pas entrer sur-le-champ dans la cellule. Les individus de son espèce existent presque exclusivement dans le présent ; ils se moquent du passé et ne projettent pas davantage leurs pensées dans le futur, et sont ainsi incapables d'être surpris par quoi que ce soit. De même sont-ils incapables d'éprouver l'ennui et donc particulièrement prédisposés aux tâches peu exigeantes et répétitives. J'entraînai le bougre à l'extrémité du corridor de façon à ce que nous ne pussions être entendus par le sujet de notre conversation. Je m'assurai d'abord de ce que ce geôlier avait bien eu R—— M—— sous sa surveillance depuis le début de son incarcération ; et qu'il était chargé de lui porter ses repas, de vider ses matières fécales et de l'observer périodiquement à travers l'ouverture dans la porte. Le geôlier répondit à mes questions avec peine et je dus souvent les reformuler afin de me faire comprendre.

Je lui fis ensuite une série de demandes concernant le comportement du prisonnier, et je retranscris ci-après la substance de ses réponses :

Le prisonnier ne dormait pas à outrance et se montrait en tout temps alerte et conscient de ce qui l'entourait. Il mangeait avec appétit et ne s'était jamais plaint de la qualité ni de la quantité de ses repas. Pareillement, il ne s'était point lamenté d'un excès de froid ni de chaleur dans sa cellule, pas plus qu'il n'avait réclamé de couvertures ni d'autres objets supplémentaires. Il ne s'était jamais enquis de sa famille ni n'avait manifesté de curiosité à propos du monde extérieur. En un mot, aucun dialogue significatif n'avait eu lieu entre les deux hommes. R—— M—— était à tout moment que l'y autorisait la lumière du jour occupé à la rédaction du manuscrit sur sa table, mais le geôlier n'avait exprimé nul intérêt quant à sa teneur. Le prisonnier n'avait pas une seule fois été vu ni entendu en proie à des délires, ni poussant des cris comme s'il était victime d'hallucinations. La nuit, il dormait à poings fermés et ne semblait pas perturbé par de mauvais rêves ou des visions nocturnes.

À la fin de notre entretien, je glissai une pièce d'un shilling dans la paume du gardien. Il la regarda un instant d'un air ahuri avant de la fourrer sans un mot dans la poche de son gilet graisseux. C'est alors qu'arriva M. Sinclair, qui parut fort étonné de me trouver en conciliabule avec le geôlier. Clairement, il ne lui était pas venu à l'idée d'ainsi tirer parti de l'individu – tout borné fût-il intellectuellement – dans le voisinage le plus proche du prisonnier. Nul doute qu'à l'image de la majeure partie de ses pairs dans la carrière juridique, il préférait la supposition et la conjecture à la preuve. Je ne voyais pas de motif de lui fournir une quelconque explication à mes actions, et il n'eut pas la témérité de m'en demander.

Lorsque nous pénétrâmes dans sa cellule, R—— M—— se tenait debout contre le mur en face de la porte et je craignis qu'en dépit de mes précautions, la discussion dans le corridor ne l'eût alerté de notre présence. Comme M. Sinclair avait établi un certain lien avec le prisonnier, je le laissai passer devant et gardai mes pensées par-devers moi tandis qu'il se livrait à quelques amabilités grotesques. Je remarquai d'emblée que le plateau que j'avais fait livrer de l'auberge était posé au sol, près de la table. Un bol qui paraissait avoir contenu du bouillon était vide, mais l'assiette de mouton et de pommes de terre était restée intacte. De même, la bouteille de vin n'était pas entamée.

Je demandai à R—— M—— d'un ton avenant pourquoi il n'avait pas fini un aussi bon repas, et il me répondit qu'il n'était pas accoutumé à des nourritures aussi riches et qu'il avait mangé en quantité suffisante. Il ajouta ensuite que si j'avais faim, il m'offrait volontiers ses restes, une proposition que je déclinai poliment. M. Sinclair lui exposa que je souhaitais lui faire quelques questions et qu'il lui serait grandement profitable d'y répondre pleinement et honnêtement. R—— M—— rétorqua qu'il n'y voyait aucun profit pour lui-même mais que, si M. Sinclair y tenait, il répondrait à toutes les questions qu'on lui ferait. Je pris place sur la chaise près de la table et demandai au prisonnier de s'asseoir sur sa couchette en bois, à quoi il obtempéra. M. Sinclair se tint dos à la porte, les mains croisées sur l'abdomen.

Les éléments que j'avais recueillis jusque-là – d'après mon examen physique et ma conversation avec le geôlier – ne suffisaient pas à tirer quelque conclusion que ce fût quant à la santé mentale du prévenu, ni quant à sa responsabilité morale dans les crimes qu'il avait consommés. Sur un grand nombre de points, il ressemblait au morne cortège d'imbéciles qui passaient quotidiennement entre mes mains, mais sur d'autres, tels que sa vivacité générale et sa faculté à s'atteler à une tâche, il n'en était rien. Je ne croyais pas un instant que les pages auxquelles il paraissait s'être si diligemment occupé contiendraient rien d'autre que du baragouin et des divagations, mais le fait qu'il s'y fût autant appliqué était en soi remarquable. Dans ma longue expérience auprès des classes criminelles, je n'ai jamais rencontré un seul spécimen capable d'aucun jugement esthétique, et encore moins de produire une quelconque œuvre littéraire ou artistique. Les aspirations littéraires du prisonnier moyen se réduisent à graver quelques expressions vulgaires sur le mur de sa cellule. Un homme de science doit, par nécessité, se tenir à jour des théories et précédents dans son domaine de prédilection, mais il ne doit point laisser ces théories le rendre aveugle aux constatations de ses propres yeux, ni écarter comme aberrant ou non concluant ce qui ne coïnciderait pas avec ses attentes. Tout déroutant que puisse sembler un élément nouveau, il doit être traité avec honnêteté. Ainsi que l'écrivait M. Virchow, « il nous faut prendre les choses telles qu'elles sont réellement, et non telles que nous les voudrions être[1] ».

Il était tout à fait clair que R—— M—— n'était pas un maniaque délirant, le fou de l'imagination populaire, cependant, comme il a été bien établi par M. Prichard[2] et d'autres, il existe une seconde catégorie de folie : l'aliénation morale, par laquelle les perversions les plus graves des impulsions, affections et habitudes naturelles peuvent avoir cours sans trouble concomitant de l'intellect ni de la raison. Assurément, d'après ce que j'avais observé jusque-là, R—— M—— manifestait un certain degré d'intelligence, une intelligence qui selon toute

1. Rudolf Virchow (1821-1902) était un scientifique allemand considéré comme « le père de la pathologie moderne ».

2. James Cowles Prichard, *Treatise on Insanity and Other Disorders Affecting the Mind* (Traité sur l'aliénation mentale et autres troubles de l'esprit) (1835).

probabilité ne pouvait être mobilisée qu'à des fins de tromperie ou de malice, mais qui le distinguait néanmoins du prototype du dégénéré. C'est donc dans l'intention d'explorer l'étendue des capacités de raisonnement du prisonnier que j'entamai mon interrogatoire.

Afin d'entretenir l'illusion que nous étions simplement deux hommes engageant la conversation, je ne pris aucune note sur le moment, et le compte rendu qui suit est tiré du rapport que je compilai de mémoire sitôt mon retour à l'auberge.

Je commençai par dire à R—— M—— que j'étais curieux de l'entreprise littéraire dans laquelle il s'était lancé. Il me répondit qu'il écrivait ces pages au seul motif que M. Sinclair le lui avait commandé. Je répliquai que cela ne me semblait pas une explication suffisante au dévouement qu'il paraissait avoir mis à l'ouvrage. À quoi le prisonnier balaya d'un geste l'espace de sa cellule et me rétorqua : « Comme vous pouvez le voir, monsieur, il n'y a guère autre chose ici pour me divertir.

— Ainsi, cela vous divertit d'écrire ces pages ? » demandai-je.

Il ne me répondit pas. Il se tenait très droit sur sa couchette, le regard fixé sur le mur en face de lui plutôt que sur son interlocuteur. Je lui dis ensuite que je souhaitais lui faire quelques questions à propos des événements qui l'avaient conduit en ce lieu. Ses petits yeux cillèrent momentanément dans ma direction, mais à part cela il n'y eut aucune altération dans sa contenance.

« Je crois comprendre d'après M. Sinclair que vous ne niez pas la responsabilité de ces crimes, repris-je.

— En effet, dit-il, tout en gardant les yeux rivés sur le mur.

— Puis-je vous demander ce qui vous a porté à commettre des actes d'une telle violence ?

— Je voulais délivrer mon père des tribulations qu'il avait dernièrement endurées.

— Et quelle était la nature de ces tribulations ? »

R—— M—— me décrivit alors une série de querelles futiles qui s'étaient produites entre son père et le défunt sur une période de quelques mois.

« Et vous vous êtes senti en droit, du fait de ces incidents, de donner la mort à M. Mackenzie ?

— Je ne voyais aucune autre issue possible.

— N'auriez-vous pas pu solliciter une personne d'autorité dans votre village pour faire office d'intermédiaire dans ces affaires ?

— M. Mackenzie était l'autorité de notre village.

— Vous paraissez être un jeune homme intelligent. Ne pouviez-vous pas chercher à résoudre ces différends en faisant entendre raison à M. Mackenzie ? »

Cette suggestion fit sourire R—— M——.

« Avez-vous tenté de faire entendre raison à M. Mackenzie ?

— Non.

— Pourquoi ?

— Si vous aviez eu l'occasion de connaître M. Mackenzie, vous ne poseriez pas une telle question.

— Avez-vous consommé le meurtre de M. Mackenzie à l'instigation de votre père ? » demandai-je.

R—— M—— secoua la tête d'un air las.

« Avez-vous discuté de votre projet avec quelqu'un d'autre ?

— Je ne dirais pas que j'avais un projet, rétorqua-t-il.

— Pourtant vous vous êtes rendu chez M. Mackenzie muni d'armes. Vous deviez bien avoir en tête de vous en prendre à lui.

— En effet.

— Dans ce cas, cela constitue bel et bien un projet, non ? »

Je m'efforçais de conserver un ton affable, comme s'il s'agissait d'une simple conversation entre amis sur un sujet d'intérêt mutuel. Je ne voulais pas buter le prisonnier contre moi en ayant l'air d'essayer de le prendre en défaut.

« Je suis allé chez M. Mackenzie avec l'intention de le tuer, mais je ne dirais pas que j'avais un projet », persista-t-il.

Je feignis une certaine perplexité face à l'infime distinction qu'il semblait faire, et lui demandai s'il pouvait préciser ce qu'il voulait dire.

« Je veux simplement dire que si j'avais en effet l'intention – il prononça ce dernier mot avec une emphase particulière, comme si c'était lui, et non moi, qui s'adressait à un inférieur – de m'en prendre à lui, je n'avais pas élaboré de projet en tant que tel. Je suis allé chez M. Mackenzie ainsi armé dans le seul but de découvrir ce qui se produirait dans cette situation.

— Vous pensez donc que vous n'êtes pas entièrement responsable de la mort de M. Mackenzie… que ce fut, d'une certaine façon, une question de hasard.

— L'on pourrait aussi bien dire que tout ce qui arrive est une question de hasard, rétorqua le prisonnier.

— Mais est-ce le hasard qui plaça un hoyau dans votre main et vous conduisit à vous introduire dans la maison de M. Mackenzie ?

— Il se trouva par hasard que j'avais un hoyau à la main avant de me mettre en route.

— Et cette seconde arme…

— Le louchet, intervint M. Sinclair.

— Ce n'est pas le hasard, poursuivis-je, qui plaça ce louchet dans votre main.

— Le louchet était appuyé contre le pignon de notre maison, répliqua R—— M—— d'un ton las.

— Quoi qu'il en soit, insistai-je, vous l'avez pris. Ce n'est pas le hasard qui le plaça dans votre main.

— Non.

— Car vous projetiez de tuer M. Mackenzie.

— Il est vrai que je souhaitais que M. Mackenzie mourût par ma main. S'il vous plaît d'appeler cela un projet, libre à vous de le faire. Je voulais seulement donner à mon entreprise toutes les chances de réussir. »

Je hochai la tête avec componction devant ce simulacre de logique.

« Et fûtes-vous content de cette réussite ?

— Je n'en fus pas mécontent, répondit R—— M——

— Mais vous ne pouvez pas être content de vous trouver incarcéré dans cette cellule, objectai-je.

— C'est un détail sans importance, dit-il.

— Vous comprenez que vos actions et vos déclarations à leur sujet vous mèneront sans doute à la potence ? »

R—— M—— resta muet. Je n'aurais su dire si sa réserve était feinte ou bien le produit de quelque bravade déplacée. Je ne savais pas encore non plus si les réponses franches qu'il m'avait faites étaient pleinement ingénues ou calculées dans le but de se faire passer pour fou ; s'il prévoyait qu'en reconnaissant aussi ouvertement avoir commis des actes d'une telle brutalité, il serait jugé ne pas être en possession de sa raison.

J'en vins alors aux autres victimes de son attaque.

« Vous avez déclaré que vous souhaitiez assassiner M. Mackenzie, et j'entends que dans votre esprit vous vous sentiez en droit de le faire, mais tuer une jeune fille et un enfant est une tout autre histoire. Aviez-vous également quelque grief à l'encontre de Flora ou Donald Mackenzie ?

— Pas du tout.

— Dans ce cas, leur avoir donné la mort est parfaitement monstrueux, dis-je.

— Je n'ai agi ainsi que par nécessité, répondit-il.

— Par nécessité ? répétai-je. N'aurait-il pas été possible pour un homme aussi robuste que vous l'êtes de maîtriser une jeune fille et un petit garçon ?

— Avec le recul, on pourrait le penser. Peut-être que si j'avais eu un projet, comme vous dites, cela aurait été possible. Il se trouve simplement que les choses se sont passées ainsi.

— En somme, pour parvenir à vos fins de tuer M. Mackenzie, vous étiez prêt à assassiner deux individus qui, même à vos propres yeux, étaient tout à fait innocents.

— Il n'était pas dans mes intentions de les tuer, répliqua-t-il, mais je n'ai pas eu le choix.

— Vous n'avez agi que par nécessité. »

Le prisonnier haussa les épaules comme s'il commençait à être las de se prêter à mes questions.

« S'il vous plaît de le dire en ces termes, eh bien oui, je les ai tués par nécessité. »

À ce moment, je sortis de ma sacoche les rapports médicaux, établis de façon fort compétente par un médecin local, qui détaillaient les blessures infligées aux victimes. Je lus alors au prisonnier un paragraphe décrivant sur le corps de Flora Mackenzie des lésions trop obscènes pour être rapportées ici.

« Ce qui est exposé là semble très largement excéder les exigences de la nécessité », dis-je.

R—— M—— s'était jusqu'alors tenu parfaitement immobile sur sa couchette, le regard fixé sur le mur de la cellule. Néanmoins, à la lecture de ce passage, ses yeux se mirent à osciller dans tous les sens et ses mains, qu'il avait jusque-là gardées sur ses genoux, à agacer nerveusement l'étoffe de sa culotte.

« Pouvez-vous m'expliquer pourquoi vous avez éprouvé la nécessité d'infliger de telles blessures à la jeune Flora Mackenzie ? » m'enquis-je, toujours sur le même ton égal et affable.

Le rouge monta aux joues du prisonnier. Il arrive souvent que même les détenus capables d'exercer un contrôle sur leurs déclarations verbales ne sachent pas réprimer les manifestations physiques de l'anxiété. R—— M—— jetait des regards tout autour de lui, comme s'il cherchait dans la cellule une réponse à ma question.

« Je ne me rappelle pas avoir infligé ces blessures, finit-il par répondre, d'une voix plus faible que précédemment.

— Vous avez pourtant dû les infliger, dis-je.

— Oui, sans doute. »

Il ne me parut pas nécessaire de presser davantage le prisonnier sur ce point, ayant déjà atteint mon objectif en le prenant ainsi au dépourvu. Je rangeai les documents dans ma sacoche et me levai pour signifier la fin de notre entretien. M. Sinclair se détacha du mur contre lequel il était resté appuyé et se redressa de toute sa hauteur. Je l'avisai que nous en avions terminé et il nous fit ouvrir la porte de la cellule. Je commandai au geôlier de ramasser le plateau qui avait été livré de l'auberge, en ne doutant pas qu'il n'aurait aucun scrupule à en grappiller les restes.

***

M. Sinclair et moi arrivâmes à Applecross au soir du 26 août après un voyage éreintant. L'auberge où nous devions passer la nuit était d'une propreté fort appréciable : des murs badigeonnés de chaux, un mobilier simple et une bonne flambée dans l'âtre. Nous reçûmes un accueil amène et un souper de ragoût de mouton qui nous fut servi par une jeune fille bien proportionnée, au teint florissant. Les hommes autour de nous étaient pour la plupart basanés et de petite taille, mais par ailleurs robustes et ne présentant pas de difformités congénitales apparentes. Ils conversaient dans l'idiome barbare de la région, si bien que je ne puis témoigner de la teneur de leurs discussions, mais malgré les fortes quantités de bière qu'ils absorbaient, leur conduite n'était point dissolue ; il ne paraissait pas non plus y avoir de prostituées parmi la clientèle. Notre présence ne semblait pas susciter d'étonnement particulier et, lorsque j'interrogeai notre hôtesse à ce sujet, elle me répondit qu'en raison du nombre de gens qui venaient à la Grande Maison pour la chasse, il n'était pas rare que des gentilshommes fissent halte à l'auberge. Je me retirai à la première occasion, laissant ce bon M. Sinclair à cette conviviale compagnie, et dormis à poings fermés.

Nous nous levâmes à l'aube et eûmes droit à un déjeuner de boudin noir et d'œufs accompagné d'une chope de bière, que mon compagnon but avec enthousiasme. Comme il n'y avait pas de cabriolet pour nous convoyer, l'on nous procura deux poneys et nous nous mîmes en route pour Culduie. Une belle journée s'annonçait, l'air était frais et piquant. Le bourg d'Applecross se trouvait fort plaisamment situé sur le rivage d'une baie abritée et ses maisons, quoique primitives, paraissaient solidement bâties. En dépit de l'heure matinale, plusieurs vieilles femmes étaient déjà assises sur des bancs devant chez elles, dont une bonne proportion devaient avoir aisément entamé leur huitième décade. Certaines fumaient de petites pipes tandis que d'autres étaient occupées à leur tricot. Toutes nous regardèrent passer avec curiosité, sans qu'aucune ne nous saluât.

Après quelque trois kilomètres, nous traversâmes le village de Camusterrach, un ensemble de chaumières délabrées disposées autour d'un modeste port. L'endroit possédait une église de construction rudimentaire, un joli presbytère en pierre et une école, édifices qui lui conféraient une certaine bienséance. En tout cas, ni Applecross ni Camusterrach, tout primitifs fussent-ils, ne nous avaient préparés au misérable chapelet de masures qui comprenait le domicile de R—— M——. Le court trajet entre Camusterrach et Culduie offrait, il faut le dire, une vue magnifique sur les îles de Raasay et de Skye. Le détroit qui les séparait de la terre ferme scintillait délicieusement sous le soleil. Le contraste lorsque nous enfilâmes le chemin qui montait à Culduie n'aurait pu être plus cruel, et j'imagine que les malheureux résidants de ce village doivent chaque jour détourner les yeux de la beauté qui s'étale devant eux afin qu'elle ne leur rappelle pas la laideur sordide dans laquelle ils croupissent. La plupart des maisons, si l'on peut les nommer ainsi, étaient d'aspect tellement grossier qu'on les aurait prises pour des bouveries ou des porcheries. Elles consistaient en un tas de pierres et de tourbe surmonté d'un toit de chaume brut, d'où malgré la chaleur de la journée s'échappait un ruban de fumée, si bien que chaque maison semblait se consumer doucement. Alors que nous avancions sur le chemin, un homme au travail dans son champ s'interrompit et nous dévisagea ouvertement. Il était courtaud, fortement barbu et tout à fait repoussant de visage. Seule la maison au débouché du chemin possédait un toit d'ardoise et paraissait adaptée à loger des humains. C'est là que nous nous arrêtâmes pour demander la direction du domicile de M. M——, le père de l'accusé. À mon grand étonnement, nous fûmes accueillis sur le seuil par une très belle femme, qui, avant que nous n'eussions le loisir de lui exposer la raison de notre visite, nous proposa d'entrer. Je dois admettre que, curieux d'observer par moi-même les conditions de vie de ces gens, je fus agréablement surpris par l'intérieur de la maison. Bien qu'en simple terre battue, le sol avait été fraîchement balayé et il régnait une atmosphère générale de bonne hygiène. Il y avait quelques meubles sommaires mais commodes et nous fûmes invités à prendre place dans deux fauteuils disposés devant l'âtre. M. Sinclair commença à dire que nous n'avions pas besoin de nous asseoir car nous étions seulement venus demander le chemin du domicile de la famille M——, mais je le coupai en déclarant que nous serions ravis d'accepter l'hospitalité de notre hôtesse pendant quelques minutes. Puisque nous avions accompli un long voyage afin d'apprendre quelque chose sur la communauté qui avait engendré R—— M——, il aurait été négligent de ne point saisir chaque occasion de le faire. L'étude de la classe criminelle ne doit pas se concentrer exclusivement sur l'hérédité, mais tenir compte également des circonstances dans lesquelles évolue l'individu dégénéré. L'hérédité ne saurait à elle seule expliquer la commission d'un crime. L'air fétide des bas-fonds, la faim et un climat général d'immoralité doivent aussi être considérés comme des facteurs dans la fabrique du criminel. Il existe de nombreuses études sur des enfants qui, ayant été retirés aux taudis de leurs parents, ont pu mener par la suite, dans les limites de leur intellect, des vies fort productives.

Aussi me réjouissais-je d'avoir cette opportunité d'en apprendre un peu plus sur le puits dont était issu R—— M——. Une fois les présentations faites, Mme Murchison appela deux de ses filles pour nous servir du thé et vint s'asseoir avec nous près du feu. N'était sa mise ordinaire, je n'aurais pas rougi d'amener Mme Murchison dans un salon de Perth. Elle avait les traits fins et d'intelligents yeux marron. Elle se tenait avec une dignité laissant supposer qu'elle avait une certaine habitude de converser avec des hommes éduqués. Ses filles, que j'estimai avoir autour de douze et treize ans, se mouvaient avec une grâce similaire et étaient heureusement proportionnées, à la fois dans le corps et la contenance. Mme Murchison nous fit savoir que son mari, un maçon, s'était absenté pour la journée. Je lui demandai comment elle l'avait rencontré et elle m'expliqua qu'ils s'étaient connus dans la petite ville voisine de Kyle of Lochalsh, où son père était un négociant de bonne réputation. M. Murchison avait donc évité l'immense aberration des peuplades côtières de l'Écosse qui, à force de s'épouser entre elles, perpétuaient leurs particularités et leurs défaillances physiques. Le thé nous fut servi dans des tasses en porcelaine, accompagné de scones beurrés. Je complimentai Mme Murchison sur la bonne éducation de ses filles. Elle me répondit qu'elle en avait quatre autres et je lui présentai mes condoléances pour l'infortune qui l'avait privée d'un fils.

J'exposai ensuite à Mme Murchison la raison de notre venue à Culduie et m'enquis de son opinion quant à l'accusé. Elle éluda ma question, commentant à la place la nature tragique de ces crimes récents et l'effet qu'ils avaient eu sur leur petite communauté.

Je relevai l'emploi du mot « tragique » et lui demandai pourquoi elle qualifiait ainsi ces événements.

« Je ne vois pas de quelle autre façon l'on pourrait les décrire, dit-elle.

— Je m'interroge seulement, répondis-je, sur la raison qui vous porte à qualifier de tels agissements de "tragiques" plutôt que, par exemple, de vicieux ou d'abjects. »

Mme Murchison nous regarda alors l'un après l'autre, comme pour s'assurer qu'elle pouvait nous parler ouvertement.

« Si vous voulez mon opinion, monsieur Thomson, dit-elle, je trouve que l'on parle bien trop souvent de vice à propos de nos contrées. À en écouter certains, l'on pourrait croire que nous vivons dans un perpétuel état de débauche.

— Je constate en effet que ce serait là une vision erronée, acquiesçai-je en balayant la pièce de la main. Il faut bien néanmoins tâcher de trouver quelque explication aux actions de votre voisin. »

À cet instant, Mme Murchison envoya ses deux filles dehors en leur disant de s'affairer à leurs besognes. Après quoi elle répondit que ce n'était pas à elle de se risquer à une explication, mais qu'elle ne pouvait qu'imaginer qu'au moment de consommer ses terribles crimes R—— M—— ne devait pas avoir toute sa raison. Elle nous pria ensuite de bien vouloir la pardonner d'avoir exprimé un avis en présence de deux gentilshommes qui en savaient à l'évidence beaucoup plus qu'elle sur le fonctionnement de l'esprit humain.

J'écartai d'un geste ses scrupules et lui rétorquai que, bien qu'ayant étudié un très grand nombre de criminels, j'étais un homme de science et par suite je privilégiais les preuves aux généralisations et aux conjectures. C'était précisément parce que je souhaitais recueillir les vues des personnes qui connaissaient l'accusé que j'étais là.

« Vous trouverez, je n'en doute pas, abondance de gens qui ne demanderont qu'à vous offrir une mauvaise opinion de lui, dit-elle, mais je ne l'ai jamais vu faire de mal délibérément à quiconque.

— Vous ne l'auriez pas cru capable de commettre de tels actes ?

— Je n'aurais cru aucun être humain capable de commettre de tels actes, monsieur Thomson », répliqua-t-elle.

Je lui demandai alors si elle avait connaissance de quelque cause que ce fût qui aurait pu pousser R—— M—— à agir de la sorte. Elle parut réticente à répondre à cette question.

« Il est vrai qu'il y avait eu certaines disputes entre M. Mackenzie et M. M——, finit-elle par concéder.

— Et qui, selon vous, était en tort dans ces disputes ?

— Je ne crois pas qu'il me revienne d'en juger.

— Peut-être rechignez-vous à dire du mal des morts », suggérai-je.

Mme Murchison me dévisagea quelques instants. C'était assurément une créature saisissante.

« Je peux affirmer en toute certitude que Flora et Donald Mackenzie n'étaient pas en tort », murmura-t-elle finalement, avant de se mettre à pleurer.

Je m'excusai de l'avoir chagrinée. Elle sortit un mouchoir en lin de sa manche et s'en tamponna les yeux dans une parfaite imitation d'une dame de la bonne société. Voyant qu'elle portait ainsi un mouchoir caché sur sa personne, j'en déduisis qu'elle était ces temps-ci fréquemment sujette à ce genre de débordements d'émotion. Lorsqu'elle se fut ressaisie, je lui demandai ce qu'elle pouvait me dire du caractère de R—— M——. Elle me fixa un moment de ses jolis yeux marron.

« Il avait généralement bon caractère, répondit-elle de façon évasive.

— Généralement ?

— Oui.

— Mais pas toujours ? insistai-je.

— Tous les garçons de l'âge de R—— sont quelquefois enclins à faire des sottises, ne croyez-vous pas ?

— Très certainement, opinai-je. Mais à quel genre de sottises faites-vous allusion ? »

Mme Murchison resta muette et je fus frappé par son étrange répugnance à dire du mal de quelqu'un qui s'était livré à des agissements aussi monstrueux. Je jugeai alors préférable d'affiner mes questions.

« Était-il enclin à voler ? »

Mme Murchison réfuta cette suggestion par un éclat de rire.

« Avez-vous jamais eu vent qu'il ait commis des actes de cruauté sur des animaux ou des petits enfants ? »

Cette proposition ne fit pas rire Mme Murchison, mais elle y répondit par la négative.

« L'avez-vous déjà surpris à divaguer sous l'effet de quelque fantasme ou hallucination ?

— Je ne dirais pas que je l'ai vu divaguer, répondit-elle, mais de temps en temps, quand il marchait dans le village ou qu'il travaillait aux champs, il lui arrivait de grommeler dans sa barbe.

— Ces grommellements étaient-ils intelligibles ? »

Mme Murchison secoua la tête.

« Il gardait les lèvres serrées, expliqua-t-elle avant de pincer la bouche pour démontrer ce qu'elle voulait dire. Comme s'il ne souhaitait pas être entendu. Sitôt qu'on l'approchait ou qu'il se sentait observé, il cessait.

— C'est donc qu'il avait conscience de ce qu'il faisait, déclarai-je, davantage pour moi-même que pour mon auditoire. Avez-vous jamais discuté avec quelqu'un d'autre de cette tendance de R——?

— Mon mari s'en était aussi aperçu et m'en avait fait la remarque.

— Et quelle était la substance de ces remarques ?

— Rien d'autre que de me décrire ce qu'il avait vu. Nous n'y avons pas prêté grande importance.

— C'était pourtant assez insolite pour mériter d'être commenté.

— En effet, reconnut Mme Murchison avant de boire une gorgée du thé qu'elle tenait délicatement sur ses genoux. Vous devez comprendre, monsieur Thomson, le grand malheur qui a frappé R——. Depuis la mort de sa mère, une chape de chagrin s'est abattue sur toute la maisonnée, aussi douloureuse à observer qu'étanche aux bons offices de leurs voisins.

— Vous pensez donc que le décès de Mme M—— a provoqué certains changements de caractère chez son fils ?

— Chez toute la famille », dit-elle.

J'acquiesçai d'un hochement de tête.

« Vous devez aussi savoir, reprit-elle, que John M—— est un homme sévère, qui… – à cet instant elle baissa la voix et pencha les yeux au sol comme si elle avait honte de ce qu'elle s'apprêtait à dire –… qui ne témoignait guère d'affection à ses enfants. »

Elle ajouta aussitôt qu'elle ne voulait pas dire de mal d'un voisin, et je l'assurai de ma discrétion.

« Vous vous êtes montrée d'une grande aide, lui affirmai-je. Comme je vous l'ai indiqué, les motifs de nos investigations sont strictement professionnels. »

Je marquai une pause avant de poursuivre.

« Puisque vous êtes manifestement une femme éduquée, puis-je vous poser une ultime question, une question de nature quelque peu délicate ? »

Mme Murchison accepta d'un signe de tête.

« Pardonnez-moi, dis-je, mais avez-vous jamais eu vent que R—— M—— ait commis des actes contraires aux bonnes mœurs ? »

Ses joues rosirent légèrement, ce qu'elle s'efforça de dissimuler en portant une main à son visage. Mon ressenti en voyant cela ne fut pas tant qu'elle était embarrassée par ce à quoi je faisais allusion, mais plutôt que j'avais mis le doigt sur quelque chose dont elle aurait préféré ne pas avoir à discuter. Elle commença par essayer de détourner ma question en me demandant à quel genre d'actes je pensais.

« Il est vraisemblable, rétorquai-je, que si la réponse était négative, vous n'auriez pas besoin d'une telle clarification. Je vous rappelle que je suis un homme de science et vous prie par conséquent de mettre de côté votre pudeur naturelle. »

Mme Murchison reposa sa tasse et jeta un regard autour d'elle pour vérifier que ses filles n'étaient pas dans les parages. Puis elle parla en gardant les yeux rivés sur le sol de terre battue entre nous.

« Nos filles – l'aînée a quinze ans – dorment dans une pièce à l'arrière de la maison, dit-elle en désignant une porte qui conduisait probablement à cette chambre. À plusieurs reprises, mon mari a surpris R—— devant la fenêtre.

— La nuit ? demandai-je.

— La nuit ou très tôt le matin.

— Il observait vos filles ?

— Oui.

— Si vous voulez bien pardonner mon indélicatesse, votre mari trouvait-il le garçon dans un état d'excitation ? »

Cette fois, les joues de la brave femme s'empourprèrent plus nettement.

« Il s'adonnait à une pratique onaniste ? »

Mme Murchison hocha discrètement la tête, puis releva timidement les yeux vers moi. Afin de dissiper sa gêne, j'affectai un ton désinvolte pour lui demander quelle mesure son mari avait alors prise. Elle me répondit qu'il avait vertement tancé le garçon, ce que j'interprétai comme, au strict minimum, un fameux soufflet.

« Avez-vous informé quelqu'un de ces activités ? »

Mme Murchison secoua la tête.

« Nous avons ordonné à nos filles de se tenir à distance de R—— et de nous prévenir s'il avait un comportement déplacé envers elles.

— Et fût-ce jamais le cas ?

— Pas à ma connaissance.

— A-t-il continué ces visites ? demandai-je.

— Pendant quelque temps. Mais elles semblent avoir cessé il y a plusieurs mois. Je suppose qu'il a passé l'âge pour ce genre de choses. »

J'exprimai mon admiration à Mme Murchison pour la présentation charitable qu'elle donnait du comportement de R—— M—— et lui réitérai mes excuses pour l'avoir obligée à évoquer de tels sujets. Après quoi nous la remerciâmes de son hospitalité et lui demandâmes les indications qui constituaient le motif originel de notre visite.

Nous laissâmes nos poneys attachés devant la maison des Murchison et traversâmes à pied le reste du village. L'habitation des M—— était de loin la plus grossièrement bâtie de toutes, ressemblant moins à une maison qu'à un tas de crottin fumant. La parcelle de terre attenante était mal entretenue et envahie de mauvaises herbes. La porte étant ouverte, nous jetâmes un coup d'œil à l'intérieur. Sur la gauche se trouvait ce qui paraissait être une bouverie délabrée. Les stalles étaient vides, pourtant il s'en dégageait une puanteur fétide et peu de gens auraient considéré ce lieu propre à l'habitation humaine. Aucun feu ne brûlait dans la pièce, si bien qu'il y faisait froid et quasiment noir.

M. Sinclair lança un bonjour à la cantonade, qui ne reçut pas de réponse. Il pénétra dans le logis et répéta sa salutation en gaélique. Deux poules, occupées à picorer le sol, s'enfuirent entre nos jambes. Quelque chose remua sur notre droite et nos yeux furent attirés vers une silhouette assise dans un fauteuil près d'une minuscule fenêtre dans le mur.

« Monsicur M ? » s'enquit mon compagnon.

L'homme se leva avec peine et fit un ou deux pas dans notre direction en s'appuyant lourdement sur une canne noueuse. Il prononça quelques mots dans l'idiome qui venait d'être utilisé.

M. Sinclair répondit et l'homme s'approcha de nous. J'avais rarement vu un aussi triste spécimen de la race humaine. Voûté comme il l'était, il ne devait guère mesurer davantage qu'un mètre et demi. Il avait la barbe et les cheveux touffus et broussailleux, les habits en lambeaux. Sur ma suggestion, M. Sinclair lui demanda s'il voulait bien sortir pour discuter quelques minutes. L'homoncule nous dévisagea avec suspicion et secoua la tête. Il fit savoir que si nous souhaitions lui parler, nous pouvions prendre place à la table au centre de la pièce. Nous nous assîmes sur les bancs autour de ladite table, dont la surface était maculée de fiente. Alors que mon regard s'accoutumait peu à peu à l'obscurité, j'entrepris d'étudier M. M——. Il avait le même front protubérant et les mêmes yeux fuyants que son fils. Ses mains, occupées à bourrer sa petite pipe, étaient larges, avec de longs doigts crochus quelque peu aplatis aux extrémités. Je songeai qu'il dormait peut-être lorsque nous étions entrés, car sa confusion initiale semblait s'être à présent partiellement dissipée. Toutefois, son visage exprimait une certaine méfiance, sinon une franche hostilité. Il ne nous offrit nul rafraîchissement, quand bien même je n'aurais sûrement pas voulu consommer la moindre denrée dans ce bouge infâme.

M. Sinclair lui demanda s'il était en mesure de converser avec nous en anglais, et nous poursuivîmes dans cette langue. L'avocat exposa alors la nature de notre mission en des termes élémentaires. Je fus frappé qu'à aucun moment M. M—— ne s'enquît des nouvelles de son fils. M. Sinclair commença par s'informer du sort des plus jeunes enfants du fermier. Ce dernier répondit qu'ils avaient été envoyés dans la famille de sa femme à Toscaig.

Après quoi M. Sinclair lui présenta ses condoléances pour la mort de sa fille.

Le regard de M. M—— se durcit.

« Je n'ai pas de fille, dit-il.

— Je veux parler de votre fille Jetta, précisa M. Sinclair.

— Il n'existe personne de ce nom », marmonna le fermier, les lèvres serrées.

Les remarques de l'avocat, si bien intentionnées fussent-elles, n'avaient rien fait pour alléger l'atmosphère autour de la table.

« Vous êtes donc tout seul, à présent ? » dis-je.

M. M—— ne répondit pas à cette question, considérant peut-être avec raison que la réponse allait de soi. Il alluma sa pipe et aspira plusieurs petites bouffées rapprochées afin de la faire prendre, ses yeux papillonnant sans relâche entre les deux visiteurs importuns que nous étions.

« Monsieur M——, repris-je, nous sommes venus de loin pour vous parler et j'aime à croire que vous aurez l'obligeance de répondre à quelques questions au sujet de votre fils. Il est important pour nous de comprendre quel était son état d'esprit lorsqu'il a consommé les actes dont il est accusé. »

L'expression de M. M—— ne changea aucunement et je me demandai s'il avait compris un seul mot de ce que je venais de dire. Je résolus de formuler mes questions dans les termes les plus simples possible. Je n'avais pas grand espoir d'entendre quoi que ce fût d'intéressant, mais j'avais au moins appris quelque chose en observant les conditions lamentables dans lesquelles R—— M—— avait vécu.

« Vous vous souvenez, j'en suis sûr, du jour où les meurtres ont eu lieu ? »

Je marquai ici une pause en attendant quelque signe de confirmation mais, n'en recevant aucun, je continuai.

« Pourriez-vous décrire l'état d'esprit de votre fils ce matin-là ? »

M. M—— téta bruyamment le bec de sa pipe.

« Nul homme ne peut voir dans l'esprit d'un autre davantage que dans une pierre », finit-il par dire.

Je décidai alors de lui reposer ma question de façon plus directe : « Votre fils était-il de manière générale d'un naturel heureux ? Était-ce un garçon joyeux ? »

Le fermier secoua la tête, moins, devinai-je, en signe de désaccord que pour exprimer le fait qu'il n'avait pas d'opinion sur le sujet. Cela constituait cependant une forme de réaction, et j'en tirai quelque encouragement.

« Votre fils vous avait-il fait part de son intention de tuer Lachlan Mackenzie ? demandai-je.

— Non.

— Aviez-vous le moindre soupçon qu'il prévoyait de le faire ? »

Il secoua la tête.

« Est-il vrai qu'il y avait eu certaines disputes entre M. Mackenzie et vous-même ? insistai-je.

— Je ne les appellerais pas des “disputes”, répondit-il.

— Comment les appelleriez-vous ? »

M. M—— me fixa du regard un moment.

« Je ne les appellerais pas du tout.

— Mais si vous ne voulez pas les appeler des “disputes”, vous devez forcément les appeler autrement, m'étonnai-je.

— Et pourquoi le devrais-je ?

— Eh bien, dis-je d'un ton des plus affables, car si vous souhaitez parler d'une chose, il est nécessaire de lui donner un nom.

— Mais je ne souhaite pas en parler. C'est vous qui souhaitez en parler », rétorqua-t-il.

Je ne pus m'empêcher de sourire à sa réponse. Il n'était peut-être pas aussi faible d'esprit que je l'avais d'abord cru.

M. Sinclair fit alors à son tour une tentative pour venir à bout de l'obstination du vieil homme.

« Serait-il exact de dire que M. Mackenzie menait une sorte de vendetta contre vous ?

— C'est une question qu'il vous conviendrait de faire à M. Mackenzie », répondit notre hôte.

L'avocat se tourna vers moi avec une expression découragée.

M. M—— se pencha alors légèrement vers nous en travers de la table.

« Ce que mon fils a fait ne peut être défait, déclara-t-il. Rien de ce que vous ou moi pourrions avoir à en dire n'est d'aucune importance.

— Monsieur M——, je crains que vous ne vous mépreniez », lui répliqua fort sincèrement M. Sinclair.

Il lui expliqua que les chances de son fils d'échapper à la potence dépendaient très largement de la qualification de son état d'esprit au moment de consommer ses crimes, et que ce n'était donc pas par simple curiosité que nous nous étions transportés depuis Inverness afin de lui faire ces questions.

Le fermier le dévisagea un moment. Sa pipe s'était éteinte et il la vida en la tapotant contre la table devant lui, puis se mit à fouiller dans sa blague pour en extraire les quelques brins de tabac qui pouvaient y rester. Je sortis ma propre blague et la poussai vers le milieu de la table.

« Je vous en prie », dis-je avec un geste d'invitation.

Les yeux de M. M—— passèrent de moi à la blague avant de revenir sur moi, tandis qu'il évaluait sans doute à quel point il se sentirait redevable s'il acceptait mon offre. Il reposa alors sa pipe et annonça : « Je ne crois pas pouvoir vous être d'aucune aide, messieurs. »

Je lui rétorquai qu'il s'était déjà montré d'une grande aide et sollicitai sa permission de lui faire encore quelques questions à propos de son fils. Comme il n'y objecta point, je lui demandai tour à tour si son fils souffrait d'épilepsie ; s'il était parfois sujet à de violentes sautes d'humeur, ou bien à des divagations ou des hallucinations ; s'il était excentrique dans ses habitudes ou son comportement ; ou s'il y avait des antécédents de troubles mentaux dans la famille. À toutes ces questions, le fermier répondit par la négative. Toutefois je n'accordai que peu de foi à ses réponses car, en dépit des conditions abjectes dans lesquelles il vivait, il aurait sans doute trouvé honteux d'admettre l'existence de telles propensions au sein de sa famille.

Ne voyant pas lieu de prolonger cet entretien, je me levai et le remerciai de son hospitalité. M. M—— se leva également. Il jeta un coup d'œil vers la blague à tabac qui était restée sur la table entre nous. Sa main fusa pour s'en emparer et il la dissimula dans la poche de sa veste. Après quoi il nous regarda comme si de rien n'était. Nous lui souhaitâmes bien le bonjour et, non sans un certain soulagement, ressortîmes au grand air.

M. Sinclair et moi-même retournâmes jusqu'à nos poneys sans échanger une parole. J'étais conscient que le trajet que nous empruntions était le même que celui de R—— M—— deux semaines plus tôt alors qu'il se mettait en route pour mener à bien son sanglant dessein. Et je me demandai si d'aventure il pouvait y avoir quelque vérité dans la remarque du fermier concernant la difficulté de déterminer le contenu de l'esprit d'autrui. Naturellement, si un homme est en possession de toute sa raison, il suffit de lui en faire la question et, en supposant la sincérité de ses réponses, d'accepter de sa bouche le compte rendu des pensées qui l'occupaient à tel ou tel moment. Le problème commence lorsque l'on a à démêler avec ceux qui se situent aux marches de la folie et qui, par définition, n'ont pas accès au contenu de leur propre esprit. C'est dans le but de pénétrer l'esprit de tels malheureux que la psychiatrie existe. Je suis certain que M. Sinclair avait bien envie quant à lui de connaître le contenu du mien mais, ne voulant me risquer à une opinion hâtive, je gardai pour l'instant mes pensées par-devers moi.

Je songeai, tandis que nous parcourions à pied la courte distance jusqu'au centre du village, que cet endroit passerait sans doute pour une sorte de paradis aux yeux des habitants des bas-fonds de nos villes et que, sans la paresse et l'ignorance des gens qui le peuplaient, c'en serait peut-être un.

Quand nous arrivâmes devant nos poneys, M. Sinclair suggéra que nous poursuivions jusqu'à la maison de M. Mackenzie, qui se trouvait à l'autre extrémité du village. Je ne voyais nul motif d'interroger les membres rescapés de la famille des victimes, n'étant préoccupé que de l'auteur de ces crimes, mais M. Sinclair déclara qu'il pourrait lui être utile en vue du procès d'avoir connaissance de la disposition des lieux. La maison des Mackenzie était correctement bâtie et paraissait bien entretenue. Une femme corpulente se tenait sur le seuil, s'affairant vigoureusement devant une large baratte. Elle releva les yeux de son labeur en nous entendant approcher. Elle avait le teint rougeaud et d'épais cheveux châtains attachés en chignon. Ses avant-bras étaient robustes et musclés, et son allure générale comme son attitude plutôt masculines. Néanmoins elle ne présentait en apparence aucun trait caractéristique des engeances inférieures et semblait être un spécimen bien portant, quoique disgracieux, de la race humaine.

M. Sinclair, après avoir vérifié qu'il s'agissait là de la veuve du défunt, lui présenta ses condoléances, et j'inclinai la tête pour signifier que je me joignais à lui. Il l'instruisit que nous nous occupions des investigations sur le meurtre de son mari (évitant prudemment de préciser son rôle exact) et lui demanda la permission d'entrer un moment afin de « se familiariser avec la géographie de la maison ». La femme lui indiqua d'un geste de la main qu'il pouvait passer, mais ne nous suivit pas à l'intérieur. Un feu brûlait tout au bout de la pièce, et la chaleur était étouffante. Je restai près de la porte tandis que M. Sinclair se livrait à une prompte inspection des lieux. Le mobilier, sans faire la moindre concession au goût du jour, contrastait toutefois nettement avec le bouge que nous venions de quitter. M. Sinclair fit le tour de la grande table où la famille prenait certainement ses repas, et je supposai qu'il tentait de reconstituer mentalement les événements funestes qui s'y étaient déroulés.

Ce fut seulement lorsqu'il atteignit l'extrémité de la table que ses yeux furent attirés vers une vieille femme qui, malgré la touffeur de la pièce, était emmitouflée dans des couvertures, assise dans un fauteuil près de l'âtre. L'avocat s'excusa aussitôt de son intrusion, mais la femme ne réagit pas. Il lui réitéra ses excuses en gaélique, mais cette fois encore elle garda le regard rivé droit devant elle et j'en conclus qu'elle était plongée dans un état avancé de démence.

Je ressortis de la maison et laissai mon compagnon terminer son exploration en privé. Mme Mackenzie continuait son barattage, comme si l'apparition de deux gentilshommes dans ce trou de campagne n'avait strictement rien d'extraordinaire. Je l'observai quelques minutes et songeai, alors qu'elle s'adonnait à sa tâche ardue et répétitive, combien était ténu ce qui la distinguait d'un mouton ruminant sa pâture. C'est une réalité désolante que les peuplades inférieures de notre pays vivent encore aujourd'hui dans des conditions à peine plus enviables que celles du bétail, manquant de cette volonté de changement qui a répandu le progrès dans nos régions méridionales.

M. Sinclair réapparut au grand jour, le front perlé de sueur. Il remercia la femme de l'avoir laissé entrer chez elle, puis lui exprima son admiration pour sa capacité à poursuivre son labeur à la lumière des événements récents. Mme Mackenzie le dévisagea d'un air ahuri.

« Il reste des bouches à nourrir et des récoltes à lever, monsieur », rétorqua-t-elle.

M. Sinclair hocha la tête devant l'indéniable vérité de cette réponse, et nous prîmes congé à la fois d'elle et de Culduie, un endroit où je ne demande pas mieux que de ne plus jamais y poser le pied. La journée étant trop avancée pour entamer notre voyage de retour jusqu'à Inverness, nous retournâmes à l'auberge d'Applecross. Je me retirai dans ma chambre afin de compiler mes notes et de méditer sur les résultats de notre excursion, tandis que mon compagnon profitait de l'hospitalité à l'étage inférieur.

LE PROCÈS

Le compte rendu qui suit a été compilé à partir d'articles de journaux de l'époque et de l'ouvrage *Un rapport complet du procès de Roderick John Macrae*, publié par William Kay d'Édimbourg en octobre 1869.

***

Premier jour

Le procès s'ouvrit à la Cour de circuit[1] d'Inverness le lundi 6 septembre 1869. À 8 heures du matin, Roderick Macrae fut transféré de la maison d'arrêt d'Inverness à une salle de détention dans les sous-sols du tribunal. Il fut acheminé dans une calèche sans fenêtres, encadrée par la police montée, et la présence de ce petit convoi dans les rues suscita de grandes passions parmi les badauds. D'après John

1. Afin de rendre la justice dans les villes principales des différents comtés d'Écosse, les juges de la Haute Cour d'Édimbourg se déplaçaient en tournée deux fois par an selon plusieurs « circuits » déterminés. (*N.d.T.*)

Murdoch, qui couvrait le procès pour le journal *The Inverness Courier*, certains passants « crièrent des injures tandis que d'autres faisaient des projectiles de tout ce qui leur tombait sous la main ». L'intérêt pour cette affaire était tel qu'une foule de plusieurs centaines de personnes s'était rassemblée devant le tribunal et que des camelots audacieux y avaient même installé leurs stands pour profiter de l'affluence. Quand le cortège arriva, une grande clameur s'éleva et l'escorte ne parvint pas à empêcher la foule de se jeter sur la voiture et d'en marteler les flancs, si bien qu'elle fut contrainte de s'arrêter et que plusieurs hommes furent blessés alors que la police repoussait les assaillants à coups de matraque. Une vieille dame, Mary Patterson, se fit piétiner et dut être secourue par des médecins. Les jours suivants, des barrières furent érigées et la présence policière accrue afin d'assurer le passage du convoi dans de bonnes conditions.

La salle d'audience avait été tout spécialement aménagée pour pouvoir accueillir les nombreux journalistes qui souhaitaient assister au procès et qu'il était prévu de faire entrer par une porte latérale. L'accès à la galerie du public était régulé par la délivrance de billets individuels qui, découvrit-on par la suite, changeaient de mains moyennant des sommes exorbitantes. À 9 h 30, la galerie du public était pleine et le président de la cour, le juge Ardmillan et le juge Jerviswoode prirent place sur l'estrade. Du côté de l'accusation, la Couronne était représentée par M. Gifford, substitut du procureur général, et un certain William Crichton, assistés de M. Gordon Frew, mandataire de la Couronne. Pour la défense, Andrew Sinclair était assisté de son confrère Edward

Smith. Le président commença par un vigoureux avertissement aux spectateurs présents. Nul ne serait autorisé à entrer ni sortir de la salle d'audience pendant les dépositions, et toute personne perturbant les débats se verrait expulser sur-le-champ et confisquer son billet d'admission.

Le président s'adressa ensuite aux avocats. Il avait connaissance, dit-il, de l'existence du « prétendu mémoire » rédigé par le prisonnier. Dans la mesure où ce récit n'avait pas été produit selon la procédure en vigueur et contenait des aveux que l'accusé ne souhaiterait peut-être pas réitérer dans le cadre de sa défense, « ni ce document ni aucune portion d'icelui » n'étaient considérés comme des preuves recevables. En outre, il déconseilla formellement aux deux parties d'y faire référence en aucune manière pendant leur audition des témoins. L'affaire serait jugée uniquement d'après les éléments entendus au cours de l'audience. Ni le substitut général ni les avocats de la défense ne s'opposèrent à cette décision, sans doute destinée de la part du juge à prévenir toute discussion ultérieure en présence des jurés.

À dix heures passées de cinq minutes, accompagné d'un « immense chahut que les coups répétés du marteau du président ne réussirent pas à contenir », le prisonnier fut conduit jusqu'au banc des accusés. James Philby, journaliste du *Times*, décrivit le moment en ces termes :

> Ceux qui attendaient l'apparition d'un monstre furent amèrement déçus. Une fois retombée l'agitation initiale, la remarque la plus souvent entendue concernait le fait que le prisonnier n'était

guère plus qu'un enfant. Et, à vrai dire, c'était une observation fort juste. Roderick Macrae ne correspondait en rien à l'idée que l'on peut se faire d'un meurtrier et ne paraissait certainement pas capable des actes monstrueux dont il est accusé, étant de petite stature, bien que robuste des épaules et du torse. Il avait les cheveux mal peignés et le teint blême, sans doute à cause des semaines passées en détention. En entrant, il parcourut la salle d'audience de ses yeux sombres sous son front bombé, mais semblait en pleine possession de sa raison et ne manifesta aucune réaction face au tohu-bohu dans la galerie du public. Son avocat, M. Andrew Sinclair, se tenait debout près du banc des accusés et lui indiqua d'y prendre place, ce qu'il fit, adoptant une posture respectueuse, les mains posées sur les genoux et la tête basse. Il conserva cette attitude de manière générale d'un bout à l'autre du procès.

Le greffier donna alors lecture de l'acte d'accusation :

Roderick John Macrae, fermier domicilié à Culduie, dans le Rossshire, et à ce jour détenu à la maison d'arrêt d'Inverness, vous êtes inculpé et accusé sur l'instance de Monseigneur James Moncrieff, avocat de Sa Majesté, ainsi qu'il suit : bien que, suivant les lois de ce royaume et de tous les autres bien gouvernés, l'assassinat soit reconnu comme un crime d'une nature odieuse et sévèrement punissable, il est pourtant vrai et avéré que vous, le nommé Roderick John Macrae, vous êtes rendu coupable du susdit crime, en tant qu'acteur ou fauteur et complice, attendu que : (1.) le matin du 10 août 1869, au domicile de Lachlan Mackenzie à Culduie, Ross-shire, avez délibérément et criminellement assailli et attaqué ledit Lachlan Mackenzie et avez, à l'aide d'un hoyau et d'un louchet, assené audit Lachlan Mackenzie plusieurs coups sur le torse, la face et la tête, et lui avez fracturé le crâne, par suite de quoi ledit Lachlan Mackenzie fut mortellement blessé et mourut instantanément, et fut ainsi assassiné par vous le nommé Roderick John Macrae.

La lecture se poursuivit en détaillant de façon similaire les attaques sur Flora et Donald Mackenzie.

Le président somma alors le prisonnier de se lever, et s'adressa ainsi à lui :

« Roderick John Macrae, l'acte d'accusation retient contre vous le chef d'assassinat. Que répondez-vous : êtes-vous coupable ou non coupable ? »

Roddy se leva, les mains le long du corps, et après avoir jeté un regard à son avocat, répondit d'une voix claire mais basse : « Non coupable, monsieur le juge. »

Il se rassit et Andrew Sinclair se leva à son tour afin de soumettre à la cour sa décision de plaider l'exception d'irresponsabilité mentale. Celle-ci fut lue par le greffier : « La défense plaide généralement non coupable. Elle plaide par ailleurs spécialement qu'au moment où les faits exposés dans l'acte d'accusation sont réputés avoir été commis, l'accusé souffrait d'aliénation mentale. »

M. Philby écrivit : « Pour un jeune homme qui ne s'était jusque-là jamais aventuré à plus de quelques kilomètres de son village natal, l'accusé n'avait pas l'air perturbé outre mesure par la rangée de visages érudits qui le scrutaient à présent depuis l'estrade.

Quant à savoir si cela était dû à l'aliénation invoquée par son avocat ou relevait seulement d'un certain sang-froid, il était encore trop tôt pour se risquer à des conjectures. »

L'on procéda ensuite à la constitution du jury. Le président préconisa aux quinze hommes d'écarter de leur esprit tout ce qu'ils avaient pu lire ou entendre au sujet de l'affaire et leur rappela qu'ils étaient tenus de prendre en compte uniquement les charges et moyens de défense qui seraient présentés au cours de l'audience. Puis il demanda à chacun des jurés s'il s'était déjà forgé une opinion sur l'affaire ou s'il nourrissait un quelconque préjugé à son propos. Tous ayant répondu par la négative, à 10 h 30 la parole fut donnée à l'accusation.

Le premier témoin cité fut le Dr Charles MacLennan, qui avait procédé à l'autopsie des victimes. Il portait un costume en tweed et un gilet jaune, et sa moustache tombante lui conférait une mine lugubre de circonstance. En tant que médecin de campagne, il était peu probable qu'il ait jamais été impliqué dans un procès d'assises, et il semblait nerveux en arrivant à la barre. Quand il commença sa déposition, écrivit M. Murdoch dans le *Courier*, « l'atmosphère festive dans la galerie du public se dissipa bien vite et la gravité de la situation s'abattit sur le prétoire ».

Devant une salle qui retenait son souffle, M. Gifford fit relater au Dr MacLennan un compte rendu méticuleux, durant près de trente minutes, des blessures infligées à chacune des trois victimes. À la fin de son témoignage, le médecin se vit présenter les pièces à conviction n° 1 et 2, un louchet et un hoyau. L'apparition des armes du crime souleva des exclamations étouffées dans le public. Le fer du louchet était nettement gauchi, témoignant de « la très grande force avec laquelle il avait été manié ».

Le substitut général demanda alors au témoin : « Avez-vous déjà vu ces objets ? »

Dr MacLennan : « Non, monsieur.

— Pouvez-vous nous dire de quoi il s'agit ?

— Il s'agit d'un louchet et d'un hoyau.

— Et quel est leur usage habituel ?

— On s'en sert pour fouir le sol ou pour l'entretien des parcelles d'une manière générale. »

M. Gifford, un homme grand et distingué, vêtu d'un impeccable costume noir, marqua ici une pause afin de donner tout son poids à la question qu'il s'apprêtait à poser.

« D'après votre opinion professionnelle, et suite à votre examen attentif des trois victimes de cette affaire, pensez-vous que les blessures constatées soient compatibles avec l'utilisation de ces armes ?

— Très certainement, répondit le médecin. Pourvu qu'elles aient été maniées avec une force suffisante. »

M. Gifford hocha solennellement la tête.

« Si je puis me permettre de vous faire encore une question, ajouta-t-il, comment qualifieriez-vous les blessures subies par les défunts, en comparaison, j'entends, d'autres cas que vous avez pu examiner ? »

Le Dr MacLennan laissa échapper un vif soupir, comme si la réponse allait de soi.

« Ce sont sans aucun doute les plus brutales que j'aie jamais eu l'infortune d'observer », dit-il.

M. Gifford indiqua alors qu'il avait terminé son interrogatoire. Si son intention était de convaincre les jurés de la gravité de l'affaire qui les attendait, il y parvint assurément. Plusieurs d'entre eux, à ce qui fut rapporté, avaient le teint livide.

M. Sinclair n'ayant pas de questions à poser au médecin, celui-ci fut remercié.

Roddy avait écouté cette déposition avec attention, mais sans manifester d'émotion particulière, « comme s'il n'était rien d'autre qu'un spectateur intrigué », écrivit M. Philby.

Le témoin suivant était Carmina Murchison. Elle portait une robe en taffetas vert et n'aurait pas, selon *The Scotsman*, « détonné dans les salons de George Street ». Pas un seul journal n'omit de mentionner la beauté saisissante de Mme Murchison, et M. Philby alla même jusqu'à affirmer qu'« aucun juré fait de chair et de sang ne pourrait douter de la moindre parole qui sortirait de ces lèvres ».

À l'instigation de M. Gifford, Mme Murchison raconta qu'elle avait croisé Roderick Macrae le matin du 10 août et échangé quelques mots avec lui alors qu'il passait devant chez elle. Une carte de Culduie dessinée pour l'occasion avait été disposée sur un chevalet dans le prétoire et Mme Murchison y désigna l'emplacement de sa maison, puis de celles de l'accusé et de Lachlan Mackenzie.

« Avez-vous trouvé que l'accusé présentait un état d'agitation ? demanda M. Gifford.

— Non, monsieur.

— Il ne paraissait pas nerveux ni inquiet ?

— Non.

— L'avez-vous cru quand il vous a dit qu'il allait fouir la parcelle de M. Mackenzie ?

— Je n'avais aucune raison de ne pas le croire.

— Et il transportait des outils à cet effet ?

— Oui. »

L'on montra alors à Mme Murchison les pièces à conviction. Elle se couvrit les yeux à la vue des armes, qui furent promptement retirées.

L'élégant M. Gifford s'excusa par une petite courbette avant de poursuivre son interrogatoire :

« Étaient-ce là les outils que transportait l'accusé ?

— Oui, répondit Mme Murchison.

— Et ce sont les outils habituels que l'on emploierait pour ce genre de labeur ?

— Oui.

— Mais ce n'était pas la bonne époque de l'année pour fouir, n'est-ce pas ?

— Pas pour préparer les semailles, non.

— Et cela ne vous a pas mis la puce à l'oreille en vous faisant songer que ce n'était peut-être pas là le véritable dessein de l'accusé ?

— Roddy travaillait souvent pour le compte de Lachlan le Large ces derniers temps.

— Lachlan le Large est le nom sous lequel était connu M. Mackenzie au sein de votre communauté ? intervint le président.

— Oui, monsieur le juge.

— Pourquoi l'accusé travaillait-il pour le compte du défunt ? reprit M. Gifford.

— Afin de rembourser une dette qu'avait contractée le père de Roddy envers M. Mackenzie.

— Quelle était la nature de cette dette ?

— Il s'agissait d'une indemnité en compensation d'un mouton qu'avait tué Roddy.

— Un mouton appartenant à M. Mackenzie ?

— Oui.

— Quel était le montant de cette dette ?

— Trente-cinq shillings.

— Et M. Macrae – le père de l'accusé – n'était pas en mesure de payer cette somme ?

— Je ne crois pas.

— Donc, en guise de payement, l'accusé prêtait sa main-d'œuvre à M. Mackenzie ?

— Oui.

— Et, à la lumière de cet arrangement, vous n'avez rien trouvé de fâcheux dans votre échange avec l'accusé ?

— Non.

— Rien qui eût pu vous alerter sur ce qui était sur le point de se produire ?

— Absolument rien. »

Puis Mme Murchison raconta qu'un certain temps plus tard – une demi-heure, d'après ses estimations – elle avait vu Roderick Macrae traverser le village en sens inverse, désormais couvert de sang de la tête aux pieds. Pensant qu'un accident lui était arrivé, elle avait accouru à son secours. Quand elle lui avait demandé ce qui s'était passé, il avait répondu qu'il venait de tuer Lachlan Mackenzie. Il n'avait pas fait mention des autres victimes. Mme Murchison décrivit ensuite le tumulte général qui s'était propagé dans le village et la façon dont Roderick Macrae avait été enfermé dans la grange des Murchison.

M. Gifford : « Comment décririez-vous l'attitude de l'accusé à ce moment, madame Murchison ?

— Il était très calme.

— A-t-il tenté de prendre la fuite ?

— Non.

— Ne s'est-il pas débattu contre votre mari ou les autres hommes qui l'ont enfermé dans la grange ?

— Non.

— A-t-il exprimé quelque remords que ce soit pour ce qu'il venait de faire ?

— Non. »

M. Gifford aborda alors la question du mobile.

« Comment décririez-vous les relations entre le défunt, M. Mackenzie, et l'accusé ? demanda-t-il.

— Je n'en sais trop rien.

— Étaient-ils amis ?

— Je ne dirais pas cela.

— Ennemis, alors ? »

Mme Murchison ne fit pas de réponse à cette question.

M. Gifford se déclara surpris que, dans un village de seulement cinquante-cinq habitants, l'état des relations entre deux d'entre eux puisse être un secret pour les autres.

Mme Murchison : « Je n'ai jamais entendu Roddy exprimer aucun ressentiment à l'égard de Lachlan le Large.

— Vous n'aviez pas connaissance d'une quelconque vendetta entre M. Mackenzie et la famille Macrae ?

— J'avais connaissance de certaines disputes qu'il y avait eu entre eux.

— Sur quoi portaient ces disputes ?

— Il y avait la mort de ce mouton.

— Et rien d'autre ?

— Il y avait la question de l'allotement des terres dans le village. »

M. Gifford demanda à Mme Murchison des précisions sur ce point.

« En sa qualité de constable du village, M. Mackenzie avait attribué une portion du fonds de M. Macrae à son voisin, M. Gregor.

— Vous voulez parler de M. John Macrae, le père de l'accusé ?

— Oui.

— Pour quel motif ce nouvel allotement avait-il été décidé ?

— La femme de M. Macrae était morte et M. Mackenzie estimait que, puisque la famille était désormais moins nombreuse, elle avait besoin de moins de terrain.

— Et cela était perçu comme injuste ?

— Oui.

— Il y avait donc la question de la mort du mouton et celle de l'allotement des terres cultivables. Autre chose ?

— C'est difficile à dire.

— Difficile à dire parce que ça n'existait pas ou parce que vous ne pouvez pas l'expliquer ? »

Mme Murchison resta silencieuse un moment et le président dut la sommer de répondre.

« Il y avait une atmosphère générale d'oppression, finit-elle par dire. M. Mackenzie se comportait souvent d'une façon autoritaire, en particulier à l'égard de M. Macrae.

— Je vois. Peut-être que si vous avez du mal à décrire les relations entre M. Mackenzie et l'accusé, vous pourriez nous donner votre propre opinion du défunt.

— Je ne l'appréciais guère.

— Dites-nous s'il vous plaît pourquoi vous ne l'appréciiez guère.

— C'était un tyran.

— Un tyran ?

— Oui.

— Qu'entendez-vous par là ?

— Il prenait plaisir à exercer son pouvoir sur les gens autour de lui, et tout spécialement sur M. Macrae et sa famille.

— Il les tourmentait ?

— Je dirais cela, oui. »

M. Gifford conclut alors son interrogatoire et M. Sinclair se leva pour le compte de la défense, paraissant dans un premier temps quelque peu décontenancé. « Ce doit être un événement assez rare pour un petit avocat de province, écrivit M. Philby, de se trouver mêlé à une affaire d'un tel retentissement, à moins qu'il n'ait simplement été ébloui par la belle enchanteresse qui se trouvait à la barre. » Quoi qu'il en soit, après quelques politesses obséquieuses adressées à Mme Murchison, il entama son audition.

« Depuis combien de temps vivez-vous à Culduie, madame Murchison ?

— Dix-huit ans. Depuis mon mariage.

— Vous connaissez donc l'accusé depuis sa naissance ?

— Oui.

— Et comment décririez-vous vos relations avec lui ?

— Elles étaient tout à fait normales.

— Vous aviez des rapports amicaux ?

— Oui.

— Avant les actes dont il est ici accusé, l'avez-vous déjà vu avoir un comportement violent ?

— Non.

— Et vous étiez en bons termes avec sa famille ?

— D'une manière générale, oui.

— D'une manière générale ?

— Oui.

— Pourriez-vous préciser ?
— J'étais très proche d'Una Macrae.
— La mère de l'accusé ?
— Oui.
— Et de son père ?
— Un peu moins.
— Y avait-il une raison à cela ?
— Nous n'étions pas en mauvais termes, c'est simplement que j'avais moins d'affinités avec lui et lui avec moi.
— Mais il n'y avait pas de raison particulière à cela ?
— Non.
— En revanche, vous étiez intime avec la mère de l'accusé ?
— Oui. Nous étions très proches.
— À quand remonte son décès ?
— Au printemps de l'année dernière.
— Cela a dû être un événement bouleversant.
— Oui, un terrible événement.
— Pour vous ?
— Pour moi, et pour ses enfants.
— Comment décririez-vous l'effet de sa mort sur ses enfants ?
— Cela les a beaucoup changés.
— De quelle façon ?
— Jetta…
— La sœur de l'accusé ?
— Oui. Elle est devenue morose et obsédée par les charmes et autres choses surnaturelles.
— Des superstitions ?
— Oui.
— Et l'accusé ?
— Il a semblé se rétracter en lui-même.

— Pouvez-vous expliquer ce que vous voulez dire par là ? »

Mme Murchison se tourna vers l'estrade des juges, comme pour y chercher de l'aide. D'un geste de la main, le président lui indiqua de poursuivre.

« Je ne suis pas certaine de pouvoir l'expliquer correctement, reprit-elle. Si ce n'est peut-être que Roddy paraissait parfois très détaché du monde.

— “Très détaché du monde”, répéta M. Sinclair avec insistance. Et ce changement s'est produit après la mort de sa mère ?

— Je crois.

— Avez-vous jamais observé chez l'accusé des signes d'aliénation ?

— J'ignore si c'est un signe d'aliénation, mais je l'ai vu plusieurs fois parler tout seul.

— De quelle manière ?

— Comme s'il était en conversation avec lui-même ou avec une personne invisible.

— Quand avez-vous vu cela ?

— Souvent, lorsqu'il travaillait dans son champ ou qu'il passait dans le village.

— Et quelle était la teneur de ces conversations ?

— Je ne saurais le dire. Sitôt qu'on l'approchait, il se taisait.

— L'avez-vous jamais vu divaguer ou se comporter comme s'il était en proie à des hallucinations ?

— Non.

— Avez-vous jamais entendu qu'on ait dû le maîtriser parce qu'il représentait un danger pour lui-même ou pour autrui ?

— Non.

— Vous n'aviez pas le sentiment que c'était un individu dangereux ?

— Non.

— Il n'était pas perçu dans le village comme un individu dangereux ?

— Je ne crois pas.

— Ce fut donc une surprise pour vous lorsqu'il a commis les actes qui nous ont conduits dans ce tribunal aujourd'hui ?

— Oh, mon Dieu, oui, ce fut un choc épouvantable, répondit Mme Murchison.

— Car ces actes ne lui ressemblaient pas, selon vous ?

— Non, je ne trouve pas. »

M. Sinclair remercia alors le témoin et conclut son interrogatoire. Mais avant que Carmina Tabac puisse se retirer, le substitut général se leva une seconde fois.

« Si je puis me permettre de clarifier un point, dit-il, le matin des meurtres, avez-vous vu l'accusé parler tout seul ?

— Non, monsieur.

— Et quand vous avez discuté avec lui, vous a-t-il paru rationnel ?

— Parfaitement rationnel, oui.

— Il ne vous a pas semblé – et c'est là un point de la plus haute importance – dépossédé de sa raison ?

— Je ne crois pas.

— Ce n'est pas, si vous me pardonnez, une affaire de "croyance", madame Murchison. Avait-il sa raison, oui ou non ? »

À cet instant, le président intervint, déclarant que l'interrogée avait répondu à la question de façon satisfaisante et que la partie publique n'avait pas à harceler les témoins jusqu'à leur soutirer les réponses qui lui convenaient. M. Gifford s'excusa auprès du juge et Mme Murchison fut remerciée. « Ces messieurs du jury, écrivit M. Philby, observèrent très attentivement sa sortie. »

Le témoin qui lui succéda à la barre fut Kenny Tabac. À l'instigation de M. Gifford, M. Murchison relata les événements de la matinée du 10 août. Il confirma que l'accusé s'était montré très calme, qu'il avait avoué ouvertement ses actes et n'avait jamais opposé aucune résistance ni tenté de s'enfuir.

M. Gifford lui demanda ensuite de décrire la scène qu'il avait découverte au domicile de Lachlan Mackenzie. À ce moment, d'après le récit de M. Murdoch, une atmosphère lugubre s'abattit sur le prétoire : « M. Murchison, un gaillard des plus vigoureux et des plus robustes, avait visiblement bien de la peine à décrire les horreurs dont il avait été témoin, et il faut lui rendre grâce du sobre compte rendu qu'il fut en mesure de livrer à la cour. »

« Le corps de Lachlan Mackenzie, rapporta M. Murchison, était étendu face contre terre légèrement à gauche de l'entrée. L'arrière de son crâne était entièrement fracassé et des morceaux d'os avaient été éparpillés à une certaine distance de son corps. De la cervelle lui sortait par le côté de la tête. Il avait le visage entouré d'une grande mare de sang. Je lui ai pris le poignet pour voir si son pouls battait encore, mais ce n'était pas le cas. »

M. Gifford : « Le corps était-il encore chaud ?

— Tout à fait, oui.

— Et ensuite ?

— Je me suis relevé et c'est alors que j'ai vu le garçon étendu au sol entre la porte et la fenêtre. Je m'en suis approché. Je n'ai pas remarqué de traces de blessures, mais il était mort.

— Le corps était chaud ?

— Oui.

— Et après ?

— J'ai aperçu le corps de Flora Mackenzie posé sur la table.

— Vous dites "posé". Avez-vous eu l'impression que le corps avait été placé là délibérément ?

— Il ne m'a pas semblé qu'elle ait pu tomber là toute seule.

— Qu'est-ce qui vous fait dire cela ? »

M. Murchison hésita un instant avant de poursuivre.

« Ce n'était pas une position naturelle. Ses pieds ne touchaient pas le sol et j'ai pensé qu'on avait dû la porter sur la table.

— Décrivez-nous, si vous le pouvez, ce que vous avez vu.

— Il y avait une grande quantité de sang. Ses jupes étaient retroussées et ses parties intimes avaient été mutilées. Je l'ai examinée dans l'espoir de trouver quelque signe de vie, mais elle était morte. C'est alors que j'ai remarqué qu'elle avait l'arrière du crâne béant. J'ai rabattu ses jupes afin de couvrir son intimité.

— Qu'avez-vous fait ensuite ?

— Je suis retourné vers la porte dans l'idée d'empêcher quiconque d'entrer. »

M. Murchison raconta alors les dispositions prises pour transporter les corps dans sa grange et comment, au cours de ces opérations, Catherine

Mackenzie, la mère du défunt, avait été découverte dans la pénombre au fond de la pièce. Elle semblait avoir « tout à fait perdu la tête ». On l'avait amenée dans la maison des Murchison, où Carmina Tabac s'était occupée d'elle.

M. Gifford s'intéressa ensuite au mobile des meurtres. Le témoin décrivit la réunion lors de laquelle avait été décidé le payement d'une indemnité pour le mouton de Lachlan Mackenzie mis à mort par l'accusé.

M. Gifford : « Et cette indemnité s'élevait à trente-cinq shillings ? »

M. Murchison : « Oui.

— Comment étiez-vous parvenus à cette somme ?

— En fonction du prix que l'animal aurait atteint à la foire.

— Et c'est le défunt, M. Mackenzie, qui avait réclamé cette somme ?

— Elle avait été proposée par Calum Finlayson, qui à l'époque exerçait la charge de constable de nos villages.

— M. Mackenzie a-t-il convenu de cette somme ?

— Oui.

— Et M. Macrae, le père de l'accusé, également ?

— Oui.

— M. Mackenzie a-t-il exigé son payement immédiat ?

— Non.

— Quels arrangements ont donc été faits pour le payement de cette indemnité ?

— Il fut convenu que la somme serait versée à la cadence d'un shilling par semaine.

— Ceci eu égard aux difficultés pécuniaires de la famille Macrae ?

— Oui.

— Et M. Macrae remplissait-il ses obligations concernant ces versements ?

— Je crois qu'il s'y efforçait, mais il se peut qu'ils n'aient pas été réguliers.

— Savez-vous si ces versements avaient lieu ou pas ? intervint le président.

— Je l'ignore, mais je sais que M. Macrae n'avait que de maigres ressources, et que ces payements devaient représenter un poids important.

— Mais cet arrangement avait été consenti à l'amiable ? reprit M. Gifford.

— Je n'appellerais pas ça "à l'amiable".

— Vous avez pourtant dit que M. Macrae comme M. Mackenzie avaient accepté la proposition du constable.

— Elle avait été acceptée, certes, mais Lachlan le Large avait fait clairement comprendre qu'il n'était pas satisfait.

— Sous quel rapport ?

— Il estimait que le garçon méritait un châtiment supplémentaire.

— Le "garçon" étant l'accusé ici présent ?

— Oui.

— Et a-t-il précisé en quoi aurait dû consister ce châtiment ?

— Je ne m'en souviens pas, mais il a clairement exprimé son désir de voir le garçon châtié.

— Bien que l'indemnité fixée eût été acceptée par les deux parties ?

— Oui. »

M. Gifford marqua alors une pause et haussa les sourcils d'un air interrogateur, mais le témoin n'ajouta rien de plus.

« Serait-il exact de dire que M. Mackenzie et M. Macrae n'étaient pas les meilleurs amis du monde ?

— Ce serait exact.

— Et cette inimitié entre eux, si je puis la qualifier ainsi, était antérieure à l'incident du mouton ?

— Oui.

— Comment donc est-elle apparue ?

— Je n'en sais rien, répondit M. Murchison en écartant les mains et en gonflant les joues pour laisser échapper un soupir de perplexité. M. Macrae demeurait toujours de son côté du village, et M. Mackenzie du sien. »

M. Gifford ne parut pas vouloir s'étendre sur ce point.

« Quoi qu'il en soit, reprit-il, un accord avait été passé, à l'issue duquel M. Macrae avait une dette envers M. Mackenzie ?

— Oui. »

M. Gifford interrogea alors le témoin sur l'élection de Lachlan le Large au poste de constable du village.

« Serait-il exact de dire que ce rôle n'était guère envié au sein de votre communauté ? demanda-t-il.

— Dans quel sens ?

— Dans le sens où ce n'était pas une fonction que les habitants de votre village recherchaient.

— Oui, en effet.

— Dans ce cas, vous deviez être content que M. Mackenzie se propose d'endosser ce fardeau ? »

M. Murchison s'abstint de répondre.

M. Gifford : « Vous n'étiez pas content ?

— Je n'étais ni content ni pas content.

— Mais n'est-il pas vrai que vous et d'autres habitants du village avez déployé de grands efforts pour trouver un candidat différent à opposer à M. Mackenzie ?

— Il y eut des efforts en ce sens.

— Pour quelle raison en avez-vous éprouvé le besoin ?

— Il ne paraissait pas normal que M. Mackenzie fût élu sans opposant.

— C'était là l'unique raison ? »

Kenny Tabac hésita quelques instants.

« Il y avait le pressentiment que M. Mackenzie pourrait user de ses pouvoirs afin de favoriser ses intérêts propres, finit-il par répondre.

— Vous voulez dire les pouvoirs inhérents au rôle de constable du village ?

— Oui.

— Et cela fut-il le cas ?

— Dans une certaine mesure.

— Dans quelle mesure ?

— Il se délectait d'exercer son pouvoir sur la communauté.

— Pourriez-vous être plus précis ?

— Il avait instauré un système de corvées par lequel les hommes du village étaient astreints de donner un certain nombre de jours de main-d'œuvre.

— Et quelle était la finalité de ce système ?

— L'amélioration générale des routes et du drainage autour du village.

— Ces corvées, comme vous les appelez, visaient-elles à favoriser l'intérêt propre M. Mackenzie ?

— Pas spécifiquement.

— Pas spécifiquement ? »

M. Murchison ne répondit pas.

« Ces améliorations bénéficiaient-elles à l'ensemble de la communauté ? poursuivit M. Gifford.

— Elles étaient bénéfiques, oui.

— M. Mackenzie a donc instauré un système d'améliorations bénéfiques à la communauté, auquel les hommes de la communauté contribuaient en jours de travail ?

— Oui.

— Et c'est cela que vous décrivez comme favorisant les intérêts propres de M. Mackenzie ! s'exclama M. Gifford en se tournant vers le jury avec une expression d'incrédulité. Maintenant, pour en venir à un autre incident, reprit-il, est-il vrai de dire que la surface de terres arables est insuffisante dans votre village ?

— Elle est peu abondante, en effet.

— Et comment ces terres sont-elles réparties ?

— Chaque famille possède sa parcelle.

— C'est-à-dire une portion des terres disponibles ?

— Oui.

— Cette surface est-elle attribuée pour une durée annuelle, pour cinq ans, ou bien pour combien de temps ?

— Dans la pratique, chaque famille fait valoir la bande de terre qui s'étend entre sa maison et la route de Toscaig.

— Cette portion étant considérée de fait comme sa terre ?

— Oui.

— Dans les faits, chaque parcelle appartient donc à la maison qu'elle jouxte ?

— Dans les faits, oui.

— Sans tenir compte de la population ni de la composition du foyer ?

— En général, oui.

— Peu de temps après l'élection de M. Mackenzie au poste de constable, il a été procédé à un nouvel allotement d'une partie des terres arables du village, n'est-ce pas ?

— Oui.

— Pourriez-vous décrire ce nouvel allotement ?

— Une portion du fonds de M. Macrae a été octroyée à son voisin, M. Gregor.

— Et pourquoi cela ?

— Dans la mesure où le ménage de M. Gregor était plus nombreux que celui de M. Macrae, il fut décrété qu'il nécessitait davantage de terrain.

— Je vois. De combien de personnes était constitué le ménage de M. Macrae ?

— Cinq, dont deux enfants en bas âge.

— C'est-à-dire M. Macrae lui-même, sa fille, l'accusé et les deux jeunes enfants de trois ans ?

— Oui.

— Et celui de M. Gregor ?

— Huit.

— Et quelle était la composition de ce ménage ?

— M. Gregor et sa femme, leurs cinq enfants et la mère de M. Gregor.

— Leurs besoins en terres étaient donc plus importants que ceux de la famille Macrae ?

— Oui, mais…

— M. Mackenzie a-t-il personnellement profité de cette nouvelle répartition ?

— Non.

— Il était donc parfaitement juste d'allotir ces terres conformément aux besoins de la famille Gregor ?

— On pourrait dire cela.

— Je vous demande si vous diriez que c'était juste, monsieur Murchison. »

Avant de répondre, M. Murchison parcourut la salle du regard en se lissant la moustache.

« Ce n'était pas normal, finit-il par dire.

— Vous avez pourtant déclaré que les besoins en terres de la famille Gregor étaient plus importants que ceux des Macrae.

— C'était peut-être juste au regard de la loi, rétorqua M. Murchison d'un ton manifestement agacé, mais ce ne sont pas des choses qui se font. On ne divise pas les parcelles de cette manière. Chaque famille cultive sa pièce de terre, qui se transmet de génération en génération.

— Je vois. La décision de M. Mackenzie était donc sans précédent ?

— C'était une vengeance.

— Ah ! s'exclama M. Gifford, comme s'il avait enfin réussi à mettre le doigt sur le point crucial. "Vengeance" est un mot fort, monsieur Murchison. Au lieu d'exercer ses pouvoirs au nom de l'intérêt général, M. Mackenzie était donc perçu comme cherchant à assouvir une sorte de vendetta à l'encontre de M. Macrae ?

— Tout à fait. »

M. Gifford adressa aux jurés un regard plein de sous-entendus, puis remercia le témoin et conclut son audition. *The Scotsman* rapporta que M. Murchison « donnait l'impression d'être un brave homme, mais [que] sa déroutante adhésion à l'idée selon laquelle la terre devrait être allotie en fonction de la tradition plutôt que des nécessités constitu[ait] un nouvel exemple de la façon dont l'intransigeance des peuplades des Highlands les [menait] à leur propre perte ».

M. Sinclair se leva alors pour le compte de la défense.

« Depuis combien de temps connaissez-vous l'accusé ? »

M. Murchison : « Depuis sa naissance.

— Et comment qualifieriez-vous votre relation avec lui ?

— Je l'aime bien.

— Le décririez-vous comme faible d'esprit ?

— Faible d'esprit ? Non.

— Dans ce cas, comment le décririez-vous ? »

M. Murchison gonfla les joues et se tourna vers Roddy, qui lui répondit par un maigre sourire.

« Eh bien, il ne fait aucun doute qu'il a un cerveau sous le crâne. C'est un garçon intelligent, mais…

— Oui, monsieur Murchison ? »

Le témoin leva les yeux au plafond, comme s'il cherchait les mots justes. Puis il secoua la tête et dit : « Il est toqué.

— Toqué ? répéta M. Sinclair. Pouvez-vous expliquer ce que vous entendez par là ? »

De nouveau, M. Murchison parut avoir du mal à s'exprimer.

« Il a quelquefois l'air dans son monde. C'est un garçon qui a toujours été solitaire. Je ne l'ai jamais vu jouer avec d'autres enfants. Même quand il était au milieu des gens, on aurait dit qu'il était seul. On ne savait jamais ce qui lui passait par la tête.

— Et il a toujours été de la sorte ?

— Je crois. »

M. Sinclair laissa s'écouler quelques instants avant de poser sa question suivante.

« Avez-vous jamais observé l'accusé se parlant à lui-même ou semblant avoir une conversation avec quelqu'un qui n'était pas là ? »

M. Murchison hocha la tête.

« Oui, de temps en temps, je l'ai vu marmonner tout seul.

— Fréquemment ?

— Occasionnellement.

— Quelle fréquence suggérez-vous par "occasionnellement" ? intervint le président.

— Assez souvent.

— Tous les jours, toutes les semaines, une fois par mois ? demanda le président.

— Pas tous les jours, mais assurément toutes les semaines.

— Il était donc parfaitement ordinaire pour vous d'observer ce comportement ?

— Oui, monsieur le juge.

— Et avez-vous jamais pu entendre ce qu'il disait ? reprit M. Sinclair.

— Non.

— Pour quelle raison ?

— Il se taisait sitôt que quelqu'un l'approchait. Quoi qu'il en soit, c'étaient davantage des grommellements que de véritables paroles.

— Je vois. Et l'accusé s'est-il toujours comporté ainsi ?

— Je ne saurais le dire.

— L'aviez-vous déjà observé se parler à lui-même quand il était enfant ?

— Je ne crois pas.

— Avez-vous souvenir de la première fois que vous l'avez vu se comporter de cette façon ? »

M. Murchison secoua la tête, et le président le mit en demeure de répondre.

« Je ne m'en souviens pas.

— Était-ce il y a dix ans, cinq ans, ou bien un an ?

— Il y a plus d'un an.

— Mais moins de cinq ?

— Oui.

— Aviez-vous jamais vu l'accusé se comporter ainsi avant la mort de sa mère ?

— Je ne saurais l'affirmer avec certitude.

— Pour conclure, serait-il exact de dire que vous ne considériez pas l'accusé comme quelqu'un de tout à fait normal ?

— Ce serait exact. »

M. Sinclair termina alors son audition, et Kenny Tabac put disposer. Le témoin qui lui succéda fut Duncan Gregor. M. Gifford commença par l'interroger sur le matin des meurtres, mais le président intervint en lui faisant remarquer que, puisque les événements en question n'étaient pas contestés, il était inutile de perdre du temps à revenir sur des faits déjà établis. M. Sinclair ne présenta pas d'objection et, jusqu'à la fin de la journée, les débats avancèrent plus rapidement. Une routine se fit jour, selon laquelle la Couronne cherchait à trouver des mobiles rationnels à ces meurtres tandis que M. Sinclair s'efforçait, avec plus ou moins de succès, de dépeindre l'accusé comme n'ayant pas toute sa tête. Paradoxalement, ce fut le témoignage d'Aeneas Mackenzie qui fournit à la défense ses meilleurs arguments. M. Philby le décrivit comme un « individu porcin [qui] ne semblait pas se rendre compte que ses déclarations méprisantes au sujet du prévenu faisaient davantage le jeu de la défense que de la Couronne ».

Lorsqu'on lui demanda ce qu'il pensait de la santé mentale de l'accusé, il répondit de but en blanc : « C'est un détraqué.

— Un détraqué ? répéta M. Sinclair avec douceur. Pourriez-vous expliquer à la cour ce que vous entendez par là ?

— Juste ça. Tout le monde savait qu'il avait la cervelle fêlée.

— "Tout le monde", c'est-à-dire ?

— Toute la paroisse.

— Vous voulez dire qu'en quelque sorte il était considéré comme l'idiot du village ?

— Sûr. Et même pire.

— Pire comment ?

— Il avait toujours un grand sourire benêt. Il était toujours à ricaner même quand il n'y avait rien à ricaner.

— Je vois. Vous diriez donc qu'il n'était pas sain d'esprit ?

— Sûr, que je le dirais. Il y a eu des tas de fois où je lui aurais volontiers fait ravaler son sourire, et je le ferais bien maintenant si je le pouvais. »

Lorsque M. Sinclair eut terminé son interrogatoire, il fallut quelques instants à M. Mackenzie pour comprendre qu'il pouvait se retirer, et il quitta la salle d'audience « en marmonnant dans sa barbe d'une manière laissant à penser que c'était lui dont on était en droit de se demander s'il avait toute sa tête ».

Le dernier témoin de la journée fut l'instituteur, M. Gillies, dont M. Philby, qui désormais ne cachait plus son amusement, écrivit qu'il avait « des mains de dame et un visage qu'on aurait du mal à décrire… ou même à se remémorer ». M. Gifford obtint de

M. Gillies un élogieux témoignage sur les facultés mentales de Roddy. Après quoi il l'interrogea sur la visite qu'il avait rendue au père de l'accusé afin d'évoquer avec lui la possibilité que son fils poursuive ses études.

« Quel fut le résultat de cette visite ?

— Malheureusement, le père de Roddy avait besoin de lui pour travailler aux champs.

— Était-ce dans vos habitudes d'accomplir ce genre de démarche ?

— C'est l'unique occasion où cela m'est arrivé.

— Et pour quelle raison avez-vous réservé ce traitement de faveur à l'accusé ?

— Il était sans l'ombre d'un doute l'élève le plus doué que j'avais jamais eu en classe. »

M. Gifford s'intéressa ensuite au comportement général de Roddy.

« Était-ce un élève dissipé ?

— Au contraire, il était sage et attentif.

— Vous n'êtes pas sans savoir, monsieur Gillies, que mes confrères de la défense entendent plaider l'aliénation mentale dans cette affaire ?

— En effet.

— Avez-vous jamais détecté de quelconques signes d'aliénation mentale chez l'accusé ? »

M. Gillies sembla réfléchir consciencieusement à la question avant d'y répondre par la négative.

« Vous ne l'avez jamais vu divaguer ou parler tout seul ? »

M. Gillies secoua la tête.

« Jamais », dit-il.

Après une brève concertation avec son équipe, M. Gifford fit savoir qu'il n'avait pas d'autre question.

M. Sinclair se leva pour le compte de la défense.

« L'accusé était-il apprécié de ses camarades ? demanda-t-il.

— Pas spécialement.

— Qu'entendez-vous par "pas spécialement" ?

— Rien d'autre que cela, répondit M. Gillies, l'air quelque peu perplexe.

— Jouait-il ou bavardait-il avec eux de façon normale ?

— Je crois que c'était un garçon plutôt solitaire, qui ne recherchait pas particulièrement la compagnie des autres.

— Distant, en quelque sorte ?

— Vous pourriez le dire comme cela, mais pour ma part je n'y voyais rien d'anormal. Certains enfants ont une nature grégaire, d'autres moins. »

M. Sinclair parut hésiter un instant à poursuivre cet interrogatoire, et finit par décider qu'il n'était pas dans son intérêt de continuer à offrir une tribune à un témoin qui semblait tenir son client en si haute estime.

Comme il était déjà 16 h 30, l'audience fut levée pour la journée. Le président informa les jurés qu'ils seraient logés à l'hôtel pour la nuit et leur recommanda de s'abstenir de discuter des détails de l'affaire entre eux ou de s'en former une quelconque opinion.

Tout cela, écrivit M. Philby, avait été « fort divertissant, et chaque mot [avait] été suivi avidement par les heureux élus ayant pu assister aux débats. À vrai dire, comme pour corroborer le témoignage méritoire d'Aeneas Mackenzie, la seule personne qui n'avait pas l'air captivée par ce spectacle était l'accusé lui-même ».

Deuxième jour

Le procès reprit à 9 h 30 le lendemain matin. Roddy fit son entrée dans le prétoire sur fond de hourras et de sifflets en provenance de la galerie du public, dont les occupants, écrivit M. Murdoch dans le *Courier*, « semblaient se croire au théâtre plutôt que dans une cour de justice, et penser que le malheureux accusé n'était autre qu'un vilain de comédie destiné à leur bon divertissement ». Roddy ne jeta pas un seul coup d'œil en direction de ses persécuteurs. M. Sinclair l'accueillit par une petite tape amicale sur l'épaule alors qu'il prenait place sur le banc. Le président toléra ce chahut pendant quelques minutes, jugeant peut-être prudent de laisser les spectateurs se défouler un peu avant de rappeler l'auditoire à l'ordre. Et en effet, lorsqu'il abattit enfin son marteau, le silence se fit rapidement dans la salle.

Ce silence respectueux fut cependant vite oublié quand M. Gifford se leva pour citer John Macrae comme premier témoin de la journée. M. Philby décrivit ainsi ce moment dans le *Times* : M. Macrae était « un minuscule homme voûté qui paraissait deux fois ses quarante-quatre années. Lourdement appuyé sur une canne noueuse, il avait dans ses petits yeux noirs une expression hagarde. L'accusé resta la tête baissée pendant toute la déposition de son père, et le fermier ne regarda pas une seule fois son fils ». D'un ton sévère, le président mit en garde les spectateurs contre toute manifestation, sous peine de se voir interpellés et poursuivis pour outrage à la cour. Il fut convenu que, dans la mesure où il maîtrisait mieux « l'ancien idiome des Highlands », l'audition de M. Macrae se déroulerait en gaélique, et l'on fit venir un interprète à cet effet. M. Gifford, par égard pour l'apparente infirmité du témoin, commença son interrogatoire avec une certaine prévenance.

Il lui demanda d'abord quelles étaient ses relations avec le défunt. M. Macrae semblait déconcerté par les questions qu'on lui posait, et il y eut quelques murmures amusés dans le public, promptement réprimés par le marteau du président. M. Gifford reformula alors sa question, et tout cela, en raison du passage par la traduction, prit un temps non négligeable.

M. Gifford : « M. Mackenzie et vous-même aviez-vous des relations amicales ? »

M. Macrae : « Je connais un bon nombre de Mackenzie. »

M. Gifford sourit patiemment.

« Je fais référence à votre voisin, Lachlan Mackenzie, également connu sous le nom de Lachlan le Large.

— Ah, oui », dit M. Macrae, et cette réponse déclencha de grands éclats de rire parmi l'assistance.

Le président ordonna alors aux huissiers d'évacuer un des coupables, ce qui, malgré le bref désordre occasionné, parut avoir l'effet désiré.

M. Gifford répéta ensuite sa question.

« Je ne dirais pas que nous étions amis, répondit M. Macrae.

— Et pourquoi cela ?

— Je n'en sais rien.

— Y avait-il une raison au fait que Lachlan Mackenzie et vous n'étiez pas amis ? »

M. Macrae ne répondit pas. Le président demanda alors, par l'entremise de l'interprète, si M. Macrae avait quelque difficulté à comprendre les questions du substitut. Ayant reçu l'assurance que ce n'était pas le cas, il rappela au témoin qu'il était tenu de répondre aux questions qu'on lui posait.

M. Gifford poursuivit en interrogeant M. Macrae sur la diminution de sa parcelle. Après une laborieuse série de questions relatives à cet incident, il demanda : « Avez-vous été contrarié par cette décision ?

— Non.

— Vous n'étiez pas contrarié qu'une portion de votre ferme, dont vous tiriez de quoi nourrir votre famille, vous ait été retirée ?

— D'autres avaient davantage besoin de cette terre.

— Votre fils a-t-il été contrarié par cette décision ?

— C'est à lui qu'il faudrait faire cette question.

— A-t-il laissé paraître qu'il était contrarié par cette décision ? »

Pas de réponse.

« Avez-vous discuté de cet incident avec votre fils ?

— Non. »

M. Gifford sembla s'impatienter et en appela au président afin qu'il ordonne au témoin de répondre à ses questions de façon plus développée. Le juge lui rétorqua que c'était à ces messieurs du jury d'estimer si les réponses données étaient satisfaisantes ou pas.

Le substitut général en vint alors à un événement qui n'avait pas été abordé jusque-là.

« Vous souvenez-vous, demanda-t-il, d'un matin en avril ou mai de cette année où vous étiez allé ramasser du goëmon sur les rochers du rivage de Culduie ?

— Je m'en souviens.

— Pouvez-vous raconter à la cour ce qui s'est passé ce matin-là ?

— Il s'est passé ce que vous venez de dire, répondit M. Macrae, déclenchant des rires étouffés dans le public.

— Vous ramassiez du goëmon ?

— Oui.

— Avec votre fils ?

— Oui.

— Dans quel but ramassiez-vous ce goëmon ?

— Dans le but de l'épandre sur mon champ.

— Avez-vous parlé à M. Mackenzie ce matin-là ?

— C'est lui qui m'a parlé.

— Et que vous a-t-il dit ?

— Il m'a commandé de rejeter à la mer le goëmon que nous avions ramassé.

— A-t-il donné une raison à cela ?

— Nous n'avions pas la permission de le ramasser.

— Il faut une permission pour ramasser du goëmon sur le rivage ?

— Apparemment.

— La permission de qui ?

— La permission de Lord Middleton, à qui ce goëmon appartient.

— Lord Middleton étant le laird de votre circonscription ?

— Oui.

— Aviez-vous déjà ramassé du goëmon sur le rivage par le passé ?

— Oui.

— Fréquemment ?

— Une fois par an.
— Et aviez-vous requis la permission de le faire lors de ces fois précédentes ?
— Non.
— Mais, cette fois-là, M. Mackenzie vous a demandé de rendre le goëmon que vous aviez ramassé ?
— Oui.
— À votre avis, pourquoi a-t-il fait cela ?
— C'était son rôle de faire appliquer la réglementation.
— Et vous l'avez accepté ?
— Oui.
— Vous n'avez pas été contrarié par la demande de M. Mackenzie ? »
M. Macrae ne répondit pas.
« Vous avez été contraint de remettre à l'eau une grande quantité de goëmon, que vous aviez passé plusieurs heures à récolter, ceci conformément à un usage établi de longue date, et pourtant vous n'étiez pas contrarié ? »
Le fermier regarda le substitut quelques instants, puis répondit : « Je n'étais pas content d'avoir à faire cela. »
M. Gifford laissa alors échapper un grand soupir théâtral, et il fut aussitôt réprimandé par le président. Il s'excusa mais ne put s'empêcher de lancer un regard appuyé en direction des jurés.
« Et est-il vrai, reprit-il, que le lendemain, tous les autres villageois ont ramassé du goëmon dans le but de l'épandre sur leurs champs ?
— J'ignore quel était leur but.
— Mais ils ont ramassé du goëmon ?
— Oui.

— Et pas vous ?

— Non.

— Pouvez-vous nous dire pour quelle raison ils ont été autorisés à ramasser du goëmon et pas vous ?

— Ils avaient la permission de le faire.

— Et vous n'avez pas cherché à obtenir une permission vous aussi ?

— Je ne souhaitais pas prendre ce qui ne m'appartenait pas. »

Quelques rires se firent entendre dans le public. M. Macrae garda les yeux rivés sur sa main gauche, qui était agrippée à la barre. M. Gifford laissa passer un instant avant de poursuivre.

« Donc, dit-il, pour résumer, vous affirmez que vous n'aviez pas de griefs contre le défunt, un homme qui avait diminué la surface de votre fonds, qui vous avait obligé à remettre du goëmon à la mer et auprès de qui, suite à l'incident avec le mouton, vous aviez une dette considérable ? »

M. Macrae garda le silence.

M. Gifford le somma de répondre.

« Il ne me revenait pas d'avoir des griefs contre M. Mackenzie. »

À ce moment, le président rappela à M. Gifford que ce n'était pas le procès du témoin, et que la question de savoir s'il avait des griefs contre le défunt était sans pertinence. Pourtant il était essentiel dans la stratégie de la Couronne, afin de prouver que l'accusé avait agi de façon rationnelle, d'établir l'existence de griefs contre la victime. Ce fut donc avec une exaspération manifeste que M. Gifford conclut son audition. Un savoureux dessin dans *The Inverness Courier* du lendemain décrivait comment « le plus brillant juriste de la Couronne [avait été] tenu en échec par un simple paysan ».

M. Sinclair se leva pour le compte de la défense et, s'adressant au témoin en gaélique, commença par prendre de ses nouvelles.

« Maintenant, poursuivit-il, je dois vous interroger au sujet de votre fils, qui se voit ici accusé de crimes épouvantables. Avant les événements qui nous ont conduits dans ce tribunal, avez-vous jamais constaté des gestes de violence de la part de votre fils ? »

M. Macrae ne répondit pas.

« Votre fils vous a-t-il jamais frappé, ou a-t-il jamais menacé de vous frapper ? »

Comme M. Macrae se taisait toujours, le président lui rappela ses obligations.

« Non.

— A-t-il jamais frappé votre épouse ou l'un de ses frère et sœurs ?

— Non.

— A-t-il jamais frappé l'un de vos voisins ?

— Non.

— Vous ne diriez donc pas qu'il était enclin à la violence ?

— Non.

— Donc, s'il a bien commis les actes dont il est ici accusé, vous diriez que cela ne lui ressemblait pas ? »

M. Macrae n'eut pas l'air de comprendre la question.

« Auriez-vous décrit votre fils comme quelqu'un de violent ? reprit M. Sinclair.

— Je n'ai jamais eu lieu de le décrire. »

M. Sinclair sourit, dans « un effort patent pour dissimuler son irritation croissante », et reformula sa question :

« Si l'on vous demandait de décrire votre fils, le décririez-vous comme quelqu'un de violent ?

— Je ne crois pas, répondit le témoin.

— Avez-vous jamais été violent envers votre fils ?

— Non.

— Vous ne l'avez jamais frappé ?

— Si, je l'ai frappé.

— Quand avez-vous eu l'occasion de le frapper ?

— Quand c'était nécessaire.

— Je vois. Et pourriez-vous donner un exemple de quand vous jugiez nécessaire de le frapper ?

— Quand il m'avait désobéi ou qu'il avait causé des ennuis.

— "Causé des ennuis." Il arrivait donc à votre fils de causer des ennuis ? Pourriez-vous décrire à la cour quelque circonstance où votre fils a causé des ennuis qui vous ont conduit à le frapper ? »

M. Macrae ne répondit pas.

« Nous avons entendu un témoignage à propos d'un incident au cours duquel votre fils a tué un mouton appartenant à M. Mackenzie. Avez-vous frappé votre fils à cette occasion ?

— Oui.

— Pouvez-vous nous dire pourquoi ?

— Il avait causé des ennuis.

— Je vois. Et l'avez-vous frappé à une ou plusieurs reprises ?

— Plusieurs.

— Avec quoi l'avez-vous frappé ?

— Avec ma canne, répondit M. Macrae en levant fort obligeamment ladite canne.

— Sur quelle partie du corps ?

— Sur le dos.

— Vous l'avez frappé à plusieurs reprises sur le dos avec votre canne ?

— Oui.

— Et était-ce là un incident isolé ? »

M. Macrae parut ne pas comprendre cette question.

« Avez-vous eu d'autres occasions de frapper votre fils ?

— Quelques-unes.

— Et le frappiez-vous toujours avec votre canne ?

— Pas toujours.

— Le frappiez-vous avec vos poings ?

— Oui.

— Quand c'était avec vos poings, à quel endroit le frappiez-vous ?

— Un peu partout sur le corps.

— Y compris sur la tête et le visage ?

— Sans doute, oui.

— Cela arrivait-il fréquemment ? »

Le président demanda à M. Sinclair de bien vouloir préciser sa question.

« Frappiez-vous votre fils une fois par jour, une fois par semaine, ou moins fréquemment ?

— Une fois par semaine.

— Car cela vous semblait nécessaire ?

— Ce garçon avait besoin de discipline.

— Et cette discipline a-t-elle amélioré son comportement ?

— Non. »

M. Sinclair examina alors les papiers qu'il avait devant lui et, après avoir consulté son assistant, déclara qu'il avait terminé son interrogatoire.

À ce moment, M. Gifford demanda qu'il soit procédé à une modification dans l'ordre de passage prévu des témoins. Le président n'y voyant pas d'objection, Allan Cruikshank fut appelé à la barre.

M. Gifford commença son audition : « Veuillez énoncer votre profession, monsieur Cruikshank.

— Je suis le régisseur de Lord Middleton d'Applecross.

— Et le village de Culduie fait partie du domaine de Lord Middleton ?

— En effet.

— À ce titre, vous êtes donc en charge de la gestion de ce village ?

— Je suis en charge de la gestion du domaine. Je ne m'occupe pas des affaires courantes de chaque village.

— C'est là le rôle du constable, n'est-ce pas ?

— Tout à fait.

— Et, dans le cas de Culduie, il s'agissait de M. Lachlan Mackenzie ?

— C'est exact. Il faisait office de constable pour Culduie, Camusterrach et Aird-Dubh.

— Ce sont les villages voisins de Culduie ?

— Oui.

— En sa qualité de constable de ces communautés, vous aviez donc l'occasion de rencontrer M. Mackenzie pour discuter de leur administration ?

— Nous nous sommes rencontrés, mais peu fréquemment.

— Lui donniez-vous des indications précises sur la façon dont ces villages devaient être administrés ?

— Nous discutions de la gestion des villages dans les grandes lignes, mais je ne me préoccupais pas des menus détails.

— Qu'entendez-vous par “les grandes lignes” ?

— L’entretien général des routes et des chemins, s’assurer que les tenanciers n’aient pas de fermages arriérés, ce genre de choses.

— Et trouviez-vous M. Mackenzie compétent ?

— M. Mackenzie était sans conteste le meilleur constable qui ait servi le domaine sous mon autorité.

— Vous aviez confiance en ses capacités ?

— Une très grande confiance, oui.

— Vous souvenez-vous d’un jour vers la fin du mois de juillet de cette année où M. John Macrae et son fils, l’accusé ici présent, vous ont rendu visite ?

— Je m’en souviens.

— Avant cette visite, connaissiez-vous M. Macrae ?

— Non.

— Vous arrive-t-il souvent de recevoir la visite de tenanciers du domaine ?

— Non. C’était tout à fait anormal.

— Pourquoi cela ?

— Si un tenancier souhaite discuter de quelque affaire concernant la gestion de son village, il doit le faire avec son constable.

— En l’occurrence, M. Mackenzie ?

— Exact.

— L’avez-vous fait remarquer à M. Macrae ?

— Oui.

— Et comment a-t-il réagi ?

— Il m’a répondu que M. Mackenzie était l’objet de sa visite.

— Pourriez-vous développer ?

— Il est apparu qu’il existait une inimitié entre les deux hommes, ou du moins que M. Macrae avait le sentiment d’avoir été maltraité par M. Mackenzie.

— Avez-vous demandé à M. Macrae pourquoi il avait ce sentiment ?

— Oui. Il m'a rapporté quelques incidents mineurs, mais je crains d'avoir oublié les détails.

— Quoi qu'il en soit, il vous a semblé que M. Macrae, à tort ou à raison, nourrissait des griefs à l'encontre de M. Mackenzie ?

— C'est ce qu'il m'a semblé, oui.

— Et quelle mesure avez-vous prise ?

— Aucune. C'était une affaire qui ne me concernait pas.

— Avez-vous informé M. Mackenzie de ce qui s'était passé ?

— Je ne m'en souviens pas.

— Avez-vous revu M. Mackenzie entre cette visite et le moment de sa mort ?

— Oui.

— Quand l'avez-vous vu ?

— Le jour de la frairie d'Applecross.

— Quel jour était-ce ?

— Le 31 juillet, je crois.

— Lui avez-vous parlé ce jour-là ?

— Oui. Nous avons bu une bière ensemble à l'auberge.

— Je vois. Et vous souvenez-vous d'avoir alors évoqué avec lui cet incident, à savoir la visite de M. Macrae et de son fils ?

— Il me semble que oui.

— En quels termes l'avez-vous évoqué ?

— C'était un incident amusant.

— M. Mackenzie l'a trouvé amusant ?

— Apparemment, oui. »

M. Gifford conclut ici son interrogatoire. La défense n'avait pas de questions à poser à ce témoin.

M. Macrae fut alors rappelé à la barre, et on lui résuma les déclarations du régisseur.

« Si, comme vous l'avez affirmé lors de votre déposition, vous n'aviez pas de griefs contre le défunt, demanda M. Gifford, pourquoi avez-vous éprouvé le besoin de rendre visite au régisseur pour vous plaindre ainsi de lui ? »

À cet instant, les spectateurs, dont certains, écrivit M. Murdoch, « devaient ressentir dans leur chair l'humiliation qui était sur le point de s'abattre sur le fermier », retinrent leur souffle. M. Macrae jetait des regards en tous sens dans le prétoire, comme pour y chercher de l'aide. Le président le pressa de répondre.

« Je voulais seulement mieux connaître la réglementation qui nous gouverne, dit-il.

— Et vous ne pensiez pas que c'était une question que vous auriez pu adresser au défunt ?

— Non.

— Pourquoi cela ? »

Après quelques secondes de silence, M. Macrae répondit : « Je n'étais pas en bons termes avec M. Mackenzie.

— Et vous aviez le sentiment qu'il s'était comporté d'une manière vindicative envers vous ? »

M. Macrae ne répondit pas.

M. Gifford, jugeant probablement qu'il avait obtenu satisfaction sur ce point, passa à autre chose.

« Le lundi 9 août, la veille du jour où les meurtres ont été commis, avez-vous reçu une lettre ?

— Oui.

— De qui provenait-elle ?

— Du régisseur.

— Et quelle en était la teneur ?

— C'était un avis d'expulsion.
— Vous alliez être expulsé de votre ferme ?
— Oui.
— Comment avez-vous réagi à cette lettre ? »

M. Macrae esquissa un vague geste avec la main qui ne tenait pas sa canne.

M. Gifford reformula sa question.

« Qu'avez-vous proposé de faire au sujet de cet avis d'expulsion ?
— Je n'ai rien proposé du tout.
— Aviez-vous décidé d'obtempérer ? »

M. Macrae dévisagea le substitut quelques instants.

« Ce n'était pas une décision qui m'appartenait, dit-il.
— Et à qui appartenait-elle ?
— Aux autorités constituées.
— Avez-vous discuté de cette situation avec votre fils ?
— Non.
— Avez-vous jamais exprimé l'idée que votre sort serait meilleur si M. Mackenzie était mort ?
— Non.
— Votre fils a-t-il jamais exprimé l'idée que votre sort serait meilleur si M. Mackenzie était mort ?
— Non.
— Avez-vous suggéré à votre fils de tuer M. Mackenzie ?
— Non.
— Regrettez-vous que M. Mackenzie soit mort ?
— Cela ne me concerne pas. »

À la fin de cet échange, il y eut une bruyante expiration collective dans le prétoire. M. Macrae quitta la salle pour la seconde fois et, à ce qu'il fut rapporté, refusa la chambre qu'on lui offrait dans une auberge de la ville, préférant passer la nuit à la gare pour attendre le train par lequel il commencerait le long voyage qui le ramènerait chez lui.

Allan Cruikshank fut alors rappelé à la barre. M. Gifford lui demanda à nouveau de déclarer sa profession au jury, avant de reprendre son interrogatoire.

« Nous avons retenu, dit-il, que vous aviez rencontré le défunt, Lachlan Mackenzie, à l'auberge d'Applecross le 31 juillet et qu'au cours de la conversation vous aviez évoqué la visite que vous avaient rendue John Macrae et son fils, l'accusé ici présent.

— C'est exact.

— Avez-vous revu le défunt en quelque autre occasion après celle-ci ?

— Oui.

— Dans quelles circonstances ?

— M. Mackenzie est venu me trouver chez moi le soir du 7 août.

— Trois jours avant sa mort ?

— En effet.

— Quelle était la raison de sa visite ?

— Il m'a fait la demande officielle d'ordonner l'expulsion de John Macrae de sa ferme.

— Sur quel fondement ?

— Il y avait un certain nombre de points litigieux.

— À savoir ?

— La famille Macrae devait une grande somme d'arriérés. Elle avait en outre des dettes supplémentaires auprès du domaine par suite de plusieurs amendes qui lui avaient été infligées.

— Ces amendes lui avaient été infligées par M. Mackenzie ?

— Oui.

— Vous souvenez-vous pour quels motifs ?

— Non. Je crois qu'ils étaient nombreux.

— Et y avait-il encore d'autres points ?

— M. Macrae avait fait preuve de négligence dans son obligation d'entretenir son habitation et sa terre. Il était par ailleurs manifeste que la présence des Macrae dans ce village n'était pas propice à sa gestion heureuse.

— Dans quel sens ? »

M. Cruikshank ne fut pas en mesure de répondre à cette question. Après quelque temps, il marmonna : « Ils étaient perçus comme une mauvaise influence.

— Avez-vous pris la peine de vérifier ces affirmations ?

— Non.

— Pourquoi ?

— J'avais toute confiance dans le jugement de M. Mackenzie.

— N'est-il pas vrai qu'un grand nombre de tenanciers du domaine ont des fermages arriérés ?

— Hélas, oui.

— Pourquoi donc avoir fait de M. Macrae un cas particulier ?

— Ses dettes avaient atteint un montant exorbitant. Il n'y avait aucun espoir qu'il pût jamais s'en acquitter.

— Il a été rapporté à la cour que, l'an passé, la surface de la ferme de M. Macrae avait été diminuée. Peut-on penser que, s'il avait eu davantage de terres, M. Macrae aurait été susceptible de vendre ses excédents de récolte afin de régler ses dettes ?

— J'ignorais qu'une telle diminution avait eu lieu, répondit M. Cruikshank, mais il eût fallu vendre une fameuse quantité de pommes de terre, ou de quelque autre produit que ces gens-là cultivent, pour couvrir pareils arriérés.

— Vous ignoriez que la surface de la ferme de M. Macrae avait été réduite ?

— Oui, monsieur.

— Cela a donc été effectué sans votre consentement ?

— Sans que j'en sois informé. Mais je ne doute pas que M. Mackenzie ait agi avec les meilleures intentions.

— L'usage aurait-il voulu que vous soyez consulté sur une question de cet ordre ?

— Comme je vous l'ai dit, je suis certain que M. Mackenzie a agi avec les meilleures intentions.

— Ce n'est pas ce que je vous demande. Je vous demande si l'usage voudrait que vous soyez consulté sur une question de cet ordre.

— L'usage voudrait que je sois consulté dans le cas d'un nouvel allotement général des terres, mais en l'occurrence, s'il s'agissait d'une petite portion d'un seul fonds, je suis sûr que cela pouvait se régler entre les villageois eux-mêmes. Ce ne sont pas des enfants.

— M. Mackenzie vous a-t-il fait part d'un incident au cours duquel M. Macrae avait ramassé du goëmon sur le rivage sans autorisation préalable ? »

Cette question fit rire M. Cruikshank, et il y répondit par la négative.

« Saviez-vous que M. Macrae était aussi endetté personnellement auprès de M. Mackenzie au titre d'une indemnité pour un mouton abattu par l'accusé ?

— Non, je l'ignorais.

— Si vous aviez été averti de ces choses, suggéra M. Gifford, auriez-vous peut-être soupçonné qu'il eût pu y avoir une part de malveillance dans la proposition de M. Mackenzie de faire expulser M. Macrae de sa ferme ? »

M. Cruikshank réfléchit mûrement avant de répondre.

« Je puis seulement dire qu'à ma connaissance, M. Mackenzie s'acquittait admirablement de ses fonctions de constable. Je n'avais pas lieu de douter de ses intentions, et les éléments qu'il m'a fait valoir étayaient sa proposition.

— Vous avez donc approuvé l'opinion de M. Mackenzie selon laquelle il fallait expulser M. Macrae ?

— Je ne voyais pas d'autre issue possible.

— Et vous avez rédigé les documents nécessaires à cet effet ?

— Oui.

— Immédiatement ?

— En raison du repos dominical, la lettre a été rédigée et remise à l'intéressé le lundi suivant.

— À savoir le lundi 9 août, veille de la mort de M. Mackenzie ?

— C'est exact. »

M. Gifford remercia le régisseur de son témoignage et, M. Sinclair n'ayant pas de questions à lui poser, il reçut la permission de se retirer.

Le révérend James Galbraith fut alors cité à la barre. C'était, écrivit M. Murdoch, « le prototype même de l'homme de Dieu fervent qui habite les contrées les plus reculées de notre pays et préside à ses ouailles avec une main de fer. Il portait l'habit sobre des gens de son espèce, et il était manifeste à sa figure austère qu'il était étranger aux plaisirs de ce monde. Il considéra M. Gifford avec le même dédain qu'il aurait sans doute réservé à un dandy d'une grande ville, et même ce célèbre magistrat parut quelque peu trembler sous son regard ».

M. Gifford : « Vous êtes le pasteur de la paroisse d'Applecross ?

— Ma paroisse comprend les villages de Camusterrach, Culduie et Aird-Dubh, répondit M. Galbraith, avec "l'air d'un professeur reprenant un élève attardé".

— Et, à ce titre, John Macrae et sa famille se comptaient parmi vos fidèles ?

— Oui.

— Au demeurant, John Macrae était même un des anciens de votre église ?

— En effet.

— Est-il exact que M. Macrae vous a fait quérir au soir du 9 août ?

— C'est exact. Il a envoyé sa fille me demander si je voulais bien lui rendre visite.

— Et vous y êtes allé ?

— Oui.

— Quel était le motif de sa requête ?

— Il avait reçu un avis d'expulsion de la part du régisseur.

— Dans quel état avez-vous trouvé M. Macrae ce soir-là ?

— Il était très affligé.

— Vous a-t-il demandé de l'aide ?

— Il m'a demandé si je pourrais intercéder en sa faveur.

— Et avez-vous accepté de le faire ?

— Non pas. »

M. Gifford affecta une expression de surprise.

« Pourriez-vous dire à la cour pourquoi vous avez refusé ? »

M. Galbraith fixa le substitut d'un regard méprisant.

« Ce n'était pas une affaire qui me concernait.

— Sans doute avez-vous à cœur le bien-être de vos fidèles.

— J'ai à cœur le bien-être spirituel de mes fidèles. Je n'ai pas à m'ingérer dans la gestion du domaine.

— Je vois. Avez-vous offert de quelconques conseils à M. Macrae ?

— Je lui ai rappelé que les tribulations de cette existence nous échoyaient en juste rétribution de nos péchés et qu'il devait les accepter comme telles.

— Mais vous ne lui avez pas donné de conseil pratique sur la façon de se sortir de la situation dans laquelle il se trouvait ?

— Je l'ai guidé dans la prière. »

Cette remarque déclencha une hilarité générale dans la galerie du public, qui fut promptement réprimée par un regard sévère du pasteur.

M. Gifford remercia le témoin et regagna son siège.

M. Sinclair se leva pour le compte de la défense.

« L'accusé, Roderick Macrae, était-il présent lors de cette visite ?

— Il est arrivé au moment où je partais.

— Avez-vous conversé avec lui ?

— Très brièvement.

— L'accusé assistait-il à vos offices ?
— Non.
— A-t-il jamais assisté à vos offices ?
— Quand il était enfant.
— Et quand a-t-il cessé de venir ?
— Je ne saurais le dire avec certitude.
— Il y a plutôt un an ou cinq ans ?
— Plutôt autour d'un an ou deux.
— Plus ou moins au moment de la mort de sa mère ?
— Plus ou moins, oui.
— Puisque vous avez déclaré avoir à cœur le bien-être spirituel de vos fidèles, pouvez-vous dire à la cour quelles mesures vous avez prises pour persuader l'accusé de revenir assister aux offices ?
— Ce n'est pas mon rôle de forcer les fidèles à venir à l'église. Je ne suis pas un piqueur[1].
— Vous n'étiez donc pas inquiet de sa non-observance ?
— Un berger doit se soucier du bien-être de l'ensemble de son troupeau. Si ce troupeau contient des brebis galeuses, il convient de les en évincer.
— Et Roderick Macrae était une brebis galeuse ?
— Nous ne serions pas réunis dans ce tribunal si ce n'était pas le cas. »

Cette remarque, nota avec ironie M. Philby, était « sans doute chez l'austère presbytérien ce qui s'approchait le plus d'une facétie ».

« En effet, rétorqua M. Sinclair. Mais si je puis me permettre d'insister, qu'avait donc Roderick Macrae pour le distinguer à ce point des autres ?

1. Un « piqueur » était un officiel qui parcourait les circonscriptions rurales pour vérifier si les enfants allaient bien à l'école.

— Ce garçon est un individu malveillant.

— “Malveillant” est un mot fort, monsieur Galbraith. » Le pasteur ne réagit pas à ce commentaire.

« Comment cette malveillance se manifestait-elle ? reprit M. Sinclair.

— Enfant déjà, ce garçon n’avait aucun respect pour la Maison du Seigneur. Il était fuyant et inattentif à la prière. Je l’ai surpris un jour alors qu’il se soulageait sur le terrain même de l’église. » À cet instant, le président dut donner plusieurs coups de marteau pour faire taire les rires du public.

« Je vois, acquiesça M. Sinclair. Diriez-vous que vous aviez repéré des signes de folie chez l’accusé ?

— Je dirais que j’y avais repéré des signes de vice.

— Et quels signes étaient-ce là ? »

M. Galbraith sembla estimer que cette question ne méritait pas d’y répondre. Le président l’y contraignit.

« Il suffit de l’observer, dit-il. Si cela ne vous saute pas aux yeux, je serais tenté de croire que vous êtes aussi impie qu’il l’est, monsieur », répliqua le pasteur avec mépris.

M. Sinclair lui sourit timidement.

« Je cherche uniquement à recueillir vos impressions d’homme éduqué sur le tempérament de l’accusé, dit-il.

— Mon impression est que ce garçon est l’esclave du Diable, et s’il est besoin d’une preuve, il n’y a qu’à regarder les actes qu’il a commis. »

M. Sinclair hocha la tête avec lassitude, et le témoin fut remercié.

Celui qui lui succéda à la barre n'aurait pu offrir de contraste plus saisissant avec son prédécesseur. L'entrée d'Archibald Ross dans la salle d'audience provoqua une explosion de rires dans la galerie du public. Il était vêtu à la façon d'un gentleman-farmer, portant « un costume de tweed jaune qu'il s'était manifestement procuré pour l'occasion », des souliers vernis à grosses boucles carrées et autour du cou un foulard de soie verte. Il avait, nota M. Philby, « tout du parfait dandy, et son apparence aurait pu conduire un observateur à penser que le petit village perdu d'Applecross, où il résidait, était en vérité à la pointe de la mode ». Après quelques préliminaires concernant le lieu de naissance et la profession de M. Ross, M. Gifford lui demanda comment il avait fait la connaissance de l'accusé. Le témoin raconta alors qu'il avait rencontré Roddy dans la cour devant les écuries de Lord Middleton.

« Et quelle était la fonction de l'accusé ce jour-là ?

— Il devait porter un coffre dans la montagne.

— Que contenait ce coffre ?

— Des rafraîchissements pour la partie de chasse.

— L'accusé a-t-il rempli son rôle de façon satisfaisante ?

— Cette partie de son rôle, oui.

— Avez-vous jamais revu l'accusé après ce jour-là ?

— Oui.

— Quand cela ?

— Il y a quelques semaines, le jour de la frairie.

— C'est-à-dire le 31 juillet dernier ?

— Si vous le dites, répondit Archibald Ross avec un large sourire.

— Veuillez nous décrire ce qui s'est passé alors. »

M. Ross raconta qu'il avait croisé l'accusé devant l'auberge d'Applecross, qu'ils y étaient entrés ensemble et qu'ils y avaient bu une certaine quantité de bière, après quoi ils avaient marché jusqu'à la Grande Maison pour assister à la partie de shinty entre les villages de la paroisse.

« Étiez-vous ivre ?

— Peut-être légèrement.

— L'accusé était-il ivre ?

— Je dirais que oui.

— L'accusé vous a-t-il alors confié des pensées intimes ?

— Il m'a dit qu'il voulait partir chercher fortune à Glasgow, mais qu'il hésitait car il s'était récemment attaché à une fille du coin.

— Et de quelle fille s'agissait-il ?

— De Flora Mackenzie.

— La fille du défunt Lachlan Mackenzie ?

— Oui. »

Cette révélation déclencha un grand tumulte dans la galerie, qui ne se calma qu'après des menaces répétées de la part du président.

« Laquelle est elle-même une des victimes des crimes imputés ici ? poursuivit M. Gifford.

— Oui.

— L'accusé vous en a-t-il dit davantage au sujet de sa relation avec la défunte Mlle Mackenzie ?

— Il m'a dit qu'elle l'avait éconduit et que, de toute façon, il existait une animosité entre leurs deux familles, si bien que leurs parents ne consentiraient jamais à leur union. »

Cette remarque suscita de nouvelles exclamations parmi les spectateurs.

« Vous avez ensuite assisté à la partie de shinty ?

— Oui.

— Et après ?

— Nous avons bu du whisky, et tout à coup Roddy a repéré cette fille…

— Flora Mackenzie ? le coupa M. Gifford.

— Oui. Il l'a repérée qui se promenait dans le parc de la Grande Maison en compagnie d'une amie.

— Qu'avez-vous fait alors ?

— Je lui ai conseillé d'exprimer ouvertement ses sentiments à cette fille afin de savoir exactement où il en était avec elle.

— S'est-il rangé à votre avis ?

— Pas vraiment, mais j'ai insisté et nous avons rattrapé les deux filles et nous sommes présentés à elles. »

À cet instant, rapporta M. Philby, « l'accusé, qui n'avait guère manifesté d'intérêt pour les débats jusque-là, montra certains signes d'agitation, se pliant en deux par-dessus ses genoux comme s'il espérait trouver une pièce d'un penny par terre ».

« Que s'est-il passé ensuite ?

— Nous avons marché un bout de chemin ensemble.

— Où êtes-vous allés ?

— Jusqu'à un petit pont caché entre les arbres.

— Un endroit isolé ? »

Archibald Ross adressa alors un « clin d'œil lubrique » au substitut et répondit, pour le plus grand amusement de l'auditoire : « J'en déduis que vous n'êtes pas étranger à ce genre d'aventures. »

M. Gifford ignora son allusion.

« Et que s'est-il passé alors ? demanda-t-il.

— Afin de laisser Roddy seul avec l'objet de son affectation (*sic*), j'ai attiré l'amie de Flora sur le pont en faisant signe à Roddy de continuer le long du chemin.

— Et ensuite ?

— J'ai fait la conversation à cette fille et, quelque temps plus tard, Flora Mackenzie est revenue par le chemin.

— En marchant ou en courant ?

— En courant.

— Elle était seule ?

— Oui.

— Combien de temps s'était écoulé ?

— Quelques minutes.

— Et qu'a-t-elle fait alors ?

— Elle a pris son amie par le bras et l'a entraînée avec elle.

— Dans quelle direction ?

— Vers la Grande Maison.

— Avait-elle l'air troublée ?

— Peut-être. Je ne saurais le dire avec certitude.

— Pleurait-elle ?

— Je ne saurais le dire.

— Avait-elle les joues rouges ?

— Oui, mais d'après mon expérience il y a bien des raisons pour lesquelles une fille peut avoir les joues rouges », répondit Archibald Ross avec un sourire narquois.

Le président choisit cet instant pour rappeler au témoin la gravité de l'affaire, et menaça de le faire incarcérer s'il proférait encore quelque commentaire de cette nature. M. Ross s'inclina en une profonde révérence et présenta au juge des excuses obséquieuses.

M. Gifford reprit son interrogatoire :

« Mlle Mackenzie s'est donc éloignée dans le bois en compagnie de l'accusé, en est revenue en courant quelques minutes plus tard, et a pris son amie par le bras pour retourner vers la Grande Maison ?

— Oui, monsieur.

— Et où se trouvait l'accusé pendant ce temps-là ?

— Toujours dans le bois.

— A-t-il fini par réapparaître ?

— Oui.

— Combien de temps après ?

— Pas beaucoup. Une ou deux minutes.

— Quel était son comportement ?

— Il paraissait quelque peu affligé.

— À quoi l'avez-vous vu ?

— Il pleurait.

— Vous a-t-il raconté ce qui s'était passé ?

— Oui, monsieur.

— Voudriez-vous avoir l'obligeance de faire partager à la cour ce qu'il vous a dit ?

— Il m'a seulement dit que ses avances avaient été rejetées et qu'il avait le cœur brisé.

— Ses "avances". Est-ce le mot qu'il a employé ?

— Je ne m'en souviens pas.

— Mais vous avez compris qu'il avait fait des "avances" ?

— Oui.

— L'accusé présentait-il d'autres signes d'affliction ?

— Il avait un côté du visage tout rouge.

— Pour quelle raison ?

— La fille lui avait donné un soufflet.

— Avez-vous vu la fille lui donner un soufflet ?

— Non.

— Alors comment l'avez-vous su ?

— Roddy me l'a dit.

— Que s'est-il passé ensuite ?

— J'ai essayé de badiner, mais en voyant que mon ami était sincèrement chagriné, je lui ai proposé d'aller boire une chope de bière pour le réconforter.

— A-t-il accepté cette proposition ?

— Oui.

— Vous êtes donc retournés à l'auberge ?

— Oui.

— Et vous y avez à nouveau bu de la bière ?

— En effet.

— Dans quel état d'esprit se trouvait votre ami – l'accusé – après cela ?

— Il avait l'air totalement ragaillardi.

— S'est-il passé autre chose de notable ce jour-là ?

— Alors que nous savourions une bonne chope de bière, une grande brute parmi les autres clients s'est jetée sur Roddy et l'a roué de coups.

— Pourquoi cet homme s'est-il jeté sur votre ami ?

— Sans raison apparente.

— Avez-vous entendu des mots qu'ils se seraient échangés ?

— Non, monsieur.

— Et qui était donc cette "grande brute" ?

— J'ai appris par la suite qu'il s'agissait de Lachlan Mackenzie.

— Le défunt Lachlan Mackenzie ?

— Oui.

— Que s'est-il passé ensuite ?

— J'ai entraîné Roddy dehors et l'ai mis sur la route en direction de Culduie. »

Le substitut général conclut ici son interrogatoire, et ce fut au tour de M. Sinclair pour le compte de la défense. Il demanda au témoin de revenir mentalement au jour de la partie de chasse.

« La chasse a-t-elle été fructueuse ce jour-là ?

— Certainement pas, répliqua Archibald Ross en éclatant de rire.

— Et pourquoi cela ? »

Le témoin raconta alors que Roddy avait « foncé vers les cerfs en agitant les bras comme un oiseau géant et en poussant des cris de démon ».

« Ceci dans le but d'effrayer les cerfs ? s'enquit M. Sinclair.

— Oui.

— Qu'avez-vous pensé de cet agissement ? »

Provoquant l'hilarité générale dans le public, Archibald Ross fit une moue comique et se tapota la tempe du bout du doigt. Il fut vertement réprimandé par le président, qui le somma de s'en tenir à des réponses verbales.

« J'ai pensé que c'était la chose la plus sotte que j'avais jamais vue, dit-il alors.

— Et, avant d'agir de la sorte, l'accusé avait-il donné quelque indication sur ce qu'il entendait faire ? demanda l'avocat.

— Pas la moindre.

— C'était tout à fait soudain ?

— Absolument.

— Avant cet épisode, quelle opinion aviez-vous de l'accusé ?

— Je ne m'étais pas forgé d'opinion particulière.

— Il n'y avait rien d'étrange dans son comportement ?

— Non.

— Ni dans ses propos ?

— Non.

— Il était parfaitement rationnel ?

— Oui.

— Jusqu'au moment où il a fait fuir les cerfs ?

— Oui.

— Bien. Vous avez déclaré à M. Gifford qu'après l'incident dans le bois avec Flora Mackenzie, l'accusé vous avait paru fort affligé ?

— Oui.

— Il pleurait ou venait de pleurer ?

— Oui.

— Néanmoins, peu de temps après, vous avez déclaré qu'il… »

M. Sinclair s'interrompit pour consulter ses notes.

« … qu'il était "totalement ragaillardi" ? lut-il.

— Oui.

— Que faisait l'accusé juste avant que M. Mackenzie ne se jetât sur lui ?

— Il dansait la gigue sur un air de violon.

— Il dansait la gigue ?

— Oui.

— Et combien de temps s'était écoulé entre l'incident dans le bois, qui apparemment l'avait tant affligé, et cette gigue ? »

Archibald Ross réfléchit quelques instants.

« Peut-être une heure, finit-il par répondre.

— Plus d'une heure ou moins d'une heure ?

— Moins d'une heure.

— Et ne vous a-t-il pas semblé étrange que l'accusé fût ainsi capable, tantôt de pleurer, tantôt de danser la gigue, avec si peu de temps entre les deux ?

— J'ai simplement pensé que la bière lui avait réchauffé le cœur.

— Vous n'avez pas pensé, comme dans la montagne lorsque l'accusé s'était d'abord montré parfaitement rationnel et que l'instant d'après il s'était mis à faire la chose la plus sotte que vous eussiez jamais vue, qu'il était sujet à des sautes de comportement des plus extrêmes ?

— Je n'y ai pas pensé, non », répondit Archibald Ross.

Sur ce, M. Sinclair conclut son audition et M. Ross quitta la salle d'audience, non sans avoir, écrivit M. Philby, « adressé un salut flamboyant en direction du public, exactement comme un acteur à la fin d'une représentation théâtrale, ce qui au fond n'était pas loin d'être le cas ».

La Couronne appela alors à la barre Ishbel Farquhar, une jeune fille décrite dans *The Scotsman* comme « personnifiant les meilleures vertus de la femme des Highlands, à l'apparence pudique et au teint d'un rose délicat ». Elle était vêtue d'un long tablier noir, les cheveux soigneusement arrangés en nattes. Son apparition sembla provoquer une certaine anxiété chez Roddy. Il se mit à jeter des regards éperdus autour de lui, ses yeux « se posant un peu partout sauf sur la jeune fille qui se tenait alors à la barre ».

Après quelques préliminaires, M. Gifford demanda : « Pouvez-vous dire à la cour de quelle manière vous avez fait la connaissance de Flora Mackenzie ?

— Elle est venue travailler aux cuisines de la Grande Maison.

— Où vous étiez également employée ?

— Oui, monsieur.

— Et vous êtes devenues amies ?

— Oui. »

Mlle Farquhar parlait si bas que le président dut lui demander de hausser la voix afin que les jurés puissent entendre ses réponses.

« Vous étiez avec Flora Mackenzie à la frairie d'Applecross l'après-midi du 31 juillet ?

— Oui, monsieur, en effet. »

En entendant le nom de son amie, Mlle Farquhar fondit en larmes et M. Gifford sortit de sa poche un mouchoir qu'il lui tendit galamment. Lorsqu'elle eut retrouvé son calme, le substitut général s'excusa de la tourmenter ainsi.

« Cependant nous sommes ici pour une affaire de la plus haute gravité, ajouta-t-il, et votre témoignage est nécessaire pour nous éclairer sur certains aspects du récit.

— Je ferai de mon mieux, monsieur, dit-elle.

— Flora vous avait-elle parlé de l'accusé ?

— Oui, monsieur, elle m'en avait parlé.

— Et que vous a-t-elle dit ?

— Qu'il lui avait conté fleurette une ou deux fois, qu'elle l'aimait bien, mais qu'il avait des idées bizarres et qu'il disait quelquefois des choses étranges.

— Quelle sorte d'idées bizarres ?

— Je ne sais pas.

— Elle ne vous l'a pas précisé ?

— Non.

— Pouvez-vous nous dire ce que vous faisiez juste avant de croiser l'accusé et son ami, Archibald Ross, l'après-midi en question ?

— Nous nous promenions dans le parc de la Grande Maison.

— Et vous avez été abordées par Archibald Ross et l'accusé ?

— Oui.
— Dans quel état étaient-ils ?
— Ils étaient saouls.
— Tous les deux ?
— Surtout Roddy.
— À quel point ?
— Il avait des difficultés à parler et il marchait d'un pas chancelant.
— Vous les avez pourtant autorisés à vous tenir compagnie ?
— Oui.
— Et vous êtes allées avec eux dans le bois près du ruisseau ?
— Oui. Nous n'y avions pas vu de mal. »
Mlle Farquhar se remit à pleurer.
« Vous ne considériez donc pas l'accusé comme un individu dangereux ; comme quelqu'un susceptible de vous faire du mal, à vous ou à Flora ?
— Je ne le connaissais pas.
— Veuillez raconter à la cour ce qui s'est passé dans le bois.
— Quand nous sommes arrivés au ruisseau, M. Ross m'a prise par le bras en disant qu'il voulait me montrer quelque chose, et il m'a emmenée sur le pont.
— L'accusé et Flora Mackenzie vous ont-ils accompagnés sur le pont ?
— Non, ils ont continué sur le chemin le long du ruisseau.
— Qu'est-il arrivé ensuite ?
— M. Ross s'est penché sur le bord du pont et a commencé à me parler des truites et des saumons dans la rivière en me montrant l'eau du doigt, mais je ne voyais aucun poisson.

— Et après ?

— Après il a essayé de m'embrasser.

— Où a-t-il essayé de vous embrasser ? »

Mlle Farquhar ne répondit pas, mais porta une main à son cou.

« Avez-vous laissé M. Ross vous embrasser ?

— Non.

— Qu'avez-vous fait ?

— Je me suis reculée, mais il me retenait par le bras et ne voulait pas me lâcher, et ensuite il m'a fait…

— Continuez, je vous prie, mademoiselle Farquhar.

— Il m'a fait une proposition déplacée.

— Une proposition de nature sexuelle ?

— Oui, monsieur.

— Je vois. Et après ?

— J'avais peur car il m'agrippait par le bras. Ensuite Flora est revenue par le chemin, alors il m'a lâchée et nous sommes parties toutes les deux.

— Est-elle revenue en courant ou en marchant ?

— En courant.

— Flora Mackenzie vous a-t-elle raconté ce qui s'était produit pendant qu'elle était seule avec l'accusé ?

— Elle m'a raconté que Roddy lui avait dit des choses grossières, qu'il avait mis les mains sur elle et qu'elle l'avait souffleté. »

M. Gifford s'excusa de devoir insister et demanda : « Vous a-t-elle indiqué à quel endroit de son corps l'accusé avait mis ses mains ? »

À cet instant, rapporta M. Philby, l'accusé « devint plus agité qu'à aucun moment précédent au cours du procès. Ses joues s'empourprèrent, il commença à se tortiller les doigts sur ses genoux et parut rapetisser en lui-même. S'il n'avait émis aucun remords pour le meurtre de trois personnes, il semblait assurément en avoir pour les avances qu'il avait faites à la malheureuse Mlle Mackenzie ».

Mlle Farquhar garda les yeux baissés et refusa de répondre.

« Flora vous a-t-elle dit, reprit M. Gifford, qu'il avait mis ses mains sur ses parties intimes ? »

Elle hocha la tête et le président ordonna qu'il soit consigné dans les minutes du procès que le témoin avait répondu par l'affirmative.

« Autre chose ? demanda M. Gifford.

— Non, monsieur. »

Le substitut général la remercia et termina son audition. M. Sinclair ne souhaitant pas procéder à un contre-interrogatoire, Mlle Farquhar put disposer.

Le dernier témoin cité par la Couronne fut le Dr Hector Munro, « un petit homme replet qui avait de larges favoris et le teint rougeaud ». Il donnait toutes les apparences, écrivit l'espiègle M. Philby, d'être « l'ami intime d'un dénommé Johnnie Walker ».

Le Dr Munro déclara exercer la profession de « praticien général » et être régulièrement employé comme médecin de la maison d'arrêt d'Inverness.

M. Gifford : « Et quelles sont vos responsabilités dans cet emploi ? »

Dr Munro : « Je m'occupe de la santé générale des détenus.

— Et à ce titre, vous a-t-on demandé d'examiner l'accusé ici présent, Roderick Macrae ?

— Oui.

— Ce que vous avez fait ?

— Absolument.

— Cet examen avait-il pour but d'évaluer uniquement la condition physique du prisonnier ?

— Non, j'avais ordre du juge d'instruction d'évaluer aussi son état mental.

— Afin de vérifier s'il était sain d'esprit ?

— En effet.

— Que pouvez-vous dire à la cour sur la condition physique de l'accusé ?

— Je l'ai trouvé en bonne santé générale, bien qu'atteint d'un commencement de scorbut, sans doute dû à la pauvreté de son régime alimentaire.

— Mais sans cela, il était bien portant ?

— Oui. Tout à fait robuste, même.

— Quant à son état mental, pouvez-vous nous dire par quels moyens d'évaluation vous avez procédé ?

— J'ai longuement conversé avec le prisonnier.

— Au sujet des crimes dont il est ici accusé ?

— Au sujet de ces crimes, oui, et de sa situation en général.

— Le prisonnier a-t-il bien voulu converser avec vous de manière courtoise ?

— De manière fort courtoise, oui.

— Quelle a été votre conclusion sur l'état mental du prisonnier ?

— Il m'a semblé en pleine possession de sa raison.

— "En pleine possession de sa raison", répéta M. Gifford en appuyant lourdement sur ces mots. Pouvez-vous nous dire quelles observations vous ont permis de parvenir à cette conclusion ?

— Le prisonnier comprenait où il se trouvait et pour quels motifs il était là. Il répondait à mes questions d'une façon claire et délibérée, sans montrer aucun signe de délire ni de troubles dans son raisonnement. J'irais même jusqu'à dire qu'il se compte parmi les détenus les plus lucides et intelligents qu'il m'ait été donné d'examiner.

— "Parmi les détenus les plus lucides et intelligents qu'il vous ait été donné d'examiner." Vous allez loin dans vos affirmations, docteur Munro.

— C'est là mon honnête opinion.

— Et avez-vous spécifiquement interrogé le prisonnier au sujet des crimes dont il est accusé ?

— Oui.

— Quelle a été sa réponse ?

— Il en a ouvertement admis la responsabilité.

— Se peut-il qu'il l'ait fait par désir de vous satisfaire... parce qu'il a pensé que c'était ce que vous vouliez entendre ?

— Je ne saurais m'avancer sur les motivations du prisonnier, mais je crois me rappeler lui avoir posé la question dans les termes les plus neutres.

— Dans quels termes ?

— Je lui ai dit que j'avais eu vent de crimes qui s'étaient produits dans son village et lui ai demandé s'il en savait quelque chose.

— Et quelle réponse vous a-t-il faite ?

— Il m'a répondu sans détour qu'il en était l'auteur.

— Lui avez-vous demandé pourquoi il avait commis ces crimes ?

— Oui. Il m'a dit avoir commis ces crimes afin de délivrer son père des tribulations qui lui avaient été infligées par la victime.

— La victime, Lachlan Mackenzie ?

— Lui-même.

— Ce sont là ses propres termes ? “Afin de délivrer son père des tribulations qui lui avaient été infligées” ?

— Il me semble, plus ou moins.

— L’avez-vous interrogé au sujet des autres victimes ?

— Pas spécifiquement.

— Et l’avez-vous jugé sincère dans ses réponses ?

— Je n’avais pas lieu de douter de sa sincérité.

— Avez-vous fait au prisonnier quelque autre question relativement à ces crimes ?

— Je lui ai demandé s’il éprouvait du remords.

— Et qu’a-t-il répondu ?

— Qu’il n’en éprouvait point.

— Il n’éprouvait aucun remords pour le meurtre de trois personnes ?

— Non, monsieur.

— Cela ne vous a-t-il pas paru anormal ? Voire, justement, le signe qu’il n’était pas en pleine possession de sa raison ?

— D’après mon expérience, les prisonniers expriment rarement des remords pour les actes qu’ils ont commis. Les seuls regrets qu’ils peuvent éventuellement nourrir concernent le fait d’avoir été appréhendés. »

Cette dernière remarque détendit momentanément l’atmosphère dans le prétoire, et le président laissa la volée de rires retomber d’elle-même.

« Cette absence de remords n’est donc pas, suivant votre opinion d’homme de science, le symptôme d’une perte de raison ?

— Absolument pas, monsieur.

— Vous n’êtes pas sans savoir que l’accusé a choisi de plaider l’exception d’irresponsabilité mentale, au motif qu'il était, au moment de commettre ces actes, en état d'aliénation ?

— Tout à fait.

— Le prisonnier vous a-t-il semblé atteint d'aliénation mentale ?

— Non.

— Est-il possible qu'au moment de commettre ces actes, il ait été atteint d'aliénation mentale ?

— Compte tenu du récit qu'il m'a livré de ses crimes et de la façon parfaitement rationnelle dont il s'exprimait, je ne crois pas qu'il ait été en état d'aliénation au moment où les faits ont été commis. »

M. Gifford remercia alors le témoin et conclut son interrogatoire. M. Sinclair se leva pour le compte de la défense.

« Depuis combien de temps êtes-vous employé en qualité de médecin de la maison d'arrêt d'Inverness ? demanda-t-il.

— Environ huit ans.

— Vous avez dû examiner un très grand nombre de détenus dans ce laps de temps.

— En effet.

— Quelle proportion des détenus que vous avez examinés considéreriez-vous comme aliénés ?

— Je ne suis pas certain de pouvoir le dire avec certitude.

— La moitié ? Plus de la moitié ? Moins de la moitié ?

— Beaucoup moins de la moitié.

— Pourriez-vous être plus précis ?

— Une très petite proportion.

— Dix sur cent ? Cinq sur cent ?

— Peut-être un sur cent.

— Un sur cent ! s'exclama M. Sinclair. C'est assurément une petite proportion. Et les quatre-vingt-dix-neuf autres, pour quelle raison ont-ils fini dans votre prison ?

— Parce qu'ils ont commis un crime quelconque, ou du moins qu'ils en ont été accusés.

— Et pourquoi ces hommes-là, ces quatre-vingt-dix-neuf sur cent, commettent-ils leurs crimes ? »

Le Dr Munro parut quelque peu décontenancé par le cours que prenait cette audition. Il interrogea du regard le président, qui lui indiqua seulement de répondre aux questions qu'on lui faisait.

« Si je devais me risquer à formuler une opinion, je dirais qu'ils sont là parce qu'ils ne sont pas capables de maîtriser leurs instincts les plus vils.

— L'instinct de voler ou d'agresser autrui ?

— Par exemple, oui.

— Mais cette incapacité à contrôler ses instincts n'est pas, selon vous, révélatrice d'une perte de raison ?

— Non, monsieur.

— Ce sont simplement de mauvaises personnes.

— Vous pouvez l'exprimer ainsi.

— Et comment l'exprimeriez-vous ?

— Je dirais que ce sont des criminels, monsieur. »

M. Sinclair marqua une pause très théâtrale puis, en se tournant vers les jurés, demanda :

« Donc, chez quatre-vingt-dix-neuf pour cent des hommes que vous examinez en tant que médecin de la prison de cette ville, vous ne trouvez pas de signes d'aliénation ?

— C'est exact.

— Serait-il exact de dire qu'en règle générale, quand vous examinez les détenus de la maison d'arrêt, vous ne recherchez pas de signes d'aliénation ?

— Mes examens se limitent généralement à la condition physique des prisonniers, en effet.

— Vous considérez-vous comme un expert dans le domaine de l'anthropologie criminelle ?

— Dans la mesure où j'examine des prisonniers depuis huit ans, j'estime avoir une certaine expertise, oui.

— Vous considéreriez-vous également comme un expert dans le domaine de la psychologie criminelle ?

— Oui.

— Pourriez-vous expliquer à la cour ce que signifie le terme d'"aliénation morale" ?

— Je ne connais pas ce terme.

— Pourriez-vous expliquer à la cour ce que signifie le terme de "manie sans délire" ? »

Le Dr Munro secoua la tête.

« Vous ne connaissez pas ce terme non plus. Connaissez-vous les travaux de M. Philippe Pinel[1]?

— Non.

— Connaissez-vous les travaux du Dr James Cowles Prichard ?

— J'ai entendu parler de lui.

— Dans ce cas, vous avez sans doute lu son *Traité sur l'aliénation mentale et autres troubles de l'esprit* ?

— Je n'en ai pas souvenir.

— Vous déclarez devant la cour ne pas vous souvenir si vous avez lu une des œuvres majeures parmi les réflexions en cours sur la psychologie des

1. Philippe Pinel (1745-1826) était un pionnier de la psychologie criminelle. Il inventa le terme de « manie sans délire » dans son essai intitulé *Nosographie philosophique, ou la Méthode de l'analyse appliquée à la médecine* (1798-1818).

criminels, un domaine dont vous vous prétendez expert ?

— Mon expertise se fonde sur l'expérience que j'ai acquise en examinant des membres de la population criminelle.

— Une population qui, selon vos propres estimations, ne contient qu'un infime pourcentage d'hommes atteints de troubles mentaux.

— Oui.

— Étant donné que vous avez été convoqué devant ce tribunal aujourd'hui pour apporter votre témoignage dans une affaire de la plus haute gravité, ne pensez-vous pas qu'en tant qu'expert proclamé, il est de votre responsabilité de vous tenir au courant des réflexions en cours dans ce domaine ?

— Je ne crois pas qu'aucun homme de science qui serait amené à examiner l'accusé ici présent parviendrait à une conclusion différente de la mienne.

— Si vous voulez bien me pardonner, docteur Munro, ce n'est pas la question que je vous ai faite. La question que je vous ai faite est la suivante : n'est-il pas de votre responsabilité, en tant qu'expert supposé en psychologie criminelle – science dont les applications sont d'une importance capitale dans cette affaire – de vous informer pleinement des derniers développements dans ce domaine ? »

À cet instant, écrivit M. Philby, le bon docteur « commença à perdre ses moyens et à jeter des regards autour de lui comme dans l'espoir de trouver une bouteille de whisky cachée quelque part à portée de main ».

M. Sinclair ne le pressa pas de répondre, calculant sans doute que son silence serait plus accablant que tout ce qu'il pourrait bien dire. Il prit même un ton plus conciliant pour poursuivre :

« Peut-être ne suis-je pas raisonnable. Il serait certainement plus utile que vous disiez au jury quelle éducation ou formation vous avez reçue dans le domaine de la psychologie criminelle. »

Le Dr Munro regarda le président d'un air suppliant. Ce dernier le somma de répondre d'un simple geste de la main.

« Je n'ai reçu aucune formation de la sorte », dit-il.

M. Sinclair, qui savourait clairement ce retour de fortune dans sa ligne de défense, se tourna vers les jurés avec une expression d'extrême surprise.

« Serait-il alors plus juste de vous décrire comme un autodidacte dans ce domaine ?

— Ce serait plus juste, oui, répondit le médecin.

— Dans ce cas, puisque vous n'avez lu ni les travaux du Dr Prichard, ni ceux de M. Pinel, peut-être pourriez-vous indiquer à messieurs les jurés certains des ouvrages grâce auxquels vous vous êtes instruit. »

Le Dr Munro parut réfléchir intensément avant de répondre qu'il n'arrivait pas, dans l'immédiat, à se souvenir d'aucun titre en particulier.

« Vous ne vous souvenez pas d'un seul ouvrage que vous avez lu sur le sujet dont vous vous êtes à l'instant déclaré expert ?

— Non.

— Devons-nous en déduire, docteur Munro, suggéra M. Sinclair avec un grand geste du bras en direction du jury, que vous n'êtes absolument pas qualifié pour vous prononcer en quelque manière que ce soit sur la santé mentale de l'accusé ?

— J'estime que je suis qualifié.

— Mais vous n'avez aucune qualification ! »

Le témoin ne parut pas avoir la volonté de se défendre contre cette ultime charge de l'avocat et, en secouant la tête avec un air consterné, M. Sinclair conclut son interrogatoire.

Le Dr Munro, visiblement soulagé d'être au bout de son supplice, commença à s'éloigner de la barre, mais fut aussitôt réprimandé par le président car il n'avait pas encore reçu la permission de se retirer. M. Gifford se leva alors afin de l'interroger une seconde fois. Il s'excusa de devoir le retenir plus longtemps, puis le pria de rappeler à la cour depuis combien d'années il exerçait au sein de la maison d'arrêt d'Inverness. Il lui demanda ensuite combien de détenus il avait examinés au cours de cet emploi.

Manifestement heureux d'avoir une chance de se racheter, le Dr Munro répondit que, bien qu'il lui soit impossible de donner un chiffre précis, cela devait atteindre « plusieurs centaines ».

« Et, d'après votre longue expérience, seule une toute petite proportion de ceux qui passent entre vos mains peuvent être qualifiés d'aliénés ?

— C'est mon opinion, oui.

— Votre opinion médicale ?

— Oui.

— Savez-vous reconnaître les signes, ou symptômes, de l'aliénation, docteur Munro ?

— Tout à fait.

— Pourriez-vous, je vous prie, nous les énumérer ?

— Tout d'abord, un prisonnier peut être en proie à des délires… »

M. Gifford interrompit le témoin en s'excusant.

« Pourriez-vous expliquer ce que vous entendez par “délires” ?

— Simplement que le prisonnier souffre de quelque croyance erronée, soit qu’il entende des voix dans sa tête, soit qu’il ait des visions, ou bien qu’il se prenne pour quelqu’un qu’il n’est pas.

— Merci. Continuez, je vous prie.

— Un prisonnier peut manifester des troubles du raisonnement. Par exemple, s’il parle d’une manière en apparence rationnelle mais que ses pensées ne s’enchaînent pas d’une façon cohérente. De même, ses affirmations peuvent n’avoir tout bonnement aucun rapport avec la réalité.

— C’est tout ?

— J’ai aussi rencontré des prisonniers qui débitent un baragouin incompréhensible, dont la parole n’est qu’un flot de mots inintelligibles et décousus, ou n’est même pas assimilable à un langage[1]. Il y en a d’autres qui ne sont pas capables de comprendre les demandes les plus simples qu’on leur fait, ou qui y répondent sans aucune logique ni pertinence. Et puis il y a ceux que l’on pourrait qualifier d’imbéciles et qui sont simplement, pour une raison ou une autre, déficients ou attardés dans leur développement. »

M. Gifford encouragea le docteur à poursuivre.

« Dans un petit nombre de cas, il existe des prisonniers qui ne réagissent pas du tout au monde qui les entoure, qui restent assis ou allongés dans un coin de leur cellule et ne répondent à aucun stimulus, souvent occupés à marmonner dans leur barbe ou à répéter la même action *ad nauseam*.

1. Un dessin malicieux dans *The Scotsman* suggérait que les prisonniers auxquels le Dr Munro faisait référence parlaient peut-être tout simplement gaélique.

— Voilà une énumération des plus exhaustives, commenta M. Gifford. Et comment avez-vous acquis cette connaissance des diverses formes d'aliénation ?

— Par mon expérience auprès des détenus de la maison d'arrêt d'Inverness.

— Mais il doit bien vous arriver quelquefois de rencontrer des cas face auxquels vous avez des difficultés à émettre un diagnostic ?

— En effet.

— Et que faites-vous en pareilles circonstances ?

— Je m'entretiens avec un confrère ou bien je consulte un manuel ou un autre.

— Je vois. Diriez-vous que cette méthode de consultation et votre longue expérience avec des criminels vous qualifient pour vous prononcer sur la santé mentale de n'importe quel individu ?

— Je le crois, oui.

— Maintenant, avant que vous ne quittiez la barre, qu'il me soit permis de vous poser une dernière question. Au cours de votre examen du prisonnier ici présent, avez-vous constaté chez lui aucun des signes d'aliénation ou des comportements que vous venez de nous décrire ?

— Non.

— Il n'était pas délirant ?

— Non.

— Il ne manifestait pas de troubles du raisonnement ?

— Non.

— Il était conscient des choses qui l'entouraient et des raisons qui l'avaient conduit là ?

— Oui.

— Et, d'après votre opinion médicale, peut-il être considéré comme aliéné ou dépossédé de sa raison ?

— Non. »

M. Gifford lança alors un regard plein de mépris en direction du banc de la défense et, sans effets d'emphase supplémentaires, conclut son interrogatoire. Le Dr Munro reçut l'autorisation de se retirer et, avec un coup d'œil reconnaissant au substitut général, « fila sans demander son reste, sans doute en quête de la taverne la plus proche ».

À la fin des auditions des témoins de l'accusation, comme c'était alors la coutume dans la loi écossaise, la Profession de l'inculpé fut lue à haute voix par le greffier. C'était la seule déclaration permise à l'accusé.

Je m'appelle Roderick John Macrae, âgé de dix-sept ans. Je suis né à Culduie, Ross-shire, et je vis avec mon père, John Macrae, fermier, dans l'habitation la plus au nord de ce village. L'accusation d'avoir causé la mort de Lachlan Mackenzie, âgé de trente-huit ans, de Flora Mackenzie, âgée de quinze ans, et de Donald Mackenzie, âgé de trois ans, au moyen de coups administrés avec un louchet et un hoyau à leur domicile le 10 août de la présente année ayant été relue attentivement, je déclare : J'admets librement que je suis responsable de la mort des personnes susnommées. Le matin en question, je me suis rendu chez Lachlan Mackenzie, muni de ces armes, avec l'intention de le tuer. J'ai tué Lachlan Mackenzie en représailles de la souffrance qu'il avait causée à mon père et à ma famille dans son ensemble. Il n'était pas dans mon intention de tuer Flora Mackenzie ni Donald Mackenzie. Leur mort a été rendue nécessaire par leur présence dans la maison et ma volonté de les empêcher de donner l'alarme. J'estime que le succès de mon entreprise doit être attribué à la Providence, et j'accepte de la même façon le sort que la Providence m'imposera. Je suis sain d'esprit et fais cette déclaration librement et nullement contraint et forcé. Ce que je certifie être la vérité.

(Signé)
Roderick John Macrae

L'accusation annonça avoir terminé ses auditions. Comme il était alors autour de 16 heures, il s'ensuivit une discussion afin de savoir si l'audience devait être levée pour la journée. M. Sinclair, sans doute inquiet que les jurés aillent se coucher avec l'affirmation par Roddy lui-même de sa bonne santé mentale résonnant encore dans leurs oreilles, plaida pour que les débats se poursuivent. M. Gifford rétorqua que, dans la mesure où le procès ne pourrait de toute façon s'achever le jour même, ils feraient mieux de s'en tenir là et de reprendre le lendemain matin. L'échange, en tout cas de la part de M. Sinclair, s'échauffa rapidement, mais après avoir brièvement consulté ses collègues en aparté, le président déclara l'audience levée. M. Sinclair, rapporta *The Scotsman*, « devint rouge cramoisi, et on l'entendit distinctement marmonner quelque chose au sujet d'une conspiration contre son client, commentaire pour lequel il se fit sévèrement réprimander par le juge et dont il s'excusa aussitôt ».

Quels qu'aient été les sentiments de M. Sinclair quant à la décision parfaitement raisonnable du président, une telle manifestation d'irritabilité en présence du jury pouvait difficilement servir les intérêts de son client. Le président répéta les mêmes recommandations que la veille à l'intention des jurés, et la salle se vida. Les spectateurs s'égaillèrent dans une ambiance « qui n'était pas sans rappeler la sortie des classes avant les vacances d'été ».

Les journaux livrèrent dans leur édition du soir des comptes rendus pittoresques de l'audition du Dr Munro par les deux parties, et *The Inverness Courier* rapporta que « dans toutes les tavernes et sur tous les trottoirs de la ville, on ne parlait que de cette affaire. Ceux qui avaient eu la chance d'assister aux débats tenaient salon comme de grands sages, et jusque tard dans la nuit les discussions firent rage pour savoir si le malheureux prisonnier allait finir au gibet ».

Parmi les journalistes eux-mêmes, les avis semblaient partagés. Le récit de la journée dans *The Scotsman* se concluait par ces mots : « La lueur d'espoir qu'avait procurée la démolition en règle du Dr Munro par l'avocat de la défense fut immédiatement douchée par la déclaration, de l'aveu même de l'accusé, qu'il était parfaitement sain d'esprit. Il faudrait désormais un revirement très surprenant pour convaincre le jury que ce pauvre fermier est innocent des crimes jugés. »

Pour John Murdoch dans le *Courier*, cependant, les choses n'étaient pas si tranchées : « Si l'on ne peut que saluer le talent avec lequel M. Gifford a défendu les intérêts de la Couronne, les jurés auront entendu au fil de l'audience suffisamment d'exemples du comportement étrange de l'accusé pour que cela sème le doute sur l'état de sa santé mentale. »

Le lendemain matin, dans le *Times*, M. Philby écrivait :

> Il est extrêmement rare dans une affaire de ce genre que tout le système de défense s'appuie

sur un unique témoin, mais il faut admettre que le procès de Roderick Macrae n'a rien d'un événement ordinaire. L'enjeu n'est pas tant d'établir les faits que le contenu de l'esprit de leur auteur et, jusqu'ici, c'est quelque chose que personne ne peut sincèrement se targuer d'avoir réussi à cerner. L'accusé s'est conduit de bout en bout d'une façon si humble et respectueuse qu'il est impossible de l'imaginer commettre les crimes sauvages dont il est inculpé. Pourtant il les a bel et bien commis, et qu'un individu capable d'une telle frénésie meurtrière puisse ensuite rester assis deux jours d'affilée sage comme une souris relève à nos yeux d'une espèce de folie dont n'a pas fait mention le Dr Hector Munro. Un poids immense pèse donc sur les épaules de l'éminent James Bruce Thomson, entre les mains duquel repose désormais le sort de Roderick Macrae.

Troisième jour

M. Philby n'était pas seul à avoir saisi l'importance de la déposition de M. Thomson. L'arrivée de ce dernier dans le prétoire fut attendue avec davantage de fébrilité que n'importe quel autre moment du procès depuis la première apparition de l'accusé lui-même. M. Thomson, vêtu d'un costume noir parfaitement ajusté, la chaîne en or d'une montre à gousset en travers du ventre, s'avança jusqu'à la barre avec une expression de profonde solennité. D'après le journaliste du *Times*, il « jeta un regard hautain vers la galerie du public puis fixa tour à tour les juges, la Couronne et la défense avec un air non moins arrogant. Le célèbre aliéniste laissa clairement entendre qu'il se considérait comme l'acteur principal de cette singulière pièce de théâtre ».

Le président réclama le silence puis, une fois les formalités accomplies, M. Sinclair commença son interrogatoire en demandant au témoin d'énoncer sa profession.

M. Thomson : « Je suis médecin-chef de la prison générale d'Écosse à Perth.

— Depuis combien de temps occupez-vous ce poste ?

— Quatorze ans.

— Durant ce laps de temps, combien de détenus avez-vous examinés ?

— Autour de six mille.

— Et vous avez examiné à la fois leur santé physique et mentale ?

— Tout à fait.

— Serait-il exact de dire que vous avez porté une attention particulière à l'état psychologique des détenus que vous suiviez ?

— Ce serait exact.

— Diriez-vous que vous possédez une certaine expertise dans l'étude de la santé mentale des criminels ?

— Toute modestie mise à part, je le dirais, oui.

— Sur quoi prétendez-vous fonder cette expertise ?

— Outre mon expérience clinique auprès des détenus, j'ai procédé à une étude approfondie de la littérature qui existe sur ce sujet. J'ai été élu membre de l'Association médico-psychologique et invité par cet organisme à donner une conférence à propos des effets psychologiques de la prison sur les détenus. Mon article sur l'épilepsie parmi les prisonniers est paru dans la *Revue mensuelle d'Édimbourg* et je m'apprête à publier prochainement d'autres travaux sur les aspects psychologiques et héréditaires du crime dans le *Journal of Mental Science*.

— C'est très impressionnant, monsieur, commenta M. Sinclair. Est-il exact également que les criminels qu'on estime inaptes à passer en jugement en raison de leur état d'aliénation sont regroupés dans votre établissement ?

— C'est exact.

— En plus de votre longue expérience auprès de ce qu'on pourrait appeler la population carcérale générale, vous avez donc aussi été fréquemment en contact avec les aliénés criminels.

— En effet.

— Feriez-vous une distinction entre la population carcérale générale et ceux que l'on considère comme des aliénés criminels ?

— Il y a une similarité dans la mesure où les criminels des deux espèces sont en grande partie dépourvus de sens moral. Néanmoins, les criminels compulsifs sont généralement disposés au crime par hérédité, et pour la plupart incurables. Il existe une classe criminelle qui réside dans les bas-fonds surpeuplés de nos villes. Ce sont des gens nés dans le crime, qui sont élevés, nourris et éduqués au crime. Aussi pourrait-on soutenir que ces criminels-là ne peuvent être réellement tenus pour responsables de leurs actes, puisqu'ils y sont poussés malgré eux, impuissants à résister à la tyrannie des circonstances. »

Il y avait, observa M. Murdoch, « quelque chose de la qualité incantatoire d'un prédicateur de l'Église libre d'Écosse dans le rythme et l'intonation de l'aliéniste ».

« Et est-il possible, demanda M. Sinclair, d'identifier les membres de cette classe criminelle héréditaire dont vous parlez ?

— Très certainement.

— De quelle façon ?

— Du fait de la crasse dans laquelle ces colonies se reproduisent et de leur mépris pour les règles de la consanguinité, l'on relève souvent chez eux des états anormaux, tels que des malformations vertébrales, des bégaiements, des organes vocaux défectueux, des pieds bots, des palais fendus, des becs-de-lièvre, des surdités, des cécités congénitales, de l'épilepsie, de la scrofule, etc. Tout cela généralement accompagné par une faiblesse d'esprit ou une imbécillité. Les individus nés dans le crime sont aussi distincts de l'honnête homme qu'un mouton à gueule noire d'un cheviot[1].

— Bien. Est-il vrai que vous vous êtes transporté à Inverness afin d'examiner l'accusé ici présent ?

— En effet, monsieur, à votre demande.

— Et avez-vous examiné l'accusé ?

— Oui.

— Quelles ont été les conclusions de votre examen ?

— J'ai constaté qu'à certains égards il présentait les caractéristiques physiques inférieures de la classe criminelle héréditaire.

1. Les idées exprimées ici par Thomson sont exposées de façon plus détaillée dans son article « La nature héréditaire du crime », publié en 1870 dans le *Journal of Mental Science*. Elles sont un exemple de la « théorie de la dégénérescence » alors très répandue, une sorte d'évolution inversée.

— À quels égards ?

— Il est de taille plus petite que la moyenne, il a le crâne difforme, et les oreilles anormalement larges et pendantes. Il a de petits yeux très rapprochés et, comme n'importe quel observateur peut le constater lui-même, un front particulièrement protubérant. Sa peau est d'une pâleur maladive, même si j'attribuerais plutôt cela à des carences alimentaires qu'à un facteur héréditaire.

— Et dans votre investigation pour tenter d'établir si l'accusé devait être considéré comme un criminel par hérédité, avez-vous procédé à d'autres recherches que cet examen physique ?

— Oui. En votre compagnie, je me suis rendu au domicile de l'accusé dans le village de Culduie, dans le Ross-shire.

— Pourquoi vous a-t-il paru nécessaire d'entreprendre ce voyage ?

— Comme je crois vous l'avoir dit alors, quand l'on s'aperçoit que l'eau de son verre est croupie, il faut aller vérifier le puits. »

Le président intervint pour demander au psychiatre d'expliquer ce qu'il voulait dire par cette métaphore.

« Je veux simplement dire, reprit M. Thomson, que l'on ne peut déterminer si les caractéristiques d'un individu lui ont été transmises par hérédité en se limitant à un examen physique. Il faut également vérifier la source dont il est issu.

— Et quels ont été les enseignements de votre visite à Culduie ? demanda M. Sinclair.

— Les habitants de ce village possèdent dans l'ensemble un physique de souche inférieure, étant de petite taille et d'apparence généralement repoussante, ceci vraisemblablement dû à la fréquence des unions consanguines, comme en atteste la forte prédominance de certains patronymes dans la région. Les conditions de vie de l'accusé et de sa famille m'ont semblé tout à fait impropres à l'habitation humaine, leur taudis – que j'hésiterais à qualifier de maison – étant dépourvu d'aération et d'installations sanitaires, et partagé avec le bétail. Le père, avec lequel j'ai pu converser quelques minutes, m'a paru d'une lenteur d'esprit frôlant l'idiotisme. La mère de l'accusé est morte en couches, ce qui à notre époque moderne constitue un indice probable de déficience congénitale. La sœur s'est suicidée, laissant à penser que toute cette malheureuse lignée est atteinte d'une forme d'infirmité mentale. Je n'ai pas eu le loisir d'examiner les frère et sœur cadets de l'accusé, ceux-ci ayant été envoyés en nourrice ailleurs. Pour résumer, je dirais sans hésitation que l'accusé est issu d'une souche physique inférieure.

— Vous concluriez donc qu'il appartient à la classe criminelle héréditaire que vous nous avez précédemment décrite avec tant d'éloquence ?

— J'ai parfaitement conscience, étant donné le système de défense que vous avez choisi dans cette affaire, que vous espérez de moi une réponse affirmative. Cependant, si l'accusé présente certains points communs avec l'engeance criminelle urbaine et que cela est indiscutablement dû au fait qu'il provient d'une lignée inférieure, je ne le rangerais pas parmi les membres des classes criminelles, à savoir ces classes qui sont nées dans le crime et sur lesquelles le crime exerce une attraction irrésistible. »

À cet instant, M. Sinclair « avait tout l'air de quelqu'un à qui l'on vient de tirer brusquement le tapis sous les pieds ». D'une voix quelque peu vacillante, il demanda à M. Thomson de justifier sa conclusion.

« C'est très simple, monsieur Sinclair, répondit ce dernier. L'on se doit de rechercher les origines du crime non seulement dans le bagage héréditaire du criminel, mais aussi dans son environnement. Si, aux yeux des hommes éduqués que nous sommes, ce village des Highlands peut apparaître comme un trou sordide, c'est un paradis en comparaison des bas-fonds de nos villes. L'air y est pur et abondant et, bien que la population vive dans la pauvreté, la grande majorité des gens gagnent honnêtement leur subsistance grâce au travail de la terre ou à quelque autre basse besogne. Les larcins et autres escroqueries sont quasiment chose inconnue dans ces contrées. Ainsi l'individu, si veule fût-il dans sa constitution physique ou borné dans ses facultés mentales, n'est-il pas élevé ni nourri dans une atmosphère de criminalité. L'accusé ici présent est sans doute né dans un environnement qui a de quoi révulser l'homme civilisé, mais il n'est pas né dans le crime. »

Il y eut alors une pause dans les débats, le temps que M. Sinclair consulte son assistant. M. Gifford, put-on lire, « s'était carré dans son fauteuil et, si cela n'eût été inconvenant, il aurait sans doute posé les pieds sur la table devant lui ». Les spectateurs dans la galerie du public, ne mesurant peut-être pas encore complètement l'importance de l'échange qui venait d'avoir lieu, chuchotaient entre eux. Le président parut laisser durer quelque peu cette interruption avant de demander à l'avocat s'il avait fini d'interroger le témoin.

M. Sinclair répondit que non et s'empressa de poser sa question suivante :

« Nous avons entendu le témoignage du Dr Hector Munro, un praticien général, qui a affirmé que l'accusé ne présentait aucun des signes extérieurs habituels de l'aliénation ou de l'imbécillité. Confirmeriez-vous ce diagnostic ?

— Tout à fait.

— Mais diriez-vous également qu'une personne ne présentant aucun de ces signes peut être considérée comme aliénée ?

— En effet.

— Comment est-ce possible ?

— Au cours des dernières décades, notre compréhension du fonctionnement – ou dysfonctionnement – de l'esprit humain a fortement progressé grâce aux travaux de mes confrères britanniques et continentaux, si bien qu'est désormais communément admise dans le domaine de l'anthropologie criminelle l'existence d'une forme d'aliénation morale, ou "manie sans délire", comme on la dénomme parfois.

— Pourriez-vous préciser en quoi consiste cette forme d'aliénation ?

— En deux mots, il s'agit d'une perversion pathologique des affections, sans trouble concomitant des facultés intellectuelles. Un individu peut donc sembler pleinement conscient de la réalité et entièrement rationnel dans son discours, et pourtant être totalement dépourvu de sens moral. Cela se manifeste par la nature compulsive du petit criminel, qui est tout à fait impuissant à s'abstenir de voler et, chez les plus grands criminels – ceux coupables de meurtre, de viol ou d'infanticide –, par une complète absence de remords. Les aliénés moraux sont parfaitement incapables de résister à leurs pulsions violentes ou criminelles. Ces malheureux se distinguent par la prédominance de sentiments mauvais, que la moindre provocation suffit souvent à réveiller. Ils voient de l'hostilité là où il n'y en a point et se laissent aller à toute espèce de fantasmes de vengeance et de malice ; fantasmes qu'ils ne peuvent par la suite s'empêcher de mettre à exécution.

— Affirmeriez-vous donc que de tels individus ne sont pas responsables des actes qu'ils commettent ?

— Je ne puis m'exprimer sur le plan juridique, mais du point de vue de qui étudie la psychologie criminelle, ils ne peuvent être considérés comme responsables au même titre que les autres, car ces individus sont nés – quelle qu'en soit la raison – privés de sens moral. Ils ne possèdent pas dans leur constitution les mécanismes de régulation normaux des femmes et des hommes civilisés. Aussi ne peut-on les tenir pour pleinement responsables de leurs actes. Ils sont moralement imbéciles, et pas plus coupables de leur état qu'un crétin ne l'est du sien. »

À cet instant, le président intervint pour inciter M. Sinclair à passer de ces généralités « certes fascinantes » à l'affaire qui les occupait. L'avocat acquiesça, non sans avoir invoqué la nécessité de familiariser les jurés avec les réflexions en cours dans le domaine de la psychologie criminelle.

« Maintenant, poursuivit-il, la cour a reçu lecture d'une déclaration dans laquelle l'accusé se dit ouvertement sain d'esprit. Suivant votre longue expérience auprès de la population criminelle, est-il possible qu'une personne capable d'une telle déclaration soit néanmoins considérée comme aliénée ?

— Tout à fait, oui, répondit M. Thomson.

— Comment cela se peut-il ?

— Quand un prisonnier est en proie à un délire, ce délire lui paraît aussi réel que cette salle d'audience l'est pour nous. Une personne aliénée est, par définition, incapable de se reconnaître comme telle.

— Je vois, approuva M. Sinclair, marquant une courte pause pour laisser le temps aux jurés d'intégrer cette information. En ayant ceci à l'esprit, quelle valeur accorderiez-vous aux déclarations de l'accusé lui-même sur sa propre santé mentale ?

— Strictement aucune.

— "Strictement aucune", répéta M. Sinclair avec un regard appuyé en direction du jury.

— Par souci de clarté, intervint le président, affirmez-vous, monsieur Thomson, que l'accusé est aliéné ?

— J'affirme simplement que si l'accusé était aliéné, il n'en aurait pas conscience. À vrai dire, s'il devait au contraire exprimer l'idée qu'il était aliéné, cela impliquerait précisément l'inverse, car une telle opinion supposerait un degré de connaissance de soi que n'ont pas ceux qui sont dépossédés de leur raison. »

Le président s'entretint un moment en aparté avec le juge Jerviswoode avant d'indiquer à M. Sinclair qu'il pouvait continuer son interrogatoire. M. Sinclair le remercia et poursuivit.

« Monsieur Thomson, dit-il, vous avez examiné l'accusé dans l'idée d'évaluer son état de santé mentale, n'est-ce pas ?

— En effet.

— Quelle forme a pris cet examen ?

— J'ai longuement conversé avec lui au sujet de ses crimes.

— Et quelles constatations en avez-vous tirées ?

— L'accusé est assurément doté d'une intelligence rationnelle, et il fait preuve d'une maîtrise du langage excédant de loin ce que l'on pourrait attendre chez pareille engeance. Dans une large mesure, il a été capable de converser avec moi librement et sans gêne apparente. À l'instar du plus haut rang de criminels dont j'ai parlé tout à l'heure, il n'a manifesté aucun remords pour ses actes ; j'irais même jusqu'à dire qu'il montrait une certaine fierté perverse à les revendiquer.

— Diriez-vous que c'est là une caractéristique des individus qui souffrent d'aliénation morale ?

— C'est en effet un comportement courant chez l'imbécile moral, mais il ne caractérise pas à lui seul l'aliénation morale.

— Dans votre réponse à une question précédente, vous décriviez l'aliéné moral comme… »

M. Sinclair s'interrompit pour lire une note que lui tendait son assistant.

« … en proie à des "sentiments mauvais, que la moindre provocation suffit souvent à réveiller".

— C'est exact.

— Nous avons entendu lors de ces auditions des témoignages rapportant les provocations infligées à l'accusé et à sa famille par le défunt M. Mackenzie.

— Tout à fait.

— Que l'on juge ces provocations futiles ou pas, estimeriez-vous le désir de vengeance de l'accusé à l'encontre de M. Mackenzie comme un signe révélateur d'un état d'aliénation morale ?

— Si l'on devait accepter la version des faits livrée par l'accusé, eh bien oui, l'on pourrait raisonnablement en conclure qu'il était en proie à ce type d'aliénation. »

Ce point étant « de la plus haute importance », le président demanda au témoin de clarifier sa réponse.

S'adressant directement au juge, M. Thomson développa sa pensée :

« Il arrive fréquemment dans de nombreuses disciplines, y compris la mienne, que des idées finissent par être acceptées comme des faits établis tout simplement à force d'être répétées. En l'occurrence, je crains qu'un certain récit – à savoir que l'accusé a consommé ces crimes afin de délivrer son père de ce qu'il percevait comme des actes d'oppression de la part de M. Mackenzie – n'ait été, par un simple effet de répétition, adopté hâtivement par la cour et les différents témoins. Pourtant, cette histoire repose entièrement sur les déclarations d'un unique témoin : l'accusé lui-même. Je ne vois pour ma part aucune raison particulière d'accepter cette version des faits, sans du moins la soumettre auparavant à un examen minutieux.

— L'avez-vous soumise à un tel examen ? demanda le président.

— Oui.

— Et quelle est votre opinion ?

— Mon opinion est qu'il n'y a pas lieu de croire sur parole un individu qui, de son propre aveu, a commis les crimes les plus sanglants. Et qu'une autre interprétation permettrait en outre d'expliquer ces actes de façon bien plus vraisemblable. »

À ce stade, M. Sinclair ne cachait plus son inquiétude. Il fit un geste pour tenter d'interrompre l'interrogatoire du juge, mais fut aussitôt réduit au silence.

Le président : « Avez-vous une idée de cette autre interprétation, monsieur Thomson ?

— Tout à fait.

— Dans ce cas, je vous demanderais de la partager avec la cour.

— Mon interprétation se fonde sur les incohérences et les omissions du récit que l'accusé a livré à M. Sinclair comme à moi-même. Plus précisément, ces incohérences concernent les blessures infligées à Flora Mackenzie qui, à mes yeux, révèlent un tout autre mobile à ces crimes. J'ai la conviction que lorsque l'accusé s'est mis en route pour son sanglant dessein, son but véritable n'était pas de se venger de M. Mackenzie, mais de la fille de celui-ci, laquelle, comme nous l'avons entendu, avait rejeté ses avances obscènes. Dans cette version, ce n'est pas par un désir quasi noble de protéger son père qu'était mû Roderick Macrae, mais par ses pulsions sexuelles envers Mlle Mackenzie. Je prétends donc que l'accusé s'est rendu au domicile de M. Mackenzie en sachant pertinemment qu'il ne s'y trouvait point, et qu'il a entrepris de violenter sa fille de la manière la plus dépravée. Puis, dérangé en pleine action, il s'est jeté dans un corps-à-corps qui s'est soldé par la mort de M. Mackenzie. »

Il y eut d'abord quelques secondes de silence, suivies par un brouhaha de murmures dans la galerie du public. Le juge dut abattre son marteau à plusieurs reprises avant de rétablir l'ordre. M. Sinclair avait l'air complètement perdu.

« Et pourquoi devrait-on croire à cette version des faits davantage qu'à la précédente ? demanda le président.

— Évidemment, je n'étais pas présent au moment des faits, concéda M. Thomson, mais les blessures infligées à Mlle Mackenzie sont tout à fait incohérentes avec le mobile avancé par l'accusé. De surcroît, lorsque j'ai interrogé le prisonnier dans sa cellule, c'est seulement à l'évocation de ces blessures qu'il a montré quelque signe d'anxiété. Une fissure est alors apparue dans le personnage qu'il avait présenté au monde. »

Le président se tourna vers l'avocat déconfit pour l'inviter à reprendre son interrogatoire. Sans doute conscient de la gravité du moment, il lui accorda cependant quelques instants afin de rassembler ses esprits. Après un bref échange avec son associé, M. Sinclair poursuivit.

« Si nous devions accepter cette version-là, dit-il, ne serait-ce pas encore plus révélateur d'une perte de raison que la version précédente ? »

M. Thomson, qui n'ignorait pas que les implications de son témoignage étaient en train de saboter la défense de l'avocat, lui adressa un maigre sourire.

« Il se peut que dans un cas ordinaire d'agression sexuellement motivée, l'on puisse juger le criminel, dans son incapacité à maîtriser ses pulsions élémentaires, comme n'étant pas pleinement responsable de ses actes. Toutefois, le cas présent se distingue non pas par la nature du crime en lui-même, mais par la nature dissimulatrice des déclarations de son auteur après la commission des faits. Eût-il admis franchement le mobile de son attaque qu'on aurait pu, en effet, l'estimer atteint d'aliénation morale, dans la mesure où il n'aurait pas saisi le caractère répréhensible de ses actes. Mais en fabriquant de toutes pièces une explication fallacieuse – explication qui cherche à revêtir ses crimes d'une apparence de vertu –, le criminel trahit sa connaissance du caractère honteux de ses agissements. C'est la dissimulation du mobile réel de ces actes qui révèle le fait qu'il les savait répréhensibles. Les pauvres malheureux qui souffrent d'aliénation morale sont parfaitement incapables de discerner le bien du mal. Quels que soient les faits ignobles qu'ils commettent, ils les croient sincèrement justifiés. Dans le cas présent, au contraire, le mobile avancé par l'accusé témoigne non seulement d'un désir de cacher la vraie raison de son attaque, mais aussi d'une aptitude à la tromperie et à la dissimulation qui n'est pas présente chez ceux que l'on qualifie d'aliénés.

— Si toutefois, persista M. Sinclair dans un valeureux effort pour sauver sa ligne de défense, la version des faits donnée par l'accusé immédiatement après l'assaut était la bonne, le jugeriez-vous atteint d'aliénation ?

— Oui.

— Et puisque ni vous ni aucun autre témoin n'était présent lors de l'attaque, vous ne pouvez affirmer avec certitude que le récit de l'accusé a moins de véracité que le vôtre.

— Vous avez tout à fait raison, monsieur, de souligner que je n'étais pas présent. Néanmoins, la version des faits que je propose concorde mieux avec les éléments tangibles dont nous disposons dans cette affaire. Si le mobile de l'accusé avait été celui qu'il prétend, il n'aurait pas eu lieu d'infliger d'aussi terribles blessures à la malheureuse Mlle Mackenzie.

Même à supposer qu'il eût éprouvé le besoin de la maîtriser avant de se tapir en embuscade pour attendre le retour de son père, un coup à la tête aurait suffi à lui faire perdre connaissance. Au lieu de quoi il a choisi de la souiller de façon abjecte. Je ne vois aucun rapport entre cette action et son désir proclamé de délivrer son père des tribulations qu'il avait prétendument endurées aux mains de M. Mackenzie.

— Mais vous devez bien admettre qu'une autre interprétation des actes de l'accusé est possible ?

— D'autres interprétations sont sans doute possibles, mais elles n'expliquent pas de façon satisfaisante les éléments objectifs de cette affaire. »

À ces mots, M. Sinclair retourna s'asseoir à sa place, et le président fut contraint de lui demander s'il avait terminé son audition du témoin. La Couronne ne souhaitant pas procéder à un contre-interrogatoire, M. Thomson reçut la permission de se retirer. L'audience fut suspendue jusqu'à l'après-midi, quand chaque partie devrait présenter ses conclusions au jury.

Les réquisitions de la Couronne ne durèrent pas plus d'une heure et furent prononcées par M. Gifford avec « un air suffisant qui put offusquer certains des jurés ». Le substitut général demanda au jury de s'en tenir uniquement aux faits. Roderick Macrae avait exécuté ses crimes de façon préméditée – preuve en était qu'il s'était rendu armé au domicile des Mackenzie – et avait assassiné trois personnes irréprochables dans une « attaque sauvage de la plus grande brutalité ».

« M. Sinclair va essayer de vous amadouer, dit-il. Il va s'efforcer de faire passer son client pour un imbécile, qui parle tout seul et entend des voix dans sa tête. Si l'accusé a pu de temps en temps faire montre d'un comportement excentrique, pas un seul témoin, à l'exception d'Aeneas Mackenzie, n'a voulu aller jusqu'à le qualifier de fou. Et l'opinion de M. Mackenzie, pour ce qu'elle vaut, ne semble se fonder que sur une antipathie bien compréhensible à l'égard de l'accusé et sur le fait qu'il lui arrivait parfois de rire mal à propos. Je vous ferais remarquer, messieurs, que s'il suffisait de cela pour être diagnostiqué comme fou, nous serions tous à l'asile. Aussi suggérerais-je plutôt que nous accordions tout le crédit qu'il mérite au témoignage de Mme Carmina Murchison, qui a déclaré que lors de la conversation qu'elle avait eue avec Roderick Macrae quelques minutes seulement avant les faits, il était, selon ses propres termes, "parfaitement rationnel".

« Nous avons assisté, poursuivit-il, à un amusant dialogue entre M. Thomson et M. Sinclair concernant le mobile de ces crimes et ses implications quant à l'état de santé mentale de l'accusé. Toutefois, si passionnante que leur discussion ait pu être, il me semble que ce ne sont là que de vaines arguties. »

M. Gifford récapitula alors les divers incidents qui avaient eu lieu entre M. Mackenzie et le père de Roderick, avec pour apogée l'expulsion de la famille Macrae.

« Voilà ce qui a fourni à l'accusé le mobile de ses actes ; le mobile, mais pas la justification. Nous avons également appris que l'accusé nourrissait des sentiments romantiques à l'égard de Flora Mackenzie, sentiments qu'il lui avait exprimés de la plus grossière des façons, et peut-être le rejet qu'elle lui opposa a-t-il contribué à l'animosité qu'il éprouvait envers la famille Mackenzie. Il se peut, messieurs, que nous ne connaissions pas – que nous ne puissions pas connaître – les véritables mobiles de ces crimes, mais cela n'importe guère. »

M. Gifford marqua une pause avant de terminer son réquisitoire.

« Je me contenterai de vous rappeler les faits : Roderick Macrae s'est rendu, expressément armé, au domicile de M. Mackenzie dans l'intention de tuer, et il a bel et bien tué. L'accusé lui-même, comme l'ont affirmé plusieurs témoins, n'a tenté à aucun moment de s'exonérer de sa responsabilité, et vous n'avez nulle raison de le faire à sa place. Si vous avez quelques doutes quant à sa santé mentale, souvenez-vous que nous avons entendu le témoignage non pas d'un mais de deux éminents spécialistes, chacun bien plus qualifié que vous et moi pour en juger. Nous avons d'abord entendu le Dr Hector Munro, un homme possédant à la fois une grande expérience auprès de la population criminelle et une connaissance manifeste des signes de l'aliénation. Son verdict : non seulement Roderick Macrae est-il en pleine possession de sa raison, mais il se compte "parmi les détenus les plus lucides et intelligents" que le docteur ait eu l'occasion d'examiner.

« Nous avons eu le privilège d'entendre également M. James Bruce Thomson, dont vous devez garder à l'esprit qu'il était le témoin de la défense ; un homme dont l'expertise dans ce domaine est indiscutable. Et quelle fut sa conclusion ? Que Roderick Macrae était en pleine possession de sa raison et n'était autre qu'un individu pervers et dissimulateur.

« Pour finir, nous avons la déclaration de l'accusé lui-même, rédigée librement et sans contrainte : "Je suis sain d'esprit." Messieurs les jurés, la seule personne dans ce tribunal qui croit, ou prétend croire, à l'aliénation de l'accusé est mon confrère M. Sinclair. Mais cette croyance s'effondre face à la réalité des faits présentés à la cour. »

Le jury, conclut M. Gifford, manquerait à son devoir en rendant un verdict autre que « coupable » aux trois chefs d'accusation sur lesquels il avait à se prononcer.

Lorsque M. Sinclair se leva pour livrer sa plaidoirie, ce ne fut pas avec l'air d'un homme vaincu. Il s'était, écrivit M. Philby, « ressaisi fort louablement de l'humiliation que lui avait fait subir son propre témoin, et s'il exist[ait] un prix pour les défenseurs les plus zélés des causes perdues, c'est à ce vaillant avocat qu'il [aurait fallu] le décerner ».

« Messieurs, comme l'a très bien dit mon éminent confrère, les faits de cette tragique affaire ne sont pas mis en doute, commença-t-il en posant la main sur la balustrade du banc des jurés. La défense ne nie pas que les malheureuses victimes soient mortes sous les coups de l'accusé. Ce qui est en cause ici ce ne sont pas les faits bruts mais le contenu de l'esprit d'un homme. Je prétends qu'il n'y a pas trois victimes dans cette affaire, mais quatre ; la quatrième étant le misérable individu qui s'est tenu devant vous pendant ces trois jours. Qui est donc cet individu ? Un jeune homme de seulement dix-sept ans ; un fermier dur à la peine, lié à sa famille par une fidélité et un attachement profonds. Nous avons entendu combien la mort tragique de sa chère mère l'avait affecté, et comment depuis ce temps-là un voile de tristesse s'est abattu sur toute la famille. Nous avons entendu de la bouche même du père de l'accusé, ce père à qui il est tellement dévoué, qu'il le battait régulièrement de ses poings. Nous avons entendu de ses voisins, Carmina et Kenneth Murchison, qu'il avait l'habitude de s'engager dans des discussions animées avec lui-même, lesquelles cessaient sitôt qu'un tiers approchait, ce qui laisse imaginer la nature dérangeante des pensées auxquelles il donnait voix. M. Murchison a déclaré que l'accusé avait l'air "dans son monde". M. Aeneas Mackenzie a été plus direct. Roderick Macrae, a-t-il affirmé, était considéré comme l'idiot du village ; un imbécile ; un individu dont la conduite était souvent inadaptée ou déplacée. Je soupçonne que si d'autres témoins se sont montrés plus réticents à qualifier l'accusé de fou, c'est uniquement dû à la clémence et à la bonté d'âme des habitants de Culduie. M. Mackenzie, à sa manière un peu brusque, n'a fait qu'exprimer tout haut ce que chacun pensait tout bas. Nous avons aussi entendu que Roderick Macrae était enclin à de violentes sautes d'humeur et à un comportement excentrique. Tout indique qu'il n'était pas sain d'esprit. Et quand Lachlan Mackenzie, en sa qualité nouvellement acquise de constable du village, en est venu à abuser de son pouvoir pour persécuter – car il ne saurait y avoir d'autre mot pour décrire ses actions –, pour persécuter la famille de Roderick, ce jeune homme dérangé a basculé au-delà des limites de la raison. Poussé à bout, Roderick s'est mis en tête de tuer Lachlan Mackenzie, et en menant à bien ce terrible dessein il a pris la vie de deux innocents qui se trouvaient sur son chemin.

« Ce sont là des actes épouvantables, il n'est pas question d'en disconvenir. Mais c'est ce qui s'est produit à la suite de ces actes qui trahit l'état de santé mentale de Roderick Macrae. S'est-il conduit alors comme vous ou moi nous serions conduits ? Comme toute personne saine d'esprit se serait conduite ? A-t-il tenté de fuir ou de nier la responsabilité de ses crimes ? Non. Il s'est très calmement rendu et a ouvertement admis ce qu'il venait de faire. Il n'a exprimé nul remord. Et à aucun moment depuis n'a-t-il dévié de cette position.

« Messieurs les jurés, vous devez vous demander pourquoi il s'est conduit ainsi. La seule réponse possible est que, dans son esprit, il croyait – et croit toujours – n'avoir rien fait de mal. Dans l'esprit de Roderick Macrae, les actes qu'il a commis n'étaient autres qu'une juste et inévitable réaction au harcèlement subi par sa famille. Bien sûr, en cela il se trompe. Toute personne présente dans cette salle, dit l'avocat en balayant d'un grand geste l'ensemble du prétoire, voit bien en quoi ce qu'il a fait est mal. Mais pas Roderick Macrae. Et c'est là que réside le cœur de cette affaire. Roderick Macrae n'était plus capable de discerner le bien du mal. Or, pour qu'un crime soit constitué, il faut qu'il y ait un acte physique, ce qui en l'occurrence ne fait aucun doute, mais aussi un acte mental. L'auteur de cet acte doit savoir que ce qu'il faisait était mal. Et Roderick Macrae ne le savait pas.

« Vous aurez tous écouté attentivement, comme il se doit, le témoignage de l'éminent M. Thomson. Il a émis l'hypothèse – et je ne vais pas l'éluder – que le véritable objet de l'attaque de Roderick Macrae n'était pas Lachlan Mackenzie mais sa fille, Flora. Cependant je tiens à souligner, à souligner avec force, que l'opinion de M. Thomson sur cet aspect de l'affaire n'est rien d'autre qu'une conjecture. Que cela induirait-il de le croire ? Cela supposerait d'imaginer qu'aussitôt après l'agression, dans les minutes après avoir commis trois meurtres sanglants, Roderick ait été capable d'élaborer une fausse explication à ses actes. Il est inconcevable qu'aucune personne saine d'esprit puisse avoir le sang-froid nécessaire pour cela. »

M. Sinclair s'interrompit un instant, posant un doigt sur ses lèvres et levant les yeux au plafond, comme si lui-même avait besoin de temps pour réfléchir à cette question.

« L'on pourrait soutenir que l'accusé avait concocté cette histoire en amont de son passage à l'acte, qu'il est allé au domicile des Mackenzie dans le but de tuer Flora mais qu'il avait prévu de raconter par la suite qu'il s'y était rendu avec l'intention de tuer son père. Ce serait oublier que cette version présente une faille inéluctable : Roderick ne savait pas et ne pouvait savoir que Lachlan Mackenzie rentrerait chez lui et le surprendrait en pleine action. Ajouter foi à l'interprétation de M. Thomson requiert des circonvolutions mentales et, dirais-je même, un mépris total de la logique. En vérité, tous les éléments portés à la connaissance de la cour démontrent que l'accusé avait l'intention de tuer Lachlan Mackenzie, un acte qui, dans son esprit dérangé, était parfaitement juste et vertueux. Le fait que lors de la commission de cet acte il ait également pris la vie de Flora Mackenzie et de Donald Mackenzie, un simple enfant, témoigne avec éloquence de l'état d'aliénation dans lequel il était plongé. M. Thomson a fort justement attiré votre attention sur les terribles blessures infligées à la personne de Flora Mackenzie, mais je vous demande de vous poser la question : sont-ce là les actes d'un individu en pleine possession de sa raison ? Très clairement, messieurs, la réponse est non. Et si l'on accepte l'idée – idée que tout indique être la bonne – selon laquelle Roderick Macrae a tué Lachlan Mackenzie dans une pulsion irrésistible pour se venger des malheurs endurés par sa famille, alors l'on est forcé d'admettre, comme l'a reconnu M. Thomson, que Roderick Macrae n'était pas en possession de sa raison, qu'il souffrait de "manie sans délire" ou d'"aliénation morale", et qu'il ne peut donc être considéré comme juridiquement responsable de ses actes.

« C'est pourquoi je vous demande de déclarer l'accusé ici présent non coupable des crimes qui lui sont reprochés. Une lourde responsabilité pèse sur vos épaules. Mais vous devez agir conformément à la loi et ne pas vous laisser influencer par le sentiment de révulsion légitime et humain que pourraient vous inspirer ces actes odieux. Au moment de la commission des faits, Roderick Macrae souffrait d'une aliénation mentale absolue et, pour cette raison, il doit être acquitté. »

Ce fut, écrivit M. Philby, « un véritable morceau de bravoure, livré avec un aplomb magistral. Personne ne pouvait douter que l'accusé ait bénéficié de la défense la plus compétente et la plus rigoureuse possible, et que l'esprit de la justice soufflât sur l'Écosse tout entière, même au-delà de ses grandes villes ». Alors qu'il regagnait sa place, M. Sinclair s'épongea le front avec un mouchoir et fut accueilli d'une tape sur l'épaule par son assistant. À l'autre bout de la salle, M. Gifford s'inclina profondément pour lui témoigner son admiration professionnelle.

Le président toléra quelques instants de vacarme avant de rappeler l'auditoire à l'ordre. Il prit la parole à 15 heures et la garda pendant environ deux heures. « Ses recommandations, écrivit M. Philby, furent un modèle d'impartialité et un honneur pour le système judiciaire écossais. » Après les remarques préliminaires et les félicitations d'usage aux deux parties pour la façon dont elles avaient mené les débats, il s'adressa aux jurés.

« Pour pouvoir déclarer l'accusé coupable de n'importe lequel des trois chefs d'accusation retenus contre lui, expliqua-t-il, il y a quatre choses dont vous devez être convaincus. En premier lieu, que les victimes ont bien succombé aux coups et blessures décrits ; en second lieu, que ces coups ont été délibérément administrés dans le but de leur ôter la vie ; troisièmement, que c'est l'accusé ici présent qui leur a administré ces coups ; et enfin, si vous êtes convaincus de ces trois points, en quatrième lieu, que l'accusé était en possession de sa raison au moment où il a commis ces actes. Si les preuves font défaut sur n'importe lequel de ces points, l'accusé est en droit de bénéficier d'un acquittement ; si, au contraire, vous êtes convaincus de ces quatre choses, il ne vous reste d'autre choix que le rude et douloureux devoir de la condamnation. »

Il y avait évidemment peu de doute sur les trois premiers points mais, comme l'exigeait la loi, le président passa près d'une heure à récapituler les dépositions, d'abord des médecins, puis des villageois qui avaient vu l'accusé ou parlé avec lui juste après les crimes.

Il aborda ensuite la question de l'exception d'irresponsabilité mentale.

« Le critère qu'il vous faut appliquer, dit-il, est qu'un individu peut être considéré comme aliéné si, au moment du ou des faits, il était sous l'empire d'un tel défaut de raison ou trouble de l'esprit qu'il ne connaissait pas la nature et la qualité des actes qu'il était en train de commettre, ou qu'il ne savait pas que ce qu'il faisait était mal. Il ne vous appartient pas, messieurs, pas plus qu'à moi, de juger de la validité ou non de ces critères. Ce sont les règles de la loi et c'est ce que l'on vous demande d'évaluer dans cette affaire[1].

« Nous avons entendu au cours de l'audience un certain nombre de témoins qui connaissent l'accusé depuis sa naissance, et leurs descriptions de son caractère font partie des éléments qu'il vous est permis de prendre en considération. En particulier, nous avons entendu les dépositions de Mme Carmina Murchison et de son époux Kenneth Murchison. L'on ne peut que savoir gré à ces deux témoins du compte rendu sobre et limpide qu'ils ont su livrer sur les aspects les plus pénibles de cette affaire. Tous les deux ont rapporté l'apparente habitude de l'accusé de converser avec lui-même d'une étrange manière. Nous ignorons cependant le contenu de ces monologues, et si ce comportement peut être à juste titre qualifié d'excentrique, il ne suffit pas à lui seul à considérer l'accusé comme dépossédé de sa raison. Cela étant dit, vous êtes susceptibles d'envisager ce comportement comme un simple fragment, sans

1. Ceci est un résumé des « Règles de M'Naghten », qui servent de critères pour juger de la folie dans tous les procès au pénal des tribunaux anglais et écossais depuis 1843.

plus, d'un portrait plus global qui pourrait, dans sa totalité, aboutir à dessiner une image de la folie. Nous avons également entendu le témoignage du frère de Lachlan Mackenzie, M. Aeneas Mackenzie, lequel a affirmé de manière catégorique que l'accusé n'était pas sain d'esprit. Vous êtes néanmoins en droit de vous demander si ses déclarations peuvent avoir été influencées par la colère fort compréhensible que ce témoin ressentait à l'égard de l'accusé. Vous devez aussi tenir compte de la façon quelque peu immodérée dont ce témoignage fut livré, et garder à l'esprit que M. Mackenzie n'est nullement qualifié pour juger de la santé mentale de l'accusé. Aussi les déclarations de M. Mackenzie doivent-elles être reçues avec une certaine prudence. Toutefois, comme pour les dépositions des autres résidants de Culduie, c'est à vous seuls de décider quel poids vous souhaitez accorder à son témoignage. »

Le président passa ensuite aux éléments permettant d'attribuer à l'accusé un comportement imprévisible ou excentrique. Il rappela les incidents qui s'étaient produits pendant la partie de chasse et le jour de la frairie avec Flora Mackenzie. Il ne jugeait ni l'un ni l'autre suffisamment probant. Le premier, disait-il, ne pouvait « être considéré comme rien de plus qu'une sottise de la part d'un jeune homme immature, âgé d'à peine quinze ans à l'époque ». Dans le second, poursuivit-il, « il ne [fallait] pas sous-estimer le rôle combiné de la passion juvénile et des effets de l'alcool, dont l'accusé n'avait pas l'habitude ». C'était aux jurés d'évaluer l'importance de ces incidents, mais le juge préconisa de ne pas leur donner un poids excessif dans leurs délibérations.

Il revint alors sur l'audition des deux experts. « Dans cette affaire, dit-il, les deux parties ont cité comme témoins des hommes experts dans leur domaine, que ce soit par l'étude ou l'expérience acquise, et ces deux témoins ont émis un avis sur la question cruciale de la santé mentale de l'accusé. Vous êtes tenus d'accorder toute leur importance aux opinions de ces deux experts, mais rien ne vous oblige à vous ranger à leur avis. Si vous choisissez d'écarter les arguments de l'un ou l'autre de ces témoins, vous ne devez le faire qu'après mûre réflexion et avec de bonnes raisons.

« Le Dr Hector Munro, cité par la Couronne, est un médecin possédant une longue expérience à la fois dans sa pratique générale et à la maison d'arrêt d'Inverness, où selon ses propres estimations il a examiné plusieurs centaines de prisonniers. Le Dr Munro s'est longuement entretenu avec l'accusé et l'a trouvé "parmi les détenus les plus lucides et intelligents" qu'il ait eu l'occasion d'examiner. Il a énuméré divers signes d'aliénation et a déclaré n'en avoir détecté aucun chez l'accusé. Compte tenu de son expérience auprès de la population criminelle et de sa connaissance manifeste des troubles de l'esprit, l'opinion du Dr Munro mérite d'être traitée avec une juste considération. »

Le président évoqua enfin la déposition de M. Thomson, « un homme de la plus haute renommée dans le domaine de la psychologie criminelle. M. Thomson est lui aussi d'avis que l'accusé ne souffrait pas d'aliénation et avait conscience de la nature répréhensible de ses actes. Maintenant, si cette opinion doit, comme celle de son confrère le Dr Munro, se voir accorder le plus grand poids dans vos délibérations, il est de mon devoir d'évaluer les raisons qui l'ont fait parvenir à cette conclusion. Cela revêt une importance particulière dans la mesure où l'opinion de M. Thomson se fonde sur une interprétation des faits distincte de celle avancée par la Couronne. M. Thomson soutient que l'accusé s'est rendu au domicile des Mackenzie non pas dans le but d'assassiner Lachlan Mackenzie, mais dans l'intention de s'en prendre à sa fille, Flora, pour laquelle, avons-nous entendu, l'accusé éprouvait un fort attachement. M. Thomson appuie cette opinion sur les blessures obscènes constatées sur la personne de Mlle Mackenzie, blessures qui, selon lui, n'auraient pas été infligées si Mlle Mackenzie n'avait été qu'une victime fortuite de ces crimes. En outre, ce qui a convaincu M. Thomson que l'accusé n'était pas en proie à ce que certains ici ont appelé une "aliénation morale" repose sur le fait que, dans plusieurs déclarations, l'accusé a affirmé que son objectif était de tuer Lachlan Mackenzie. Cette fourberie, a insisté M. Thomson, confirme que l'accusé savait que ce qu'il avait fait était mal et qu'on ne peut donc le considérer comme aliéné moral.

« Messieurs les jurés, ce sont là des questions complexes sur lesquelles vous devez parvenir à vos propres conclusions. Mais je me dois de vous mettre en garde. L'opinion de M. Thomson se fonde sur un seul élément de preuve – la nature des blessures infligées à Mlle Mackenzie – et sur son interprétation des mobiles ayant conduit l'accusé à agir de la sorte. Mais cette interprétation n'est rien d'autre que cela. Ce n'est pas un fait établi. M. Thomson n'a pas été témoin des crimes et il vous est permis de donner une autre interprétation aux éléments que vous avez entendus ; en particulier les éléments laissant à penser que les actions de M. Mackenzie constituent le mobile principal de ces crimes. Si vous choisissez de mettre en doute l'interprétation de M. Thomson, vous êtes alors en droit d'accréditer son opinion selon laquelle, si la véritable cible de l'accusé était bel et bien M. Mackenzie, il pourrait, au vu de son comportement immédiatement après les faits, être considéré comme atteint d'aliénation ».

Le président marqua ici une pause, comme pour permettre aux jurés de digérer cette partie complexe de son exposé.

« Toutefois, reprit-il, même si vous deviez réfuter l'opinion de M. Thomson, cela doit être fait à la lumière de l'ensemble des éléments qui vous ont été présentés. Il ne suffit pas de penser qu'aucun homme ne saurait commettre des actes aussi odieux en étant sain d'esprit. Il existe bel et bien des hommes sains d'esprit qui commettent de tels crimes, et le simple fait que quelqu'un soit l'auteur de pareilles atrocités ne le range pas d'office en dehors des frontières de la raison. Quels que soient vos sentiments à cet égard, ce n'est pas ce que la loi attend de vous. Votre verdict doit être uniquement motivé par une évaluation impartiale des éléments qui ont été portés à votre connaissance au cours de ce procès. »

Le président conclut ses recommandations en rappelant au jury la solennité de sa tâche. « Les chefs d'accusation dans cette affaire sont de la plus haute gravité, et un verdict de culpabilité entraînerait la peine capitale. » Il remercia alors les jurés pour leur écoute attentive pendant toute la durée de l'audience et leur enjoignit de ne parvenir à un verdict qu'après un sérieux examen des charges et moyens de défense.

Le verdict

Comme il était alors 16 heures passées, le président informa les jurés que s'ils n'avaient pas rendu leur verdict avant 19 heures, ils seraient raccompagnés à l'hôtel pour la nuit et reprendraient leurs délibérations le lendemain matin. Il les avertit cependant que cette contrainte de temps ne devait en aucune manière entrer en ligne de compte dans leur décision, et leur rappela une fois de plus la nature solennelle de la tâche qui leur était confiée.

Roddy fut reconduit en salle de détention et la cour se retira. Ne voulant risquer de rater le moment décisif, les spectateurs restèrent à leur place dans la galerie du public, discutant entre eux des subtilités du procès avec une expertise juridique fraîchement acquise. Les journalistes, plus avertis, se réfugièrent comme un seul homme à la bien nommée taverne La Potence, tout près du tribunal, non sans avoir glissé quelques shillings dans les mains de jeunes guetteurs chargés de venir les chercher dès que sonnerait la cloche. De fameuses quantités de vin et de bière furent commandées et englouties avec empressement, le sentiment dominant étant que le jury ne tarderait guère à s'entendre sur un verdict. De l'avis général, malgré les valeureux efforts de son avocat, le témoignage de M. Thomson avait condamné le malheureux accusé au gibet. Seul John Murdoch ne partageait pas l'idée que le dénouement était joué d'avance. Ses confrères des grandes villes du Sud, expliquait-il, sous-estimaient la compassion que pourraient ressentir les jurés envers ce petit fermier martyrisé. La rancœur causée par des siècles de mauvais traitement des Highlanders était vive, et ils pourraient voir en Roderick Macrae un individu qui s'était révolté contre l'acharnement du pouvoir en place. M. Philby écouta ces arguments avec intérêt, mais rétorqua que le jury ne saurait laisser de tels sentiments, si légitimes soient-ils, influencer sa décision. D'autres se contentèrent de se moquer de Murdoch, affirmant que ses opinions radicales le rendaient aveugle aux éléments concrets de l'affaire.

Cependant, comme la pendule au mur de la taverne approchait de 18 h 30, l'humeur se mit à changer. Visiblement, les jurés avaient trouvé matière à discuter. Et puis, à 18 h 50, les jeunes messagers firent irruption dans la salle : la cloche avait sonné. Les journalistes se ruèrent vers la porte, jetant quelques pièces sur le comptoir au passage. Leur retour dans la tribune de la presse fut accueilli par un regard réprobateur du président. À vrai dire, il régnait déjà dans le prétoire une grande agitation. Après avoir rétabli le silence, le juge prévint dans les termes les plus stricts qu'aucune interruption ne serait tolérée. L'on amena alors Roddy, dont l'attitude, écrivit M. Philby, était « à peine différente de lors de sa première apparition, même si sa tête pesait peut-être un peu plus lourd sur ses épaules ». Puis le jury fit son entrée, et son président, un tanneur du nom de Malcolm Chisholm, se leva.

Le greffier lui demanda s'ils étaient parvenus à un verdict.

« Pas encore », répondit M. Chisholm.

Cette déclaration fut reçue avec la même clameur qu'un acquittement, et il fallut que deux spectateurs soient évacués par les huissiers pour faire revenir l'ordre.

Le président de la cour félicita les jurés du sérieux avec lequel ils prenaient leur mission et les informa que les délibérations reprendraient à 10 heures le lendemain matin, ajoutant qu'ils avaient interdiction formelle d'évoquer l'affaire jusque-là.

Les journalistes se retrouvèrent une fois de plus à La Potence, où le vin coula « comme le fleuve Ness en crue ». M. Philby écrivit rétrospectivement que « le verdict qui, quelques instants plus tôt, serait apparu comme un coup de théâtre spectaculaire semblait désormais nettement plus plausible ». Si les graines du doute avaient germé dans l'esprit des jurés, raisonnait-il, elles ne pourraient que croître pendant la nuit. Il passa une bonne partie de la soirée à discuter avec John Murdoch qui, malgré ses déclarations antérieures, ne croyait pas à une issue favorable à l'accusé. « Nous sommes ici trop habitués à courber l'échine devant les autorités pour aller à l'encontre de la Couronne », confia-t-il à M. Philby. Dans tous les cas, même si l'accusé devait échapper à la potence, une incarcération à vie à la prison générale sous la supervision de M. Thomson serait une bien sombre perspective.

La soirée dégénéra en beuverie collective, et M. Philby reconnut qu'il avait « trop librement profité de l'hospitalité des Highlands », à tel point que lorsqu'il fut réveillé par la tenancière de son auberge le lendemain matin, il n'eut même pas besoin de refaire les lacets de ses bottes.

L'accès à la galerie du public fut ouvert dès 10 heures. Le fait que les débats étaient terminés n'avait nullement diminué l'affluence. Ceux qui ne réussirent pas à entrer restèrent massés devant le tribunal, voulant être parmi les premiers à connaître le verdict. M. Philby et ses confrères traînaient dans les couloirs, entretenant discrètement leur gueule de bois au goulot de petites flasques individuelles. Mais finalement, ils n'eurent guère à attendre. À 11 heures et quart, la cloche sonna pour la seconde fois. Avant l'arrivée du jury, le président avertit l'auditoire qu'il n'hésiterait pas à faire vider la salle si nécessaire et, comme par déférence pour la solennité du moment, l'entrée de Roddy se fit dans un silence pesant. Il avait le teint blême et les yeux cernés. M. Sinclair, qui avait lui aussi une mine livide, lui serra la main. Les jurés pénétrèrent alors dans le prétoire. Roddy les observa, comme si ce qui se passait avait fini par vaguement l'intéresser. Les quinze hommes avaient un air lugubre, on aurait dit qu'ils prenaient place à l'église pour un enterrement. Aucun d'entre eux ne croisa le regard de l'accusé. Le greffier se leva et leur demanda s'ils étaient parvenus à un verdict. M. Chisholm répondit par l'affirmative.

Le président leur posa alors la question rituelle :

« Messieurs les jurés, déclarez-vous l'accusé coupable ou non coupable ? »

M. Sinclair baissa la tête.

M. Chisholm répondit : « Messieurs les juges, pour ce qui est du premier chef d'accusation, le jury déclare l'accusé coupable. Pour ce qui est du deuxième chef, nous déclarons l'accusé coupable ; et pour ce qui est du troisième chef, nous déclarons l'accusé coupable. »

La salle resta silencieuse un moment. Puis le président demanda : « Ce verdict a-t-il été rendu à l'unanimité ?

— Il a été rendu à la majorité de treize contre deux. »

M. Sinclair enfouit son visage dans ses mains, après quoi il se retourna vers son client. Roddy se tenait parfaitement immobile. Pendant quelques secondes, il ne se passa rien. Il n'y eut aucune réaction du public, comme si les spectateurs venaient juste de comprendre que ce à quoi ils avaient assisté n'était pas du théâtre.

Le président remercia les jurés pour leur attention consciencieuse pendant toute la durée des débats. « Vous ne devez avoir aucun scrupule pour le verdict que vous avez prononcé, dit-il, car il est conforme aux témoignages que vous avez entendus. Toute la responsabilité incombe à l'accusé, dont les actes nous ont conduits ici, et les conséquences de votre jugement relèvent de la loi et de la loi seule. »

Le verdict fut alors signé par les trois juges. Roddy fut sommé de se lever et le président coiffa sa calotte noire[1].

« Roderick John Macrae, dit-il, le jury vous a déclaré coupable des meurtres dont vous étiez

1. Les juges britanniques revêtaient une coiffe spéciale au moment de prononcer une peine capitale. Il s'agissait en fait d'un simple carré de tissu noir posé sur la perruque. (*N.d.T.*)

accusé, un verdict rendu à la suite de témoignages qui ne pouvaient laisser de doute à aucun observateur désintéressé. Vous avez tué trois personnes, dont un enfant et une innocente jeune fille dans la fleur de l'âge, et leur avez infligé des blessures épouvantables. Nous avons entendu, comme il se doit, de longs débats sur les mobiles de ces crimes abjects, mais maintenant que votre culpabilité a été établie, ces mobiles n'ont plus aucune importance et il n'est qu'une sentence qui puisse être prononcée. Vous êtes condamné à la peine capitale. J'aimerais croire que vous mettrez à profit le peu de temps qu'il vous reste pour vous repentir de vos actes et faire appel aux ministres du culte qui sont à votre disposition, mais je crains, d'après ce que j'ai entendu au cours de ce procès, que vous n'en fassiez rien. »

Il déclara alors officiellement que le condamné serait exécuté au château d'Inverness entre 8 et 10 heures le matin du 24 septembre. Après quoi il ôta sa calotte noire et ajouta : « Dieu ait pitié de votre âme. »

ÉPILOGUE

Le procès de Roderick Macrae prit fin le jeudi 9 septembre. Le lendemain matin, M. Sinclair alla trouver John Murdoch et lui remit le manuscrit de Roddy. Il n'existait à l'époque dans la loi écossaise aucun protocole officiel d'appel, et l'avocat espérait s'assurer le concours du journaliste afin de monter une campagne pour la commutation de la peine du condamné. Il pensait apparemment que la publication du mémoire de Roddy provoquerait une vague de soutien populaire en sa faveur[1].

M. Murdoch, sceptique mais pas insensible au projet de l'avocat, accepta de lire le manuscrit et d'en parler au rédacteur en chef du *Courier*, dans l'idée d'en publier des extraits, soit dans le journal, soit dans une « édition spéciale ». M. Sinclair laissa l'affaire entre ses mains et consacra son week-end à rédiger une requête adressée à l'avocat de

1. Quarante ans plus tard, bien que dans des circonstances très différentes, une pétition signée par 20 000 personnes joua un rôle crucial dans l'annulation de la sentence d'Oscar Slater, indûment condamné à mort pour le meurtre d'une vieille dame au cours d'un cambriolage.

Sa Majesté, Lord Moncrieff, la plus haute autorité judiciaire du pays.

Dans sa lettre, M. Sinclair n'essayait pas de prétendre que la condamnation de son client était discutable, ni que le déroulement du procès avait été entaché par de quelconques irrégularités. Son appel à la clémence se fondait plutôt sur la compassion. Après un résumé sommaire des tenants et des aboutissants de l'affaire, il formulait ainsi sa supplique :

> Comme en attestent à la fois les témoignages entendus lors de l'audience et le récit du prisonnier, Roderick Macrae fut poussé à commettre les actes dont il a été convaincu par la persécution intentionnelle et assidue de l'individu qui allait devenir sa victime principale. Suffisamment de preuves du comportement excentrique et des déficiences mentales de l'accusé furent avancées au cours des débats pour que le jury eût besoin d'un second jour de délibérations ; et le verdict, quand il finit par arriver, n'était pas unanime, preuve en soi qu'il est dans les limites de la raison pour un homme sensé de considérer que l'accusé n'était pas sain d'esprit. Et ce malgré les déclarations répétées faites par l'accusé lui-même à ses propres dépens ; déclarations, ajouterais-je, qui ne témoignent guère d'un esprit rationnel. Car quel homme sain d'esprit professerait de son plein gré des affirmations qui, prises au pied de la lettre, l'enverraient tout droit au gibet ? Qu'il ait pu exister de tels doutes légitimes sur la santé mentale de mon client dans l'esprit des jurés plaide assurément contre l'application

de la plus lourde sentence de la loi. Pendant son incarcération, mon client s'est diligemment appliqué à la rédaction d'un récit des événements ayant conduit jusqu'à ses crimes (dont je soumets une copie à votre attention). Il a démontré ce faisant des capacités et des facultés intellectuelles largement supérieures à ce que l'on pourrait attendre d'un individu de cette origine et de ce niveau d'instruction. M. J. Bruce Thomson, médecin-chef de la prison générale d'Écosse à Perth, a déclaré lors de son audition qu'au cours de ses nombreuses années d'expérience auprès des condamnés et des fous, il n'avait jamais rencontré un seul détenu capable de produire aucune œuvre d'une quelconque valeur littéraire, un jugement qui souligne la nature exceptionnelle du mémoire de M. Macrae. Mettre à mort un individu doté de la sensibilité et de l'intelligence nécessaires pour produire un texte d'une telle qualité littéraire serait, je l'affirme sans détour, un acte cruel et barbare.

En outre, l'âge du condamné – dix-sept ans seulement – et sa réputation par ailleurs immaculée, peuvent également constituer des circonstances atténuantes. Les crimes dont M. Macrae a été convaincu ne lui ressemblent aucunement et il y a toutes les raisons de croire, au vu de ses dons hors du commun, qu'il pourrait, après une période d'incarcération, reprendre une vie productive et féconde.

Si nous jugeons notre société à l'aune de la compassion que nous offrons à l'ensemble de ses membres, alors il faut admettre qu'en offrant cette compassion aux plus misérables d'entre eux, nous témoignons de notre fidélité aux valeurs chrétiennes les plus civilisées. C'est dans cet esprit que je vous implore, monsieur, d'accorder votre clémence à la personne de Roderick John Macrae. Plût-il à l'avocat de Sa Majesté de bien vouloir accueillir favorablement cette requête et de recommander à Sa Très Gracieuse Majesté d'exercer sa prérogative royale afin de commuer la sentence prononcée contre l'accusé.

(Signé) M. Andrew Sinclair,
Avocat de Roderick John Macrae

La requête fut soumise le lundi 13 septembre, et ce même jour parut dans *The Inverness Courier* l'article de John Murdoch intitulé « Ce que pourrait nous enseigner cette affaire ». Murdoch commençait par revenir sur le procès, décrivant Roddy comme « un triste individu, qu'un observateur extérieur aurait juré n'avoir aucun lien avec les débats qui se déroulaient sous ses yeux. Quant à savoir si cela était dû à une froide indifférence ou à une aliénation mentale, poursuivait le journaliste, ou si cette attitude était sincère ou feinte, je ne suis pas qualifié pour le dire. Cependant, je ne suis pas non plus persuadé que confier la tâche de trancher cette question à quinze jurés honnêtes mais pas davantage qualifiés soit le moyen le plus prudent de servir la justice dans une affaire de ce genre ». Murdoch s'attachait ensuite à commenter le mémoire de Roddy. Ce récit était, selon lui, « tour à tour glaçant et poignant, et ne sembl[ait] certainement pas avoir été écrit dans l'idée d'obtenir la libération du prisonnier. Néanmoins, l'éloquence et l'intelligence dont il fai[sait] preuve contrast[aient] fortement avec les faits sanglants qu'il décri[vait] dans sa dernière partie ; cela, à tout le moins, dénot[ait] une certaine folie ». Murdoch n'allait pas jusqu'à réclamer directement la commutation de la peine, énonçant plutôt en termes généraux que la loi telle qu'elle existait était « inadaptée pour traiter d'affaires de cette nature. Nos plus grands juristes, concluait-il, devraient promptement revoir nos procédures légales dans le cas d'affaires où la santé mentale de l'accusé est en jeu, et jusqu'à ce qu'une telle révision ait eu lieu, il serait mal avisé d'envoyer un homme au gibet ».

M. Murdoch écrivit aussi le même jour à Lord Moncrieff et, bien que cette lettre se soit perdue, l'on peut raisonnablement supposer qu'il y exprimait des sentiments similaires.

À réception de la requête de M. Sinclair, l'avocat de Sa Majesté était en principe tenu de prendre contact avec les juges ayant siégé au procès et avec l'Officier général de l'état civil écossais, William Pitt Dundas, mais quelle qu'ait été la teneur de leur correspondance, les événements prirent rapidement le dessus.

John Murdoch avait déposé le manuscrit de Roddy chez un imprimeur local, Alexander Clarke. Ce qui fut publié, cependant, n'était pas le document dans sa totalité mais un fascicule de vingt-quatre pages comprenant les passages les plus crus et sensationnels. En quelques jours, une multitude d'autres versions, largement falsifiées, furent imprimées aux quatre coins du pays. La plus célèbre avait pour titre *Un sanglant dessein : divagations d'un meurtrier*, publiée par un certain William Grieve de Glasgow. Elle faisait simplement seize pages et se résumait grosso modo à la description des meurtres, la mise à mort du mouton de Lachlan Mackenzie (suivie par la phrase : « C'est à ce moment que je découvris le plaisir que j'avais à fendre des crânes et résolus de m'y adonner de nouveau sans tarder »), ainsi qu'un passage entièrement inventé dans lequel Roddy « souillait de façon abjecte » une Flora âgée de douze ans. Cet opuscule se vendit à des dizaines de milliers d'exemplaires en l'espace de quelques jours. Suivirent plusieurs macabres illustrations, caricatures et ballades (notamment *Par un beau matin, j'ai semé la mort*, de Thomas Porter), et au lieu de susciter un débat public, Roddy devint un croque-mitaine national. L'ironie du fait que toutes ces productions le dépeignaient comme un fou furieux échappait vraisemblablement à ceux qui s'en repaissaient.

Selon toute probabilité, le plan de M. Sinclair n'avait par ailleurs aucune chance d'aboutir. L'avocat ne pouvait invoquer aucun vice de procédure, pas plus qu'il ne pouvait raisonnablement prétendre que la condamnation était infondée au regard des preuves apportées. Son espoir que la publication du mémoire de Roddy entraînerait un élan de soutien populaire pour la commutation de sa peine était, il faut bien le dire, d'une éperdue naïveté. Il n'avait cependant aucun autre recours possible, et c'est tout à son honneur d'avoir imaginé que l'opinion publique épouserait la cause de Roddy avec la même ferveur qu'il l'avait fait lui-même.

Quoi qu'il en soit, la semaine suivante, M. Sinclair reçut une réponse courtoise mais lapidaire de Lord Moncrieff déclarant que « puisque aucun manquement n'appara[issait] dans les pièces à conviction ni le déroulement du procès », rien ne l'obligeait à envisager un appel à la clémence. « Les talents que vous prêtez à l'accusé, ajoutait-il, qu'ils soient réels ou supposés, ne sauraient en aucun cas peser dans l'interprétation de la loi. » La peine capitale était donc confirmée.

M. Sinclair continua à aller voir Roddy tous les jours. Il le trouvait généralement dans un état de torpeur, « sans appétit ni pour la nourriture ni pour la conversation ». À aucun moment Roddy ne se plaignit de sa situation ni n'exprima de crainte quant au sort qui l'attendait. Pas plus qu'il n'accepta les bons offices de l'aumônier de la prison, lequel le conjurait d'employer le temps qui lui restait à se réconcilier avec son créateur. Malgré le matériel mis à sa disposition, Roddy n'écrivit rien d'autre, à part cette brève lettre à son père :

Cher Père,

J'écris dans l'espoir que cette lettre te trouvera dans une meilleure situation. Je n'ai moi-même plus beaucoup de temps à vivre et ne désire rien d'autre de ce monde que ce qui m'est imparti. Les murs de ma cellule offrent un bien morne paysage et, quoiqu'il me plairait de revoir Culduie une dernière fois, si je pouvais hâter mon exécution, je le ferais avec plaisir. Pour le moment, néanmoins, je vais très bien, et tu ne dois pas t'inquiéter de mon état ni pleurer ma mort.

Je tiens à dire que je suis navré des ennuis que j'ai causés, et que je regrette sincèrement que tu n'aies pas eu la chance d'avoir un fils plus méritant.

(Signé)
Roderick John Macrae

Cette lettre fut livrée à Culduie l'après-midi du 22 septembre, mais John Macrae n'eut pas l'occasion de la lire, ayant été retrouvé mort dans son fauteuil le matin même par Carmina Tabac. Il fut enterré aux côtés de sa femme au cimetière de Camusterrach. La maison et la grange furent laissées à l'abandon, et la terre redistribuée parmi les habitants du village. La charge de constable fut reprise par Peter Mackenzie.

Le 24 septembre, au matin de son exécution, Roddy exprima pour seule volonté de pouvoir faire une promenade dans la cour de la prison. Cette demande lui fut accordée et, d'après M. Sinclair, il effectua ses tours « comme s'il était complètement ailleurs ». Il fut ensuite escorté depuis sa cellule par son avocat, un pasteur de l'Église d'Écosse et deux geôliers. Alors qu'ils approchaient de la salle où devait avoir lieu l'exécution, les jambes de Roddy se dérobèrent sous lui et les gardiens durent le traîner sur les derniers mètres. Tous les préparatifs nécessaires avaient été faits. En plus du bourreau étaient présents le Dr Hector Munro et le gouverneur de la prison. Tandis qu'on lui passait la cagoule sur la tête, des larmes coulèrent des yeux de Roddy.

M. Sinclair se cacha le visage dans les mains. Roderick Macrae fut déclaré mort à 8 h 24. « La pendaison, indiquait le rapport du médecin, fut conduite de façon exemplaire, et nulle souffrance indue ne fut infligée au prisonnier. »

REMERCIEMENTS

En termes de recherche et d'inspiration, je dois beaucoup aux cinq ouvrages suivants : *Highland Folk Ways* (Routledge, 1961) d'Isabel Frances Grant, un guide indispensable sur le mode de vie et les traditions des Highlands ; *The Making of the Crofting Community* (John Donald, 1976) de James Hunter, le meilleur livre que j'aie lu sur l'évolution historique des Highlands ; *Children of the Black House* (Birlinn, 2003) de Calum Ferguson, qui propose une histoire davantage émaillée d'anecdotes ; *The Origins of Criminology : A Reader* (Routledge, 2009) de Nicole H. Rafter, qui m'a initié aux travaux de J. Bruce Thomson et d'autres pionniers dans le domaine de la criminologie ; et enfin *Moi, Pierre Rivière, ayant égorgé ma mère, ma sœur et mon frère* (Gallimard, 1973), présenté par Michel Foucault.

Je suis également reconnaissant à l'historien d'Applecross, Iain MacLennan, à la fois pour la richesse des informations contenues dans son livre *Applecross and Its Hinterland : A Historical Miscellany* (Applecross Historical Society, 2010) et pour ses généreuses réponses à mes e-mails. Gordon

Cameron, conservateur de l'Applecross Heritage Centre, s'est montré pareillement généreux de son temps et m'a fourni le texte de la chanson « Coille Mhùiridh », composée dans les années 1820 par Donald MacRae.

Je me suis par ailleurs inspiré des *Sermons* du Révérend Angus Galbraith (1837-1909) pour l'oraison funèbre prononcée par son homonyme dans ce livre. La « déposition » de James Galbraith au début du livre paraphrase également les mots du Révérend John Mackenzie de la paroisse de Lochcarron, qui écrivit dans son « Rapport statistique » de 1840 : « Pas plus tard qu'au milieu du siècle passé, les habitants de cette province étaient encore plongés dans la barbarie la plus dissolue. Les archives du presbytère, qui commencent en 1724, sont entachées de récits de crimes noirs et sanglants, peignant un tableau de violence, de férocité et de débauche révélateur d'un état de sauvagerie. »

James Bruce Thomson (1810-1873) a réellement existé, et les articles mentionnés dans le texte sont consultables en ligne. Les théories avancées par M. Thomson dans le roman s'inspirent fidèlement de ces articles, mais sa personnalité et son caractère sont les produits de mon imagination, tout comme son mémoire. De même, le personnage de John Murdoch est librement inspiré du réformateur radical du même nom (1818-1903).

En 2013, j'ai obtenu une bourse du Scottish Book Trust et je suis extrêmement reconnaissant à cette organisation pour le soutien et les encouragements extraordinaires qu'elle m'a apportés pendant l'écriture de ce livre. Je tiens aussi à remercier le personnel toujours serviable de la bibliothèque Mitchell à Glasgow et des Archives nationales d'Écosse à Édimbourg.

Malgré l'aide et tous les conseils que j'ai reçus, je ne prétends pas être un expert ni de la période à laquelle se déroule ce livre, ni du mode de vie des Highlands en général. Ce livre est un roman, par conséquent il m'est arrivé de prendre quelques libertés avec la vérité historique et même, parfois, comme le font les romanciers, d'inventer des choses. Inutile de dire que toutes les inexactitudes, qu'elles soient intentionnelles ou non, relèvent entièrement de ma responsabilité.

Je remercie profondément mon éditrice, Sara Hunt, pour son merveilleux enthousiasme, sa générosité et son soutien durant toute l'écriture de ce livre ; ainsi que Craig Hillsley pour sa relecture méticuleuse et sensible.

Sur un plan plus personnel, ce livre n'aurait jamais vu le jour sans mes fréquents voyages dans le Ross-shire, tant dans mon enfance qu'une fois devenu adulte, et pour ce cadeau je suis infiniment reconnaissant à mes parents, Gilmour et Primrose Burnet. Je dois aussi remercier ma très grande amie et cobaye en chef Victoria Evans, qui est toujours généreuse de son temps et dont les remarques sont chaque fois fines et pertinentes.

Pour finir, à Jen : merci pour ta patience, tes encouragements, et merci de supporter mes bouderies. Comme Una Macrae, tu es le soleil qui nourrit les moissons.

NOTE DE LA TRADUCTRICE

La traduction de ce livre a été soutenue par une bourse du Centre national du livre ainsi qu'une bourse Max Geilinger décernée en 2017 par le Collège de traducteurs Looren, dont je tiens à remercier chaleureusement toute l'équipe. Merci également à Daniel Boucard, dont le merveilleux *Dictionnaire des outils* (J.-C. Godefroy, 2006) a été une mine d'informations précieuses au cours de ce travail, et qui a eu la gentillesse de bien vouloir en outre répondre à mes questions. Merci enfin à Christian Auer, professeur d'études britanniques à l'université de Strasbourg, qui m'a éclairée sur de nombreux points concernant la vie dans les Highlands au XIXe siècle.

MIXTE
Papier issu de sources responsables
FSC® C003309
FSC
www.fsc.org

10/18, une marque d'Univers Poche,
est un éditeur qui s'engage pour
la préservation de son environnement
et qui utilise du papier fabriqué à partir
de bois provenant de forêts gérées
de manière responsable.

Imprimé en France par CPI

N° d'impression : 3029411
X07301/01